George Target

Der grosse Atlas der heiligen Stätten

Die bekanntesten Pilgerreisen der Weltreligionen

Aus dem Englischen von
Susanne Staatsmann und Christian von Somm

Orbis Verlag

Inhalt

Christentum

Genehmigte Sonderausgabe 2000
Orbis Verlag für Publizistik, München
in der Verlagsgruppe Bertelsmann GmbH

Titel der englischen Originalausgabe: The World of Pilgrimage

Übersetzung: Susanne Staatsmann u. Christian von Somm, Berlin
Lektorat: Birgit Adam, Augsburg
Satz/Umbruch: Gerhard Rost, München
Gesamtkoordination der deutschen Ausgabe:
InterConcept Medienagentur, München
Titelgestaltung: Norbert Pautner,
unter Verwendung von Fotos aus dem Innenteil
Druck und Bindung: Mohn Media, Gütersloh
Printed in Germany · ISBN 3-572-01222-8

Islam

Sikhismus

Hinduismus

Buddhismus

Antike Heiligtümer

EINLEITUNG

»Wir sind die Pilger …
immer weiter werden wir gehen:
über den letzten schneebedeckten Berg in der Ferne,
über jenes aufgewühlte oder glänzende Meer …«

(*James Elroy Flecker,* Die goldene Reise nach Samarkand)

Eine Pilger- oder Wallfahrt ist eine Reise an einen Ort, der als heilig gilt. Sie wird aus religiösen Gründen unternommen, die über das Bedürfnis nach dem täglichen Gottesdienst hinausgehen. Schon eine kurze Fahrt zu einem Heiligtum kann also eine Wallfahrt sein. Es gibt viele verschiedene Gründe, um auf eine Pilgerreise zu gehen: die Hoffnung auf spirituellen Beistand oder materiellen Nutzen, die Genesung von einer Krankheit oder einem anderen Leiden, das Erlangen von Seelenfrieden oder Wohlstand, das Bedürfnis nach Nähe zu Gleichgesinnten oder nach Buße für begangene Sünden, der Wunsch, für erhaltenes Glück zu danken oder schlicht Lobpreisung und Anbetung.

Jede Pilgerreise braucht ein Ziel: Weltweit gibt es viele heilige Stätten, alte und neue. Sie liegen auf abgelegenen Hügeln oder Bergen, auf verwitterten Felsen, in einsamen Höhlen in der Wildnis, an kleinen Seen, Flüssen, in Wäldern, auf sonnenbeschienenen Waldlichtungen oder in geheimnisvollen Steinkreisen.

Einige sind heilig, weil eine Gottheit an dieser Stelle auf der Erde wandelte oder einem oder mehreren Gläubigen erschienen ist, oder weil heilige Männer und Frauen hier lebten, beteten und starben und etwas von sich zurückgelassen haben. Von der Bedeutung derartiger Reliquien überzeugt, haben Menschen sich darum bemüht, diese – seien sie nun greifbar oder spirituell – in Gebäuden aus Holz oder Stein aufzubewahren.

Pilgerfahrt ist ein Wort, das viele Vorstellungen beinhaltet. Die meisten Religionen haben Pilgerziele. Einige von ihnen sind einfach und schmucklos, andere prächtig verzierte Gebäude.

Sieht man einmal vom Interesse an der Schönheit oder der Geschichte eines Pilgerziels ab, warum sollten Gläubige dann überhaupt auf Pilgerfahrt gehen? Ist diese Idee nicht antiquiert oder sogar abergläubisch? Welche mögliche Bedeutung kann eine solche Reise heutzutage für uns haben?

Vielleicht laufen wir ja Gefahr, unsere Spiritualität zu verlieren, und vielleicht versuchen Pilger durch ihre Reise, sie wiederzugewinnen? Eine Pilgerreise zu unternehmen, heißt zu lernen, »den Himmel in einer wilden Blume zu sehen und die Ewigkeit in der Hand zu halten«, wie William Blake es tat (*Lieder der Unschuld*).

Einen neuen Weg durch das Chaos finden

Heilige Orte brauchen keinen priesterlichen Segen und keine Zustimmung von Politikern. Pilger, die auf der Suche nach dem großen Geheimnis des Kosmos nach Lourdes, Stonehenge, Santiago de

Compostela oder zur Großen Halle Buddhas fahren, müssen ihren Weg durch das unselige Durcheinander der Religionen und über die Stolperdrähte politischer Vorurteile suchen.

Man kann diese heiligen Pilgerorte auf zwei Arten betrachten: mit der Neugier eines Touristen oder mit dem Glauben eines Pilgers. Der Skeptiker wird nur das sehen, was er bereits zu wissen glaubt – den Schaden trägt er selbst. Vergessen Sie nicht, daß sich hinter der Oberfläche der Heiligtümer und Reliquien, jenseits der Dinge aus Holz und Stein und sogar jenseits der Schönheit von visuellen und akustischen Eindrücken die Unsterblichkeit offenbart.

Doch lehrte selbst Jesus, dessen Anhänger eine spirituelle Gemeinde bilden, in einem Tempel aus Stein; der Prophet Mohammed forderte die Pilgerfahrt nach Mekka, und Krishna und Buddha lächeln heiter von Tausenden von Bildern.

Wenn man die günstigsten Tage und Zeiten auswählt, so kann man sich immer noch tief berühren lassen und das himmlische Licht selbst durch das kitschigste bunte Glasfenster erkennen. Was man mitbringt ist dabei fast genauso wichtig, wie das, was man am Wegrand oder am Ziel der Reise bereits vorfindet. Seien Sie offen für alles, was Sie sehen, hören, berühren, schmecken und riechen. Beobachten Sie nicht nur, sondern nehmen Sie aktiv daran teil. Seien Sie nicht einfach nur ein Tourist: Entdecken und feiern Sie im Glauben die wahre Welt des Pilgers.

OBEN: Ein Pilger in Nazareth küßt die Stelle, an der Christus geboren wurde

LINKS: Richard I., der Kreuzfahrerkönig, wünscht einem Pilger im 12. Jh. gute Reise

GEGENÜBERLIEGENDE SEITE: Zeichnung aus dem 15. Jh.: Pilger verlassen Canterbury

UNTEN: Die El Rocio-Pilgerreise in Spanien

Nordpolarmeer
Nördlicher Polarkreis
Salt Lake City
USA
Nordpazifischer Ozean
Nordatlantischer Ozean
MEXICO
Guadalupe
Äquator
Südatlantischer Ozean
Iona
Lindisfarne
Croagh Patrick
VEREINIGTES KÖNIGREICH
IRLAND
Walsingham
Canterbury
Brügge
DEUTSCHLAND
Kevelaer
POLEN
Glastonbury
Stonehenge
BELGIEN
Köln
Tschenstochau
Paris
FRANKREICH
ÖSTERREICH
Mariazell
SCHWEIZ
Einsiedeln
San Sebastián de Garabandal
Turin
BOSNIEN-HERZEGOWINA
ITALIEN
Lourdes
Loreto
Santiago de Compostela
Assisi
Medjugorje
Rom
PORTUGAL
SPANIEN
GRIECHEN-LAND
Fátima
Neapel
Delphi
Athen
Südlicher Polarkreis

Nord- polarmeer
Nördlicher Polarkreis
İstanbul (Konstantinopel)
TÜRKEI
Jerusalem (Yerushalayim)
ISRAEL
Bethlehem (Bet Lehem)
Medina
SAUDI ARABIEN
Mekka
Amritsar
CHINA
Lhasa
Ganges
Benares
INDIEN
JAPAN
Hiroshima
Pazifischer Ozean
Sri Lanka
Äquator
Indischer Ozean
Wichtige Pilgerziele und Heiligtümer
Judentum
Christentum
Islam
Hinduismus
Buddhismus
Sikhismus
Antike Stätten
Südlicher Polarkreis

JERUSALEM

Ansicht von Jerusalem im Mittelalter

VON ALLEN PILGERZIELEN, die mehrere Religionen zugleich anziehen, ist Jerusalem das größte und bedeutendste. Juden, Christen und Muslime reisen hierher, zum Ursprung jüdischer Religionsgeschichte und gegenwärtiger politischer Hoffnungen. Jesus wandelte, lehrte und starb hier, und Mohammed stieg hier von der Erde zu einer Audienz bei Allah ins Paradies auf.

Für die Juden war und ist Jerusalem (Yerushalayim) die Stadt der Verheißung: »Darum so spricht der Herr: Ich will mich wieder zu Jerusalem kehren mit Barmherzigkeit, und mein Haus soll darinnen gebauet werden... Und viele Völker sollen hingehen und sagen: Kommt, laßt uns auf den Berg des Herrn gehen, zum Hause des Gottes Jakobs... Denn von Zion wird das Gesetz ausgehen, und des Herrn Wort von Jerusalem.« (Altes Testament: Sacharja 1,16; Jesaja 2,3)

Für die Christen ist es die Stadt, über die Jesus klagte: »Jerusalem, Jerusalem, die du tötest die Propheten, und steinigest, die zu dir gesandt sind! Wie oft habe ich deine Kinder versammeln wollen, wie eine Henne versammelt ihre Küchlein unter ihre Flügel; und ihr habt nicht gewollt.« (Neues Testament: Matthäus 13,37)

Die Muslime glauben, daß die wunderschöne goldene Kuppel der Moschee auf der Spitze des Berges Moria, von wo Mohammed in den Himmel aufstieg, Herz und Zentrum der Welt markiert, und daß sie weltweit das älteste erhalten gebliebene islamische Bauwerk ist.

Jerusalem wurde ein Symbol für das Paradies, ein neuer »Himmel und eine neue Erde... die heilige Stadt, das neue Jerusalem, von Gott aus dem Himmel herabgefahren... ihr Licht war gleich dem alleredelsten Stein, einem hellen Jaspis... und die zwölf Thore waren zwölf Perlen... und die Stadt von lauterem Golde... und die Gründe der Mauern und der Stadt waren geschmückt mit allerlei Edelsteinen... und wir werden in ihrem Licht wandeln für immer und ewig. Amen.« (Neues Testament, Offenbarung des Johannes 11) Pilger aller drei Religionen kommen seit über 1500 Jahren hierher, zuerst friedlich, dann in kriegerischer Absicht im Kampf um den Besitz dieser heiligen Stätten. In den christlichen Kreuzzügen gegen die »heidnischen Horden«, die das Heilige Land besetzt hatten und es im Namen eines anderen Gottes beanspruchten, mußten Unzählige ihr Leben lassen.

Das goldene Band zum Paradies

Ich gebe dir das Ende eines goldenen Bandes;
Wickle es auf zu einem Ball,
Es wird dich zum Himmelstor führen,
Gebaut in Jerusalems Wall.

(WILLIAM BLAKE, *JERUSALEM*)

Für die mittelalterlichen Pilger konnte dieses »goldene Band« in jeder Stadt, in jedem Dorf, in jeder baufälligen Hütte des christlichen Erdkreises gefunden werden. Tag für Tag und Woche für Woche mußte man ihm folgen, zu Fuß oder auf dem Rücken eines Pferdes, auf schlechten Straßen und unwegsamen Pfaden, durch dunkle Wälder, die damals den größten Teil Europas bedeckten, über Flüsse und Berge, manchmal übers Meer oder durch Wüsten. Heutzutage können Pilger ihre Fahrt in einem Reisebüro buchen, ein Flugzeug besteigen und Landkarten und Navigation dem Piloten überlassen – ihre Hingabe ist deswegen nicht geringer.

Alt und modern

Das heutige Jerusalem besteht in Wirklichkeit aus zwei Städten – der alten und der neuen. Einerseits gibt es schimmernde Wolkenkratzer und Hotels,

bewaffnete Polizisten, und gelegentlich erhascht der Blick Panzerwagen auf Patrouille; andererseits gibt es auch Hunderte von Kirchen, Türmen, Minaretten und Moscheekuppeln, enge, gewundene Gassen, Bazare, stufenförmig angelegte Straßen zwischen Blöcken von Steinhäusern und Innenhöfe, die aussehen wie direkt aus dem Alten Testament.

Jerusalem wurde im Hochland des antiken Judäa an der Stelle errichtet, wo die nomadisierenden Schafhirten aus der Wüste die seßhaften Bauern aus der Ebene von Sharon trafen. Es war ein Ort der Begegnung zwischen vielen Völkern und Rassen, Armeen, Händlern und Wanderarbeitern.

Die Stadt wurde gebaut und zerstört, vernachlässigt, wiedererrichtet und von neuem zerstört und ist nun Metropole, Zufluchtsburg, offener Markt und spirituelle Heimat zugleich. 1000 v. Chr. wurde sie zur Hauptstadt des hebräischen Königreiches und 586 v. Chr. erobert und von den Babyloniern zerstört. Sie wurde von den Römern eingenommen und während der jüdischen Aufstände 70 und 135 n. Chr. erneut zerstört. Araber, Türken, europäische Kreuzritter und Ägypter beherrschten die Stadt; schließlich wurde sie in Jahr 1917 von den Briten erobert.

1948 wurde Jerusalem geteilt. Die Juden bekamen die neue Stadt, und die Araber übernahmen die Kontrolle über die Altstadt. Nach dem Sechstage-Krieg von 1967 wurde die Stadt unter israelischer Kontrolle wiedervereinigt.

Es gibt kaum Orte, die reicher an religiösen Anspielungen sind. Trotz all der Veränderungen, die seit den Anfängen des Mordens und der Eroberungen über die Stadt hereinbrachen – jenen Flutwellen von Niederlage und Zerstörung, Zeiten voll von Verfall und Aufbau, Jammer und Gelächter, Trauer und Tanz, Stille und Gesang, das Versinken historischer Stätten unter dem Schutt von und trotz aller Mythenbildung – bleibt Jerusalem weiterhin die meistbesuchte Pilgerstadt.

OBEN: Muslimische Pilger strömen zum Tempelberg in der Altstadt, wo sich der Felsendom befindet

UNTEN: Die Heilige Stadt Jerusalem heute

JERUSALEM
Zentrum dreier Religionen

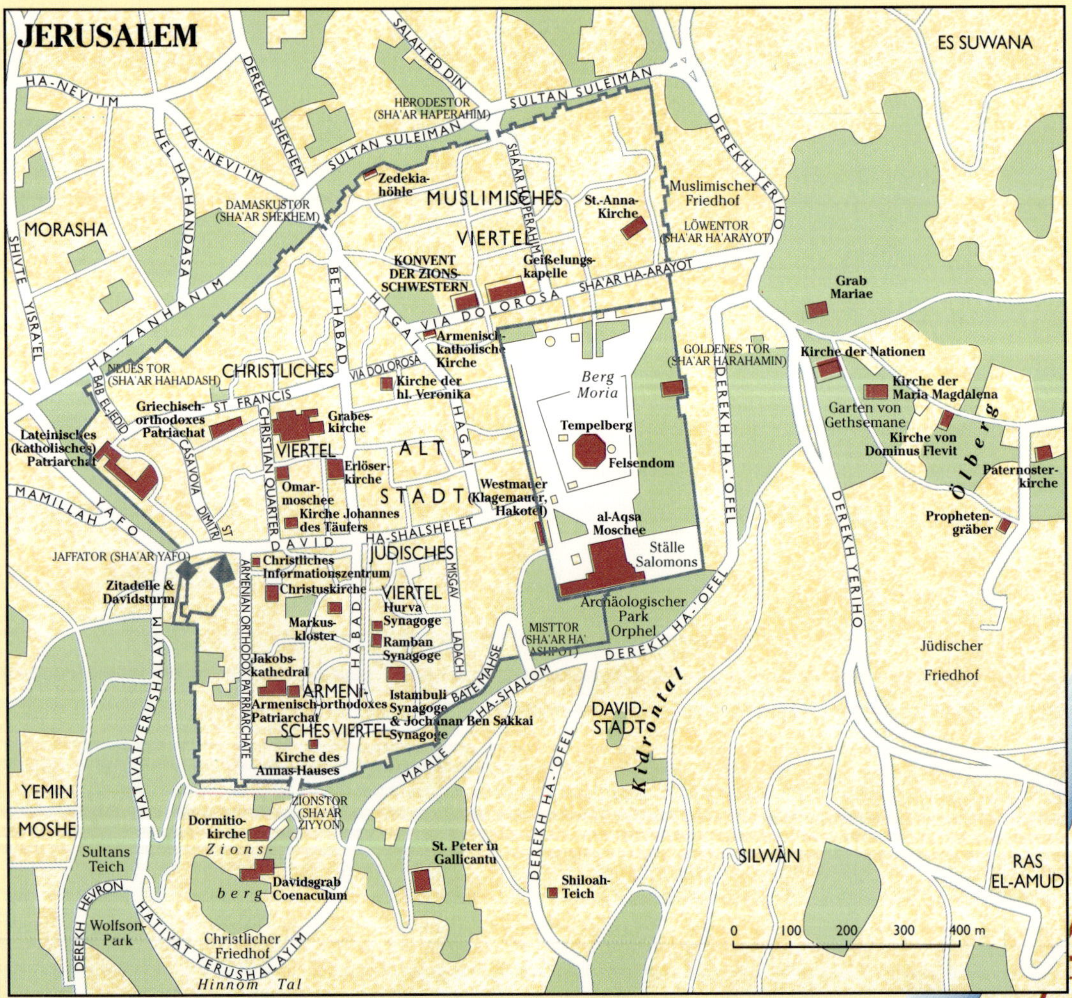

GANZ OBEN: Der Felsendom in der Altstadt

OBEN: Die Geburtsgrotte, der Geburtsort Christi

UNTEN: Die Klagemauer, ein jüdisches Heiligtum

Das jüdische Jerusalem

Für jüdische Gläubige gibt es kein bestimmtes Pilgerziel innerhalb der Stadt Jerusalem: der gesamte Ort ist für sie heilig.

Die katholische und die protestantischen Kirchen haben ihre eigene Interpretation des *Hoheliedes Salomons*, in dem seine Geliebte, die »Honig und Milch unter der Zunge« hat, gepriesen wird, deren »Lenden stehen gleich aneinander wie zwei Spangen, die des Meisters Hand gemacht hat«. Sie glauben, daß die Braut im Lied die von ihrem Bräutigam Jesus Christus geliebte Kirche selbst ist.

Obwohl Juden die Stadt insgesamt verehren, wird kein Gläubiger Jerusalem besuchen, ohne an der Klagemauer zu beten. Diese Tradition geht zurück auf die Jahre nach der Zerstörung der Stadt und des jüdischen Tempels durch die Römer (70 n. Chr.) als Vergeltung für die jüdische Revolte, die etwa eine Generation nach dem Tode Jesu stattfand. Zehntausende von Männern und Frauen wurden erschlagen oder gekreuzigt, Tausende wurden versklavt oder mit ihren Kindern ins Exil vertrieben. Den Überlebenden war es bei Todesstrafe verboten, zu den Ruinen zurückzukehren. Später erhielten einige wenige die Erlaubnis, dorthin zu pilgern, um über den Trümmern zu klagen, deren bloßer Anblick sie an die Vergeblichkeit ihres Aufstandes erinnerte. Dies war der Anfang der jüdischen Tradition, die Klagemauer zu besuchen.

Ein schwarzgekleideter Jude beklagt die Leiden Israels an der Klagemauer

Weinen um Israel

Nach dem Untergang des römischen Imperiums wurde diese Tradition zu einem formalen Ritual gefestigt, das während der verschiedenen muslimischen und christlichen Besatzungen Jerusalems erhalten blieb. An Jom Kippur, dem Versöhnungstag (der Abschluß der Neujahrsperiode der Reue), versammelten sich die frommen jüdischen Männer, in einfache Tücher gekleidet, zwischen den herabgestürzten Steinen, die sie für die Mauer des Tempels des Königs Herodes hielten, und klagten über die zerstörte Herrlichkeit ihrer versunkenen und entweihten Heimat.

Es ist mittlerweile sicher, daß die gewaltigen Steine der Klagemauer zur Zeit Christi tatsächlich einen Teil der unteren Grenzfundamente des äußeren Hofes von König Herodes' Tempel bildeten. Einige könnten echte Überreste des ursprünglichen Tempels sein, der von König Salomon – Herrscher von Israel im 10. Jahrhundert v. Chr. – errichtet worden war. Alle Bauwerke wurden von dem großen Platz vor dieser hochragenden Klagemauer beseitigt und der Platz wurde mit Steinplatten gepflastert. In diesem Quadrat werden die Klagerituale begangen. Immer wieder berühren Gläubige mit Fingern und Lippen den leicht erreichbaren Teil der Steinoberfläche und haben ihn so im Laufe der Zeit glattpoliert.

Zu jeder Tages- und Nachtzeit kann man das bewegende Schluchzen jüdischer Pilger hören, die die Stirn an diese ehrwürdigen Steine lehnen, auf Hebräisch die Bußpsalmen singen und herzzerreißend über die Leiden Israels klagen.

Doch nicht alle Rituale an der Klagemauer sind traurig. Die Juden glauben, daß die Rose von Sharon, die im *Hohelied Salomons* als die Braut besungen wird, deren »Bauch ist wie ein Weizenhaufen, umsteckt mit Rosen« und deren »Brüste den Weintrauben« gleichen, ein Symbol des Sabbats darstellt. Jeden Freitagabend bei Beginn

OBEN RECHTS: *In den Spalten der Klagemauer werden niedergeschriebene Gebete und Wünsche zurückgelassen*

LINKS: *Eine Bar-Mizwa an der Klagemauer. Sie kennzeichnet den Eintritt eines Jungen ins Erwachsenenalter*

des Sabbats, kurz vor Sonnenuntergang, versammeln sich Gläubige und lesen aus dem *Hohelied Salomons*, um sich für den Feiertag in die rechte Stimmung zu versetzen.

Jad Vaschem

Alle jüdischen Pilger, die nach Jerusalem kommen, wollen vermutlich auch etwas Zeit am zweiten Ort der Klage verbringen: Jad Vaschem, die Halle der Erinnerung an die sechs Millionen Juden, die unter der Naziherrschaft im Holocaust ermordet wurden.

1957 erbaut, liegt sie auf einem Hügel abseits der alltäglichen Hektik in der neuen Stadt. Auf einer gewaltigen, kahlen Betonfläche erheben sich die Wände aus grauen Basaltblöcken. Im Inneren brennt in einer Bronzeschale die ewige Flamme der Erinnerung und die Namen von 21 Konzentrationslagern sind in den Boden eingelassen. Hier im Halbdunkel betrachten die Lebenden das Sterben der Vorfahren, das durch Schauvitrinen und Archive in Erinnerung gehalten wird. Sie beweinen das Schicksal von Millionen, die einer abstoßenden Ideologie geopfert wurden, ihre Tränen fallen stellvertretend für diejenigen, die nicht mehr weinen können. Nachdem sie einem Pilgerziel Ehre erwiesen haben, dessen Bedeutung für die moderne Welt außer Zweifel steht, treten die Pilger hinaus in den Sonnenschein Jerusalems.

OBEN: *In Jad Vaschem wird den Opfern der Tyrannei gedacht*

DIE KREUZZÜGE

MEHR ALS ZWEI JAHRHUNDERTE LANG gehörten Kreuzzüge zum mittelalterlichen Leben; man führte sie gegen Heiden oder Häretiker oder – wie bei den spektakulärsten und kostspieligsten Unternehmungen – gegen den Islam. Ziel war die Eroberung Palästinas, des Heiligen Landes.

1095 BAT DER byzantinische Kaiser den Papst Urban II. um Unterstützung im Kampf gegen die seldschukischen Türken. Dieser erkannte darin die Gelegenheit, das Christentum auszudehnen und Europas zahlreiche kriegführende Ritter zu beschäftigen. Urban gewann begeisterte Unterstützung für den Feldzug und versprach Generalabsolution für Grausamkeiten gegen Ungläubige. Der Eifer seiner Prediger brachte 20000 Bauern und Arbeiter dazu, nach Konstantinopel aufzubrechen und schon auf dem Weg dahin jüdische Gemeinden niederzumetzeln. Von diesem undisziplinierten »Volks-Kreuzzug« alarmiert, verschiffte der Kaiser seine ersten mutmaßlichen Retter nach Kleinasien, wo sie von türkischen Truppen schonungslos niedergemetzelt wurden.

Der erste Kreuzzug

Ein Jahr später erreichte der offizielle Kreuzzug sein Ziel. Viele Soldaten hatten ihre Besitztümer in Frankreich, England oder Italien verkauft, um ihre Reise zu finanzieren. Jetzt stand europäische Militärtradition gegen das Geschick muslimischer Bogenschützen. Die Hauptstrategie der christlichen Armee war brutale Gewalt: dichte Reihen von schwerbewaffneten Rittern zu Pferd überrollten den Gegner. Diese Taktik wurde unwirksam, als die Muslime an den Flanken angriffen und die Pferde unter den Reitern wegschossen. Auch Seuchen, Hitze und Hunger forderten ihren Tribut von den Kreuzfahrern. Ihr Hauptvorteil bestand in der tiefen Kluft zwischen sunnitischen und schiitischen Muslimen. Durch ihre Differenzen geschwächt, ließen die Muslime die christlichen Truppen im Juni 1099 nach Jerusalem einmarschieren, wo diese sofort die Einwohner niedermetzelten.

Der zweite Kreuzzug

Nachdem sie Jerusalem erobert hatten, errichteten die Kreuzfahrer vier Staaten: Jerusalem selbst, Edessa, Tripolis und Antiochia. Zusammen bildeten sie die befestigte Region von Outremer, die von religiösen Militärorden wie den Tempelrittern beschützt wurde. In den nächsten fünfzig Jahren lernten sich die Siedler von Outremer und ihre muslimischen Nachbarn kennen und verstehen; sie bildeten neue Bündnisse. Diese Zeit des Friedens und der Verhandlungen war zu Ende, als eine neue Generation ambitionierter muslimischer Machthaber einen *jihad* (»heiligen Krieg«) gegen die Christen ausrief und Edessa eroberten. Der zweite Kreuzzug von 1147 schlug jedoch fehl. Vierzig Jahre später führte Saladin muslimische Truppen nach Jerusalem und erbeutete dort den behüteten Splitter des »Kreuzes Christi«. Der Verlust der Heiligen Stadt löste in Europa Entsetzen aus und soll, so wird behauptet, Papst Urban ins Grab gebracht haben.

OBEN RECHTS: Aufbruch ins Heilige Land; OBEN: Das Beladen der Schiffe

Der dritte Kreuzzug

Urbans Nachfolger Gregor VIII. suchte Unterstützung und gewann drei der mächtigsten Herrscher Europas für sich: Friedrich Barbarossa, Kaiser des Heiligen Römischen Reiches, König Philipp August von Frankreich und Richard I. (Löwenherz) von England. Friedrich führte seine Armee vor den anderen nach Kleinasien, ertrank aber während einer Flußüberquerung. 1190 brach der restliche Kreuzzug auf und schloß sich den Soldaten an, die bereits die muslimische Stadt Akko belagerten. Als sich die verhungernden Bewohner schließlich ergaben, forderten die Soldaten ein Lösegeld. Saladin konnte das Geld nicht aufbringen und Richard I. ließ seine Gefangenen vor den Augen der muslimischen Armee töten.

Löwenherz war ein fähiger Stratege, der dafür sorgte, daß seine Reihen auf dem Weg nach Jerusalem entlang der Küste von Schiffen unterstützt wurden. Dennoch konnte die Heilige Stadt in den zwei Jahren des Kampfes nicht zurückerobert werden. Richard gab schließlich auf und kehrte nach Hause zurück. Zuvor hatte er jedoch einen Waffenstillstand mit Saladin unterzeichnet, der Pilgern den Besuch Jerusalems gestattete und die Rückgabe des Splitters vom Kreuze Christi festlegte.

Das Ende einer Ära

Der vierte Kreuzzug (1202) geriet schon in Schwierigkeiten, bevor er überhaupt begonnen hatte. Ein Teil der Truppen zog nach Venedig, und die Kreuzfahrer verschuldeten sich bei den venezianischen Bankiers, die für ihre Schiffe aufkamen. Um ihre Schulden bezahlen zu können, eroberten sie die christliche Stadt Zara. Dann fuhren sie weiter nach Konstantinopel, wo Alexius, der Sohn des abgesetzten Kaisers, anbot, sie für ihre Unterstützung zu bezahlen. Als Alexius von seinen Untertanen ermordet wurde, plünderten Kreuzfahrer die Stadt und entführten Reliquien.

Die Plünderung Konstantinopels war ein Hohn auf die ursprünglichen Ziele der Kreuzfahrer und überließ das byzantinische Kaiserreich ungeschützt der Invasion der ottomanischen Türken. Im 14. Jahrhundert waren die Militärorden des Heiligen Landes selbst in Europa gefürchtet. 1307 beschuldigte der König von Frankreich die Tempelritter der Hexerei. Ihr Großmeister wurde auf dem Scheiterhaufen verbrannt und ihre Güter eingezogen. Die gewalttätige und oft rachsüchtige Kreuzfahrerära fand so ein angemessenes Ende.

UNTEN: Die Plünderung Jerusalems 1099

Das christliche Jerusalem

Christliche Pilger kommen nach Jerusalem und ins Heilige Land, um auf den Spuren Jesu zu wandeln. Die meisten fahren mit dem Bus von Jerusalem aus einige Kilometer nach Süden, um ihre Wanderung in der Geburtskirche in Bethlehem zu beginnen, wo alles seinen Anfang nahm.

GEGENÜBERLIEGENDE SEITE: Der Ölberg. Links der Garten Gethsemane, im Vordergrund die Kirche der Nationen

Bethlehem

Von seinen bescheidenen Anfängen als Begräbnisstätte von Rachel, der Frau Jakobs, etwa 2000 v. Chr. entwickelte Bethlehem sich langsam zu der kleinen Stadt, in der Jesus geboren wurde. Seitdem ist die Siedlung weit über ihr biblisches Ausmaß hinausgewachsen.

Die Geburtskirche, zentraler Punkt der Stadt, ist wie eine Festung gebaut und wahrscheinlich das älteste christliche Gebäude der Welt. Möglicherweise entstand sie bereits im 6. Jahrhundert. Die in einer Höhle gelegene heilige Stätte wird mindestens seit dem 2. Jahrhundert von Pilgern besucht.

Die ursprüngliche Basilika wurde im Jahr 325 über den Höhlen errichtet. Das spätere Gebäude war möglicherweise das Werk von Kaiser Justinian. Die Kirche besteht aus einem zentralen Längsschiff mit zwei Säulenreihen. Hinter den Säulen, rechts und links vom Hochaltar, führen zwei Treppen zu den darunterliegenden Höhlen. In den Boden der Geburtsgrotte ist in zerbrochenen Marmor ein 14-

OFT TEILEN SICH die Konfessionen die Zuständigkeit für die heiligen Stätten Jerusalems; es gibt katholische, protestantische, griechisch-orthodoxe, armenische, syrische, koptische, äthiopische oder andere Wächter. Die Konkurrenz zwischen ihnen führt bisweilen zu unziemlichem Benehmen. So haben griechisch-orthodoxe und armenische Mönche kürzlich mit Besenstielen und Stühlen darum gestritten, wer die Kontrolle über bestimmte Teile der Geburtskirche haben sollte. Schließlich mußte die Polizei eingreifen.

RECHTS: Die Geburtsgrotte

RECHTS: Christen warten in der Nähe des Sees Genezareth auf ihre Taufe im Wasser des Jordan

zackiger Silberstern und die lateinische Inschrift: *Hic de Virgine Maria Jesus Christus natus est* (»Hier wurde Jesus Christus von der Jungfrau Maria geboren«) eingelassen.

Die Krippe, in der das Jesuskind in Windeln gelegen haben soll, befindet sich in einer mit Marmor ausgekleideten Nische. Sie wird heute von 15 goldenen Lampen und schimmernden Kerzen beleuchtet. Pilger, Touristen, Reiseführer und Mönche kommen in Scharen herbei, um sie zu sehen. Einige der Besucher sind sichtlich bewegt, während andere fröhliche Gesänge anstimmen.

Nazareth

Auf der 100 Kilometer langen Strecke zwischen Jerusalem und Nazareth fahren die Busse durch die ehrfurchtgebietende Berglandschaft von Samaria. Jesus wuchs in Nazareth auf; er war »stark im Geist«, »seinen Eltern unterthan« und »nahm zu an Weisheit, Alter und Gnade bei Gott und den Menschen« (Neues Testament, Lukas 2).

Sein Zuhause war den einfachen, niedrigen und quadratischen Häusern vermutlich sehr ähnlich, die man noch heute zwischen den Olivenbäumen sieht und die aus lehmverputztem Flechtwerk bestehen. Meist haben sie zwei Zimmer, eines für die Familie und das andere für die Ziegen und Schafe. Doch das heilige Haus wurde nach Loreto in Italien transportiert (siehe S. 42–44). Der wirkliche Grund für eine Pilgerfahrt nach Nazareth ist der Wunsch, am See Genezareth zu wandeln, wo Jesus das Wasser beruhigte und Jünger unter den Fischern fand.

In der alten Stadt Tiberias am westlichen Ufer des Sees findet sich eine Mischung von Ruinen aus herodischer Zeit, Kreuzfahrer-Burgen und alten und neuen Steingebäuden. Mit ihrer Uferpromenade, auf der Menschen unter Palmen flanieren, herrscht eine angenehme, gesellige Atmosphäre. Einen kurzen Fußmarsch entfernt findet man das dunkle Wasser, die Netze der Fischer und den Ort, an dem Jesus seinen Jüngern sagte: »Kommt und folget mir«.

Der Kreuzweg

Pilger, die den Wegen Jesu im Heiligen Land folgen, werden feststellen, daß sich die Landschaft seit den biblischen Zeiten sehr verändert hat. Wo genau fastete er 40 Tage und Nächte in der Wildnis? Auf welchem Hügel hielt er die Bergpredigt? Dennoch

MITTE: Die Geburtskirche

BEIM BESUCH HEILIGER STÄTTEN kann ein ehrfürchtiger Pilger durchaus auf Menschen treffen, deren Haltung wenig einfühlsam ist. In seinem Buch »*Where Jesus Walked*« (Stanborough Press 1986) berichtet der Autor David Marshall von seinem Aufenthalt in der Geburtskirche. Mit ihm befand sich dort eine Gruppe weißgewandeter Nonnen aus Nigeria. Als diese hingebungsvoll um den Stern knieten, stupste eine Amerikanerin ihren Mann an und sagte:»Hey, die beten! Schnell, mach ein Photo, solange sie beten!« In einem solchen Fall sind zweifellos die christlichen Tugenden Geduld und Vergebung gefragt.

LINKS: Das Längsschiff und der Altar in der Geburtskirche

wird von vielen Stätten und Relikten behauptet, sie seien authentische Überreste aus der Zeit Christi: das Dorf, in dem die Hochzeit von Kanaan gefeiert wurde mit den sechs Steinkrügen, in denen das Wasser in Wein verwandelt wurde; Brunnen, aus denen Jesus getrunken haben muß; Straßen, auf denen er zweifellos gegangen ist; selbst Fragmente der fünf Gerstenbrote und der zwei kleinen Fische, mit denen er die Fünftausend gespeist hatte.

Eine Tagesreise von Jerusalem entfernt liegt das Dorf Bethanien, wo Jesus oft im Hause von Maria und Martha weilte. Mittlerweile ist es unter neuen Gebäuden verschwunden. Die Fundamente dieses Hauses und die Steine der Gruft von Lazarus können jedoch heute noch besucht werden.

Der Tempel, in dem er in Jerusalem lehrte, wurde im ersten Jahrhundert völlig zerstört. Der Garten Gethsemane, in dem er vor seiner Verhaftung betend kniete, ist heute von Straßen umgeben. An drei Seiten schließen ihn Mauern ein, die vierte Seite wird zum größten Teil von der Agoniebasilika (heute Kirche der Nationen) begrenzt, die im 20. Jahrhundert auf den Fundamenten verschiedener Vorläufer errichtet wurde. Dennoch weisen noch viele Überreste den Pilgern den Weg zum Kreuz, vom letzten Abendmahl bis zu Jesu Bestattung im neuen Felsengrab von Josef von Arimathäa.

Das letzte Abendmahl

Jesu letztes Mahl mit seinen Jüngern fand in einem »großen gepflasterten Saal statt, der für das Passahfest bereitet war« (Neues Testament, Markus 14, 15–16; Lukas 22, 12–13). Heute können Pilger diesen Saal (Coenaculum) dort besichtigen, wo früher die Zionsbasilika stand. Im 3. Jahrhundert, lange nachdem das ganze Areal von den Römern zerstört worden war, wurde eine kleine Kapelle über der Stelle errichtet, wo das Haus stand. Ein Jahrhundert später integrierte man die Kapelle in eine neue Basilika. Diese wurde mehrere Male niedergebrannt, einmal von den Persern und zweimal von den Mus-

LINKS: Das Grab des Lazarus in Bethanien, fünf Kilometer von Jerusalem entfernt. Lazarus, der von Jesus von den Toten auferweckt wurde, wird sowohl von Muslimen als auch von Christen verehrt

OBEN: *Der gepflasterte Saal, in dem das letzte Abendmahl stattgefunden haben soll*

limen, und schließlich von den Kreuzfahrern wiedererrichtet. Unter türkischer Herrschaft ging die Basilika wieder an die Muslime über, die den Ort als Grabstätte König Davids verehrten und hier eine Moschee errichteten.

Seit dem Sechstage-Krieg 1967 ist die Stätte im Besitz der Juden, die die Gruft Davids als einen der heiligsten Orte in ganz Israel verehren. Christen und Muslimen ist der Zugang jedoch gestattet.

Über der alten Kapelle liegt eine große Gewölbehalle mit schwer wirkenden Säulen aus Porphyr, deren Kapitelle in Erinnerung an den Wein und das Brot des letzten Abendmahles mit symbolischen Weintrauben und Weizenähren verziert sind. Hier soll der Heilige Geist an Pfingsten in »Zungen zerteilt wie von Feuer« auf die Jünger herabgefahren sein (Neues Testament, Apostelgeschichte 2,2–4).

Der Garten Gethsemane

Nach dem letzten Abendmahl zogen Jesus und seine Jünger auf den Ölberg, der heute dem Hotel International als Park dient und nachts von hellem Flutlicht beleuchtet wird. Hier, wo sich der Garten Gethsemane befand, teilte Jesus seinen Jüngern mit, daß seine Seele »betrübt ist bis an den Tod«. Er betete dreimal zu seinem Vater, daß diese Stunde an ihm vorübergehen möge – »doch nicht wie ich will, sondern wie du willst«. Dreimal kehrte er zu seinen schlafenden Jüngern zurück und fragte sie: »Könntet ihr denn nicht eine Stunde mit mir wachen?« Dann wurde er gefangengenommen: »Siehe, die Stunde ist hier, daß des Menschen Sohn in der Sünder Hände überantwortet wird.« (Neues Testament, Matthäus 26, 36–46)

Bei Nacht ist der heutige Garten Gethsemane (der Name bedeutet »Ölpresse«) – außer zu besonderen Anlässen – geschlossen. Was die Pilger nach dem Gang durch die Palmsonntag-Gasse zur Basilika am Tage zu sehen bekommen, ist etwas zu idyllisch, um einen Eindruck von den Qualen zu vermitteln, die Jesus hier durchmachte: Blumen bilden einen Teppich unter Olivenbäumen, und Bougainvillea und Geißblatt ranken sich an Mauern empor. Die franziskanischen Führer weisen darauf hin, daß die acht knorrigen Olivenbäumen eben jene seien, die Zeuge von Jesu Leiden wurden – ein ehrfurchtgebietender Gedanke.

Im Inneren der Basilika erleuchten Kerzen den Felsen des Leidens Christi zur Verehrung, und viele Pilger werfen sich davor nieder. In der unterirdischen Kapelle findet sich purpurfarbenes Glas, Hunderte von wärmenden Kerzen und ein stechender

Geruch von brennendem Wachs. Angeblich steht sie an jener Stelle, wo Christus betete.

Gefangennahme und Gericht

Jesus wurde in Gethsemane von einer Gruppe bewaffneter Männer und Soldaten des Hohepriesters und der Ältesten ergriffen und zu Kaiphas, dem Hohepriester, gebracht. Man beschuldigte ihn der Blasphemie, schlug, verhöhnte und bespuckte ihn, fesselte ihn und schaffte ihn zu Pontius Pilatus, dem römischen Prokurator (Gouverneur) von Judäa. Dieser hielt sich vermutlich im Antoniusturm oder der Antoniusburg an der nördlichen Außenmauer des Tempelbezirks auf.

Das gesamte Gebiet wurde während der Zerstörung Jerusalems durch die Römer dem Erdboden gleich gemacht; später wurde hier dann das Kloster der Katholischen Schwestern Zions errichtet. Jüngste Ausgrabungen haben aber Überreste der gewaltigen Fundamente und einen weitläufigen Innenhof mit großen Steinplatten freigelegt. Die Bibel berichtet, daß Pilatus an einem Ort, der »Hochpflaster« (hebräisch *Gab'batha*) genannt wurde, auf dem Richterstuhl Platz nahm, (Neues Testament, Johannes 19, 13) und daß Jesus vor ihm stand, um befragt und gerichtet zu werden. Von der Scala Santa bzw. heiligen Treppe, die Jesus emporschritt um Pilatus gegenüberzutreten, ist nichts mehr zu sehen. Sie wurde von der hl. Helena im frühen 4. Jahrhundert nach Rom gebracht, wo sie noch heute in der Kirche San Giovanni in Laterano verehrt wird (siehe S. 77).

IN EINER ECKE des Tempelhofes finden sich im Pflaster Spuren der Spiele, die die römischen Soldaten dort spielten: Knöchelwerfen, Himmel und Hölle und das »Kreisspiel«. Es wurde mit beschriebenen Steinen gespielt und hatte Spielzüge wie den »Königsgambit« (eine Schacheröffnung, bei der Bauern geopfert werden). Einige glauben, daß Jesus dorthin gebracht wurde, um bei einem »Königsgambit für den König der Juden« geopfert zu werden.

Das Pflaster wird heute hinter den Klostermauern aufbewahrt, so daß man tatsächlich dieselben Steine betrachten kann, auf denen Jesus stand: Platten aus Granit und Kalkstein, mit Rinnen und Abflüssen, Vertiefungen, Furchen und Spurrillen von Streitwagen, und voller Löcher für die Standarten der römischen Legionen. Im Laufe der Jahre wurden sie von Millionen von Füßen abgeschliffen. Hier verurteilte Pilatus, der »keinen Fehl an ihm fand«, Jesus in Furcht vor dem Zorn der Juden und ließ ihn geißeln und dann kreuzigen.

LINKS: Pilger folgen dem Kreuzweg durch die Via Dolorosa

Die Via Dolorosa

Nach der Geißelung und Verhöhnung trug Jesus sein Kreuz die Via Dolorosa entlang, den »Weg der Schmerzen«. Heute ziehen jeden Freitag nachmittag Pilger durch die Straßen zwischen dem Ort des Urteilsspruchs und Golgatha, der »Schädelstätte«, an der Jesus gekreuzigt wurde. Die Karfreitagsprozession ist mit Abstand die beeindruckendste. Tausende versammeln sich an der Annakirche, wo jedes Jahr ein Freiwilliger ausgelost wird, der ein kleines, einfaches Kreuz tragen soll. Dabei sind mehrere kirchliche Würdenträger zugegen: katholische, griechisch-orthodoxe und protestantische; es herrscht eine gedämpfte, erwartungsvolle, neugierige, ja manchmal sogar eine gespannte Atmosphäre.

Die Prozession bewegt sich mitten durch das quirlige Jerusalem mit seinen betörenden Gerüchen nach überreifen Früchten, Leder, würziger Küche, teuren Parfums und überlasteter Kanali-

OBEN: Die Kapelle an der dritten Station des Kreuzweges

ZU DEN KLAGENDEN FRAUEN sagte Jesus: »Ihr Töchter von Jerusalem, weinet nicht über mich« (Lukas 23,28). Die Stationen des Kreuzweges sollen keine Orte frommer Trauer sein, denn auch wenn der Leidensweg Christi ein schmerzensreicher Weg war, wird er von Christen als Weg der Hoffnung gesehen. Diese Vorstellung kam auf, als den Christen der Zugang nach Jerusalem durch muslimische Besetzungen verwehrt war. Als Ersatz schufenPilger eine erzählerische Tradition. Mönche und Schreiber ließen diese Geschichte lebendig werden, indem sie Teile davon in handgeschriebenen Evangelien, in Gemälden an Kirchenwänden und schließlich in Form von Statuen veranschaulichten. Im 15. Jahrhundert schließlich hatten die Franziskaner der Andacht im großen und ganzen jene rituelle Form gegeben, die wir heute kennen, obwohl die letztendliche Auswahl der Etappen erst im 19. Jahrhundert festgelegt wurde. Heute umfaßt ein Kreuzweg 14 Stationen, von denen jede eines der überlieferten Ereignisse zeigt – manchmal als Bild, manchmal als Relief, oft als Statuengruppe. Kreuzwege befinden sich meist in einer Kirche, bisweilen aber auch draußen. Vor jeder Station halten die Pilger inne, um zu meditieren oder zu beten. Manche Ereignisse stammen aus den Evangelien, andere aus alten Überlieferungen.

OBEN RECHTS: Die Kreuzigungskapelle in der Grabeskirche, wo Pilger am Ende des Kreuzweges ankommen

GEGENÜBER: Die Grabeskirche
EINGEFÜGTES BILD: Griechisch-orthodoxe Christen feiern vor der Kirche Ostern

sation, und seinen verwirrenden Geräuschen: die in bestimmten Abständen wiederholten Gebete der Priester, Schritte, entfernter Verkehr und der plötzlich einsetzende, durch Lautsprecher verstärkte Ruf des Muezzins, der die gläubigen Muslime zum Gebet aufruft. Die Pilger folgen der Straße nach links durch einen Bazar und eine Gasse mit Wäscheleinen zum Platz vor der Grabeskirche.

Seit dem 4. Jahrhundert folgen Pilger dem Kreuzweg. Doch in Anbetracht der Zerstörung Jerusalems und der vielfachen Umbauten und Veränderungen kann die heutige Route nur eine ungefähre Annäherung sein. Trotzdem ist es möglich, daß die Pilger auf denselben Steinen gehen wie einst Christus, zumindest auf einem Teil des Weges. Große Pflasterplatten, die einst Teil der römischen Straße waren, wurden ausgegraben und angehoben, so daß sie einen Teil des heutigen Weges bilden.

Die ursprüngliche Strecke nach Golgatha war vermutlich kaum tausend Schritte »von der Stadt« entfernt gewesen. Doch es ist der Aspekt der Frömmigkeit dieses Weges und nicht seine historische Genauigkeit, der den spirituellen Wert für den Pilger ausmacht. Das Gefühl, in Christi Fußstapfen zu treten und sein eigenes Kreuz zu tragen, bedeutet dem Sohn Gottes nahe zu sein, der vor 2000 Jahren starb.

DIE GRABESKIRCHE

Am Ende des Kreuzweges steht ein Gebäude, das im Laufe der Jahrhunderte mehrere Male zerstört wurde, um dann in vielen abenteuerlichen Stil-

OBEN: Gläubige in der Grabeskirche waschen an Ostern dem Priester die Füße
UNTEN: Ein Priester an einem der Altäre

mischungen umgebaut und verschönert zu werden. Heute besteht die Grabeskirche aus einer ungeordneten Ansammlung von Kapellen, Schreinen und Alkoven, die zu den verschiedenen christlichen Konfessionen weltweit gehören.

Rechts vom Eingang führen einige Stufen zu einem der traditionsreichsten Orte Golgathas. Die eine Hälfte der kleinen Kapelle wird von katholischen Franziskanermönchen unterhalten und ist relativ schlicht; die andere Hälfte von griechisch-orthodoxen Priestern. Der Altar dort ist voll roter Votivlampen und kerzenbeleuchteter Ikonen. Darunter befindet sich ein von einem Messingring eingefaßtes Loch im Marmorfußboden, durch das die Pilger den eigentlichen Fels berühren können.

Laut Reiseführer ist dies die Stelle, an der das Kreuz in eine Vertiefung eingelassen war.

Wenn man in die griechisch-orthodoxe Hauptkirche eintritt, so kann man auf der linken Seite schwarze Säulen sehen. Sie stehen in der Form eines Hufeisens rund um das kreisförmige Heiligtum des Grabes Christi mit seinen Hängelampen, Kronleuchtern und Hunderten von Kerzen. Im rötlichen Dämmerlicht unter dem großen Dachgewölbe befindet sich das eigentliche Heiligtum. Die Pilger steigen die ausgetretenen Treppenstufen hinunter und betreten den Raum durch eine niedrige Tür. Abgesehen vom Priester finden dort nur fünf oder sechs Personen gleichzeitig Platz.

Die Grabstätte selbst ist von prunkvoll geschnitztem Mahagoni umgeben, und eine Marmorplatte bedeckt den Stein darin. Auf der Rückseite erhält man von einem anderen (koptischen) Priester die Erlaubnis, einer nach dem anderen nach vorne zu kriechen und die Felswand

OBEN: Golgatha vom Gartengrab aus gesehen
LINKS: Eine Osterprozession in Jerusalem

zu berühren. Einige andere Kapellen werden von armenischen Mönchen behütet – so zum Beispiel auch die Krypta, in der die heilige Helena das Kreuz Christi fand (siehe S. 38–39). Der warme Schein der Kerzen und Lampen, der schwere Duft des Weihrauchs und der helle Schimmer von Gold bilden ein eindrucksvolles Gegengewicht zur Düsterkeit der Jahrhunderte.

DAS ANDERE GRAB

Doch es gibt auch noch einen anderen Ort, den einige Christen für die wahre Grabstätte Jesu halten. Er liegt nicht weit von der Grabeskirche entfernt in einem Garten und wird das Gartengrab genannt. 1883 behauptete General Gordon von Khartoum, daß es sich bei diesem alten Felsengrab um den wahren Ort handle, an dem Jesus zur letzten Ruhe gebettet wurde. Viele Pilger ziehen seine Einfachheit der byzantinischen Pracht der Grabeskirche vor. Die alte in den Stein gehauene Anlage sieht fast aus wie ein Schädel und macht so dem Namen Golgatha alle Ehre (siehe S. 21). Eine Rille, die sich durch den Boden vor dem Eingang zieht, könnte ein Anzeichen dafür sein, daß hier einst ein »großer Stein« gerollt wurde, um den Zugang zum Grab zu versperren. In den Augen vieler Pilger vermittelt die Einfachheit dieser Stätte die Atmosphäre der historischen Auferstehung viel besser als die Grabeskirche.

NACH DER AUFERSTEHUNG erschien Jesus seinen Anhängern mehrere Male: zuerst Maria Magdalena, dann begleitete er zwei seiner Jünger auf dem Weg nach Emmaus, danach gesellte er sich zu ihnen, als sie sich zum Essen setzten usw. Am bewegendsten war vielleicht sein Erscheinen am See Genezareth. Die Jünger fischten die ganze Nacht hier, um ihren Lebensunterhalt zu verdienen. Am Morgen sahen sie Jesus am Ufer stehen, neben einem Feuer, an dem Brot und Fisch bereitet waren. Heute kann man in einem der Restaurants am Ufer des See Genezareth ein Gericht bestellen, das »Fisch des hl. Petrus« heißt.

Das muslimische Jerusalem

*»Preis dem, der seinen Diener des Nachts entführte
von der heiligen Moschee zur fernsten Moschee,
deren Umgebung wir gesegnet haben, um ihm unsere Zeichen zu zeigen!«*

(Koran XVII, 1)

Der Felsendom

Der Felsendom ist das prächtigste Heiligtum in Jerusalem und vielleicht eines der schönsten Gebäude weltweit. Er steht an einem Ort, der von jüdischen, christlichen und muslimischen Gläubigen verehrt wird und eine Fülle religiöser Assoziationen vereint. Dort oben, am südlichen Ende des Natursteinplateaus, ließ König Salomon 1000 v. Chr. einen Tempel errichten, um darin die Bundeslade unterzubringen, das heiligste Symbol der Gegenwart Gottes unter den Juden. Dieser wurde vier Jahrhunderte später von den Babyloniern zerstört. König Herodes der Große erweiterte die Fläche und veranlaßte den Bau eines noch eindrucksvolleren Tempels, den die Römer 30 Jahre nach der Kreuzigung Jesu erneut zerstörten.

Der Felsendom

Nicht zerstören konnten die Römer jedoch die gigantische Steinplatte, die die Plattform beherrschte. Für jüdische Gläubige war dieser Stein die Stelle auf dem Berg Moria, an dem Abraham, der Stammvater Israels, einwilligte, seinen eigenen Sohn Isaak als Opfergabe hinzugeben, um sein Vertrauen in Jahwe zu beweisen.

Für die Muslime ist dies der Felsen, zu dem der Prophet Mohammed auf seiner nächtlichen Reise von der heiligen Moschee (der Kaaba) in Mekka zur geheimnisvollen al-Aqsa, der »fernsten Moschee«, gebracht wurde. Der Engel Jibril (Gabriel) hatte ihn aus dem Schlaf geweckt, ihn dann auf ein geflügeltes Tier, halb Affe, halb Maulesel, gesetzt und war mit ihm nach Jerusalem galoppiert. Dort senkte sich eine Leiter herab, und Jibril führte Mohammed hinauf zu einer Tür in den Himmel. Bevor er eintreten durfte, bekam er allerdings auch die Hölle zu Gesicht: Ihr Tor wurde geöffnet, und er konnte die Sünder in den schrecklichen Flammen leiden sehen. Im Himmel traf Mohammed Jesus und Johannes den Täufer, dann die Patriarchen Josef, Moses und Abraham. Schließlich hatte er eine Audienz bei Allah, Geheiligt Sei Sein Name, der ihm die fünf Regeln des Islam anvertraute. Nachtfahrt und Himmelfahrt (*Laylat ul-Isra wal Mi'raj*) Mohammeds sind zentrale Punkte des islamischen Glaubens. Viele Muslime gedenken dieses Ereignisses, indem sie eine ganze Nacht im Gebet verbringen.

Am Ende des 7. Jahrhunderts eroberten die Muslime Jerusalem und befreiten den Himmelfahrtsfelsen vom Schutt. Der Kalif von Damaskus ließ darüber die achteckige Moschee als einen Pilgertempel errichten und die Außenseite mit goldenen Mosaiken verzieren. Später, unter der Verwaltung der ottomanischen Türken, ersetzte man diese durch persische Kacheln in leuchtendem Blau, strahlendem Weiß und intensivem Grün, die auch heute noch zu sehen sind.

Die großartige Kuppel wird vom stolzen Halbmond des Islam gekrönt, der von ganz Jerusalem aus sichtbar ist und ursprünglich aus reinem Gold war. Heute ist er nur noch vergoldet. Verse aus dem Koran sind als Kalligraphien integraler Bestandteil der überaus prächtigen Außendekoration des Gebäudes.

Innen findet man hochragende Säulen und komplizierte Arabesken. Pilger können den heiligen Fels mit den Fußabdrücken des Propheten Mohammed sehen, und in einem Reliquienschrein bei einer der Säulen werden die Barthaare des Propheten aufbewahrt.

Obwohl der Felsendom mit der fast direkt darunterliegenden jüdischen Klagemauer ein Ort für Pilger verschiedenen Glaubens ist, stellt er auch ein Symbol für die verzweifelte Uneinigkeit zwischen Juden und Muslimen dar. Jüdische Fundamentalisten würden gerne einen neuen und noch prächtigeren Tempel auf der Fläche des Felsens errichten – was bedeuten würde, daß der Felsendom verschwinden müßte.

In den letzten Jahren gab es einige Versuche ihn zu zerstören: eine Gruppe von israelischen Rechtsextremisten plante 1982, ihn zu bombardieren, wurde aber von Sicherheitskräften festgenommen. 1984 kletterten Mitglieder einer fundamentalistischen jüdischen Sekte mit Sprengstoff auf die Mauer der Altstadt und waren schon fast bis zum Dom vorgedrungen, als sie von einer Wache entdeckt wurden. Im selben Jahr standen 20 Männer vor einem israelischen Gericht, weil sie geplant hatten, den Dom zu sprengen, um für den neuen Tempel Platz zu schaffen. Sie wurden dabei von christlichen Fundamentalisten unterstützt, die die Wiedererrichtung des Tempels für die notwendige Erfüllung der Prophezeiung vor der Wiederkunft Christi halten. Für Pilger, die ihren Glauben stärken wollen, stellen diese Zwischenfälle eine Gefahr und Beunruhigung dar.

UNTEN: Der heilige Fels, in dem Mohammed seine Fußabdrücke zurückließ, als er in den Himmel auffuhr

CHRISTENTUM

AUCH WENN DAS HEILIGE LAND immer das wichtigste Pilgerziel für Christen bleiben wird, gibt es weltweit viele Orte, zu denen Gläubige sich hingezogen fühlen. Sie werden mit Heiligen, Märtyrern und Wundern in Verbindung gebracht, und Pilger kommen, um ihnen Ehrerbietung zu erweisen und Inspiration zu finden.

Der Altar in der Grabeskirche in Jerusalem, wo Jesus am Kreuz starb

CHRISTUS-RELIQUIEN

OBEN: *Karl der Große, ein begeisterter Reliquiensammler*

DAS WORT *RELIQUIE* hat sich aus dem lateinischen Wort *reliquia* – Überrest, Überbleibsel – entwikkelt und bezeichnet Gegenstände, die von religiösen Gestalten zurückgeblieben sind. Ein Reliquienschrein ist ein Behälter für ein solches Relikt: Gewöhnlich ein prunkvoller und dekorativer Kasten oder ähnlicher Behälter, der so gestaltet ist, daß die Reliquie darin betrachtet oder zum Zwecke der Verehrung ausgestellt werden kann. Religiöse Reliquien sind meist kleine Überreste einer heiligen Person oder von deren Eigentum. Anhänger der großen Weltreligionen haben sich immer mehr oder weniger intensiv zu den Reliquien ihres Glaubens hingezogen gefühlt.

Das Bedürfnis nach materiellen, greifbaren Gegenständen aus der Vergangenheit, besonders wenn sie mit Glaubensinhalten verbunden sind, ist Teil der menschlichen Natur. Im ersten Jahrhundert nach Christi Tod begann der Reliquienkult, der sich ursprünglich auf Märtyrer aus dieser Zeit konzentrierte. Den verehrten Relikten wurden bald wundersame, sogar magische Kräfte zugeschrieben – von der Fähigkeit, Krankheiten und Kinderlosigkeit zu heilen oder für eine gute Ernte zu sorgen, bis hin zum Erreichen von Wohlstand und Erfolg. Kämpfe entbrannten um Reliquien, sie wurden gestohlen, gekauft und wieder verkauft und in immer kleinere Stücke aufgeteilt – entweder um Profit daraus zu schlagen, oder im frommen Glauben, daß es gut sei, die Relikte in so vielen Kirchen wie möglich zu verteilen.

Die herausragende Bedeutung, die Reliquien für Christen über so viele Jahrhunderte hinweg hatten, mag für einen modernen, wissenschaftlich ausgerichteten Geist nur schwer nachvollziehbar sein. Die Welt von heute verlangt nach nachprüfbaren Echtheitsbeweisen, um ihren Skeptizismus in diesen Dingen zu überwinden. Sie kann nur mit Verachtung auf das blicken, was als Leichtgläubigkeit der weitgehend ungebildeten Bevölkerung der Vergangenheit verstanden wird, die durch ihren Glauben blind gegenüber Fakten war.

Aber der wahre Wert einer Reliquie liegt nicht in ihrer Echtheit, sondern in ihrer Fähigkeit, durch physische Erinnerungen an Jesus Christus und die großen Heiligen die Herzen der Menschen mit Liebe und Dankbarkeit gegenüber Gott zu erfüllen. Im Grunde ist die Echtheit einer Reliquie in gewisser Hinsicht unwichtig, solange die Begegnung mit ihr einen Schritt hin zum Bekenntnis darstellt.

Der Pilger sieht sich heute vor der Aufgabe, einen Mittelweg zwischen allzu unkritischer Inbrunst und höhnischer Ablehnung der Reliquie als frömmelnden Unsinn oder absichtlichen Betrug zu finden. In gewisser Hinsicht ist schließlich das ganze

GEGENÜBERLIEGENDE SEITE: *Ein Reliquienschrein mit einem der zahlreichen heiligen Dornen. Dieser befindet sich im Britischen Museum in London*

EINE PILGERREISE ZUM Grab des Märtyrers Thomas Beckett war Geoffrey Chaucers Vorwand, in den *Canterbury Tales* (1387) eine unterhaltsame und dennoch glaubwürdige Gruppe von Persönlichkeiten aus allen Bereichen mittelalterlichen Lebens zusammenzuführen. Obwohl seine Charaktere gekonnte Schilderungen menschlicher Schwächen sind (der Ablaßhändler z.B. verkauft schamlos Schweineknochen und Stoffetzen als echte Reliquien), hegt der Autor Wohlwollen gegenüber seinen Pilgern, um die Schärfe der Satire zu mildern.

OBEN: Die Kapelle des kostbaren Blutes in Brügge

Heilige Land eine Reliquie: Überreste der Vergangenheit, die im Reliquienschrein der Gegenwart aufbewahrt werden.

Im Falle von Jesus Christus waren die Möglichkeiten körperlicher Überreste sowieso sehr begrenzt – das Neue Testament berichtet davon, daß Jesus am dritten Tag nach seiner Kreuzigung von den Toten auferstanden ist und 40 Tage später leibhaftig in den Himmel fuhr. Obwohl einige wenige Stunden zwischen seinem Tod und seiner Bestattung lagen, wäre für seine Jünger die Vorstellung, Teile seines Körpers für die spätere Anbetung zu retten, abstoßend gewesen. Als Juden empfanden sie größten Respekt vor dem toten Körper. Durch den Kontakt mit einem Teil des Leichnams hätten sie sich nach mosaischem Gesetz in jedem Fall rituell verunreinigt. Da Jesus also keinen Leichnam hinterließ, haben die meisten Reliquien, die mit ihm in Verbindung gebracht werden, mit seiner Leidensgeschichte und seinem Tod zu tun.

EINE HEILIGE Vorhaut befand sich in der Pfarrkirche von Calcata in der Provinz Viterbo, etwa 50 Kilometer nördlich von Rom. Sie hieß Carne Vera Santa, Echtes Heiliges Fleisch, und wurde jedes Jahr am Beschneidungsfest verehrt. Vermutlich wegen ihres wertvollen antiken Reliquienschreins aus Silber wurde sie 1983 gestohlen. Die Gemeindemitglieder behaupten, daß Rom aus Widerstand gegen die Verehrung den Diebstahl organisiert habe. »Die Kirche«, sagt der örtliche Bischof, »zieht es vor, sich zu diesem »Vorfall nicht zu äußern.«

Kristalltränen

Das Evangelium berichtet, daß Jesus bei der Erweckung des Lazarus weinte. Eine ganze Reihe von Klöstern und Kirchen beanspruchen, im Besitz einer oder mehrerer dieser Tränen zu sein, die gewöhnlich von Kreuzfahrern aus dem Heiligen Land mitgebracht wurden. Die berühmteste befand sich im Besitz der Benediktiner in der Kirche zur Heiligen Dreifaltigkeit in Vendùme. Sie funkelte in einem Kristallkelch und zog im Mittelalter große Pilgerscharen an. Zu Zeiten der französischen Revolution wurde sie geraubt, Anfang des 19. Jahrhunderts jedoch wiedergefunden und der sicheren Verwahrung des päpstlichen Legats übergeben. Seitdem hat man nichts mehr von ihr gehört.

Leiden in Gethsemane

Im Evangelium des hl. Lukas wird das qualvolle Gebet Jesu auf dem Olivenberg geschildert, bei dem er angeblich stark schwitzte. Josef von Arimathäa soll eine der ersten Kristallphiolen mit diesem heiligen Schweiß nach Glastonbury in England gebracht haben (siehe S. 118–119).

Während der Kreuzzüge gelangten Unmengen des angeblichen Blutes Jesu nach Konstantinopel; bald darauf wurden Blutstropfen in Mantua und Santa Croce, Santa Maria Maggiore und San Giovanni Laterano in Rom verehrt. Einige davon erreichten Frankreich und England, wo Heinrich III. die Reliquien in die Westminster Abbey brachte. Die Zisterzienser in Hailes Abbey in Gloucestershire bauten den östlichen Teil ihrer Abtei wieder auf, um den Schatz, der von Papst Urban IV. für echt erklärt wurde, würdig unterzubringen. Der Schrein wurde bald ein angesehenes Pilgerzentrum in England. Die Abtei wurde jedoch im 16. Jahrhundert von protestantischen Reformern geplündert und die Phiole zur Fälschung erklärt.

Tropfen, die angeblich Christi Blut sind, können heute noch in der Kapelle des kostbaren Blutes im belgischen Brügge bewundert werden. Der Patriarch von Jerusalem schenkte sie dem Kreuzfahrer Graf Thierry d'Alsace, der bei seiner Rückkehr eine Kapelle bauen sollte, um die Reliquie darin unterzubringen. Obwohl Thomas von Aquin, der große Theologe des 13. Jahrhunderts, seine Zweifel an der Echtheit dieser Tränen äußerte, nahm man im 14. Jahrhundert an, daß sie sich »jeden Freitag zwischen dem Morgengrauen und der neunten Stunde verflüssigen«. Zu Beginn des 17. Jahrhunderts wurden sie in einem Kristallröhrchen aufbewahrt, das auf beiden Seiten mit einer edelsteinbesetzten Krone versiegelt war und in einem großen, überdachten Reliquienschrein aus massivem Silber lag. Heute werden sie an jedem Freitag sowie am gesamten Himmelfahrtswochenende für die Öffentlichkeit ausgestellt. An speziellen Festtagen des Blutes dürfen Pilger das Blut küssen. Ein kleines Glasröhrchen, in dem sich die noch immer blutgetränkte Schurwolle befindet, mit der die Wunden Christi vor seiner Grablegung gereinigt wurden.

Die Prozession dieses heiligen Blutes an Christi Himmelfahrt, bei der die Reliquie in ihrem prachtvollen, meterhohen und mit Diamanten und anderen Edelsteinen besetzten Reliquienschrein aus Gold und Silber durch die Straßen von Brügge getragen wird, ist die beliebteste Touristenattraktion der Stadt. Auf Flößen werden farbenfrohe Bilder durch die Stadt gezogen, und die Menschen tragen mittelalterliche Kostüme. Vor dem Hintergrund der sehr gut erhaltenen mittelalterlichen Stadt hat dies fürwahr eine dramatische Wirkung.

Die Dornenkrone

Im Laufe seiner Leidensgeschichte wurde Jesus mit Dornen gekrönt, an ein Kreuz genagelt und mit einer Lanze verletzt. Viele Reliquien beziehen sich auf diese Abfolge der Ereignisse.

Die in Israel so verbreiteten Dornenbüsche dienten den römischen Soldaten als Material für eine Krone, mit der sie Jesus verhöhnten. Sie hatte vielleicht 20 bis 40 Dornen. Im Laufe der Jahrhunderte haben jedoch mindestens 150 Kirchen behauptet, einen dieser Dornen zu besitzen. Können sie alle echt sein?. Eine mögliche Erklärung für diese Vermehrung ist, daß die Originaldornen in zahlreiche Teile geschnitten wurden, um sie dadurch weiter zu verbreiten.

Unabhängig von wunderbaren, profanen oder einfach betrügerischen Erklärungen – Dornen können an vielen Orten verehrt werden (in der Passionskapelle Santa Croce in Rom befinden sich zwei). In Notre-Dame in Paris befanden sich die bekanntesten, von denen zunächst behauptet wurde, sie seien die ganze Krone. Diese verkaufte der Kaiser von Konstantinopel im 13. Jahrhundert an den französischen König Ludwig IX. Heute ist sie nur noch ein rundes Bündel trockener Ruten, ohne einen einzigen Dorn, das in einem aus sechs Glasteilen bestehenden Ring ausgestellt und am Karfreitag öffentlich verehrt wird.

GEGEN ENDE des 16. Jahrhunderts verkaufte ein gewisser John Alleyn in England das »Blut Christi« für 20 Pfund pro Tropfen an Gläubige – in jener Zeit ein stattlicher Betrag.

UNTEN: Santa Maria Maggiore in Rom. Die Kirche ist stolze Besitzerin von heiligen Blutstropfen Christi

OBEN: Notre Dame in Paris. Angeblich befindet sich hier die heilige Dornenkrone, die jedoch alle Dornen verloren hat

Veronikas Schweißtuch

Einer alten Legende nach hat Veronika Jesus voll Mitleid das Gesicht mit einem Tuch abgewischt, als er nach den Qualen der Krönung und Geißelung sein Kreuz nach Golgatha trug. Auf dem Tuch ist angeblich der Abdruck des heiligen Angesichtes zurückgeblieben und es wurde zu einer berühmten Reliquie. Das als Schweißtuch bekannte dünne Stück Seide, auf dem die Umrisse eines männlichen Gesichtes zu sehen sind, war früher das berühmteste Objekt der Verehrung in ganz Rom. Seine öffentliche Ausstellung war für die Massen jedesmal ein wichtiger Anlaß, Buße zu tun.

Der Name Veronika leitet sich von den griechischen Wörtern »vera ikon« ab, was soviel wie »echtes Abbild« bedeutet. Der im 15. Jahrhundert entstandene Frauenname könnte also von der Reliquie abgeleitet worden sein. Anfang dieses Jahrhunderts wurde das Schweißtuch untersucht. Auf dem Reliquienschrein befand sich das Gemälde eines bärtigen Mannes, vielleicht eine Interpretation des wunderbaren Bildes auf dem Tuch.

Auf dem viereckigen, vergilbten Stoffstück selbst fanden sich nur zwei rostbraune Flecken. Vielleicht handelt es sich dabei um Überreste von Christi Blut oder Schweiß. Unglücklicherweise konnte keine erkennbare Abbildung von einem Gesicht, die das Ansehen dieser Reliquie hätte untermauern können, entdeckt werden.

DER SCHÖNSTE RELIQUIENSCHREIN für einen heiligen Dorn befindet sich im Britischen Museum in London. Während der Dorn selbst eher unauffällig ist, stellt der juwelenbesetzte Schrein ein Wunderwerk der Goldschmiedearbeit dar. In einer aus Gold gearbeiteten Darstellung der Passion Christi, seiner Wiederkunft und des jüngsten Gerichts liegen ein polierter Saphir, Perlen und andere Edelsteine.

GEGENÜBERLIEGENDE SEITE: Die hl. Veronika zeigt den Abdruck des Gesichtes Christi auf ihrem Schleier. Gemälde aus dem 15. Jh. von Hans Memling

Heilige Nägel

Mindestens 29 verschiedene Orte allein in Europa behaupten, die Nägel zu besitzen, mit denen Jesus an den Händen und Füßen ans Kreuz genagelt wurde. Venedig hat angeblich drei davon, das Eton College in England vier. Eine der zahlreichen, häufig legendenumrankten Erklärungen für die große Anzahl an Kreuznägeln lautet: Die hl. Helena, Mutter von Kaiser Konstantin und eine unermüdliche Reliquiensammlerin, hätte das Kreuz und vier heilige Nägel in Jerusalem gefunden (siehe S. 36). Aus diesen Nägeln ließ sie dann zwölf kleinere machen. Einen davon hat sie angeblich in die Adria geworfen, um auf ihrer Heimreise einen Sturm zu besänftigen. Ein weiterer soll sich im Kopf einer Statue ihres Sohnes Konstantin befinden. Dieser verwendete weitere Nägel als Verzierung für seinen Helm und seinen Körperpanzer. Ein weiterer ziert den Griff seines Schwertes. Ein anderer befindet sich in der Gebißstange seines Pferdes. Ein letzter wurde als Geschenk nach Rußland gesandt und kann noch immer in der Auferstehungssynode in Moskau besichtigt werden.

Eine weitere Erklärung geht davon aus, daß man neue Nägel heilig machen konnte, indem man bei der Herstellung einige Späne der ursprünglichen Nägel in das flüssige Metall gab. Der heilige Nagel in Santa Croce in Rom wurde mit Sicherheit abgefeilt. Man geht ebenfalls davon aus, daß neue heilige Nägel hergestellt wurden, indem man sie mit einem Kreuznagel berührte.

Das einzigartige Prestige der Nägel und die durch sie geschaffene Verbindung mit dem Göttlichen reizte jedenfalls Napoleon. Er ließ sich mit der Krone Theodolindas zum König von Italien krönen. In dieser befanden sich Fragmente eines Kreuznagels, der im 6. Jahrhundert von Papst Gregor dem Großen nach Europa gebracht wurde.

Das Kreuz Christi

Das Kreuz Christi wurde im 4. Jahrhundert von der hl. Helena in Jerusalem entdeckt (siehe S. 38–39). Es trug die Inschrift »König der Juden«. Sie fand ebenfalls die vier heiligen Nägel, die heilige Lanze und die Kreuze der beiden Schächer. Diese Relikte wurden aufgeteilt und im gesamten christlichen Raum verteilt.

Helena behielt den Teil des Querbalkens, der am stärksten mit heiligem Blut befleckt war und schenkte den Rest der Kirche in Jerusalem. Der heilige Cyrillus beobachtete, daß innerhalb von fünfzig Jahren »die ganze Welt mit Fragmenten übersät« war. John Calvin beklagte viel später, daß »alle Stücke auf einen einzigen Haufen gelegt eine ganze Schiffsladung« ergäben. Einzelne Fragmente wurden mit riesigen Gewinnen verkauft. Könige und Päpste verwendeten sie als Geschenke oder Gunstbeweise. Helenas Geschenk an Jerusalem wurde in der Stadt aufbewahrt, bis der Sultan Saladin von Ägypten und Syrien 1187 die Kreuzfahrer endgültig besiegte und es für immer verloren war. Aber genügend Stücke blieben in Konstantinopel, Zypern, Antiochia, Kreta, Edessa, Georgien, Alexandria, Askalon und Damaskus. Santa Croce in Rom besitzt drei Bruchstücke des Kreuzes Christi, einen heiligen Nagel und die Aufschrift. Sogar die abgelegene Kluniazenserabtei St. Andrew in Broomeholme in Norfolk besitzt ein Stück des Kreuzes, das bereits zahlreiche Wunder bewirkt haben soll.

Die heilige Lanze

Die religiösen Gesetze der Juden verboten es, den Körper Jesu am Sabbath am Kreuz hängen zu lassen. Deshalb ordnete Pilatus an, Jesus und den beiden Schächern die Beine zu brechen, um das Eintreten des Todes zu beschleunigen. So war es ihnen unmöglich, sich im Ringen um Atemluft aufzurichten.

Die Soldaten brachen den beiden anderen die Beine, bemerkten jedoch, daß Jesus bereits tot war. Um seinen Befehl gewissenhaft auszuführen und den Tod sicher festzustellen, bohrte einer von ihnen Jesus seine Lanze in die Rippen. Dieser Soldat, der im Evangelium des Johannes erwähnt wird, erhielt später den Namen Gaius Cassius Longinus (eine Verballhornung des griechischen Wortes *lonche* für »Lanze«). Er wurde später heiliggesprochen, sein

UNTEN: Santiago de Compostela, eine der Kathedralen, die eine heilige Vorhaut besitzen

LINKS: Detail des Schatzes der Basilika von San Marco in Venedig. Hier werden u.a. der Schleier, eine Haarsträhne und Milch von Maria, einer der heiligen Nägel und heilige Blutstropfen aufbewahrt

Leichnam wird in Mantua verehrt, obwohl auch Notre-Dame-de-l'Isle in Lyon Anspruch auf seine sterblichen Überreste erhebt.

Von verschiedenen Lanzen wird behauptet, sie seien der echte Speer, mit dem Jesus verletzt wurde. Im 11. Jahrhundert gab es Lanzen in Antiocha und Pharos, mehrere in Konstantinopel, eine in der armenischen Kirche in Etchmiadzin und eine weitere in Paris. In Wien gibt es eine besonders faszinierende Lanze. Sie ist als Schicksalsspeer bekannt, weil sie die Verwirklichung der den Messias betreffenden Prophezeihungen symbolisiert. Die ersten Christen, die noch als Juden geboren wurden, sahen in der Tat des Soldaten die unwissentliche Erfüllung von Jessajas Prophezeihung, daß Jesus »kein einziger Knochen gebrochen wird« und der Vorhersage des Zacharias, daß »sie auf den schauen werden, den sie erstochen haben«. Die Lanze spielte also für das Schicksal des Messias und der gesamten Menschheit eine wichtige Rolle.

Das Relikt besteht aus zwei Teilen, die durch eine silberne Scheide verbunden sind. Der obere Teil ist länglich und verjüngt sich zu einer Spitze, während der untere Teil zwei Metallflansche aufweist, die die Flügel einer Taube darstellen. In der Mitte der Klinge befindet sich ein Nagel, dessen Kopf wie ein Hammer geformt ist. Er wird von einer Manschette festgehalten, die mit Draht aus Gold, Silber und Kupfer umwickelt ist. Auf dem unteren Teil sind goldene Kreuze eingraviert. (Der hammerköpfige Nagel, angebliche einer der Kreuznägel, soll erst später hinzugefügt worden sein.)

Von Zeit zu Zeit schürten Ungläubige den Aberglauben, daß derjenige das Schicksal der Welt bestimmen könne, der im Besitz des Schicksalsspeers sei und seine Macht verstünde. Dieser Aberglaube hat eine Reihe von Horrorgeschichten und leidenschaftlichen Spekulationen hervorgebracht: über die Offenbarung des Johannes, die geheimen okkulten Aktivitäten von Adolf Hitler, die Geschichte des Bösen von Golgatha bis zum Holocaust und zur Atombombe, die Suche nach dem Heiligen Gral, die Anzahl der Ungeheuer in der Welt und natürlich die Wiederkunft des Antichrist.

Relikte der Göttlichkeit?

Viele Kirchen behaupten, Relikte des Körpers Jesu zu haben, die sie vorwiegend in der Blütezeit der Reliquienverehrung erwarben. Es gibt angeblich nicht nur Haare und Fingernägel von Jesus, sondern auch verschiedene Milchzähne, die von Maria als Erinnerungsstücke aufbewahrt worden sein sollen. Im 8. Jahrhundert soll Karl der Große in den Besitz des Bauchnabels von Jesus gelangt sein, den er großzügig in kleine Teile zerschnitten hat, um Papst Leo und verschiedene religiöse Orden damit zu beschenken.

Bis vor relativ kurzer Zeit war der Kult um die heilige Vorhaut weit verbreitet. Dreizehn europäische Kirchen und Kathedralen beanspruchten, die echte Vorhaut des Jesuskindes zu besitzen. Dazu gehören Santiago de Compostela in Spanien, Coulombs und Charroux in Frankreich und die Kirche San Giovanni Laterano in Rom. Das Ansehen dieser Reliquien war so groß, daß König Heinrich V. von England sich die in Coulomb aufbewahrte Vorhaut auslieh, um sicherzustellen, daß seine Gemahlin Katharina gesund vom Thronfolger Heinrich VI. entbunden werden konnte.

Viele heutige kirchliche Autoritäten sind verlegen, wenn sie solche Geschichten hören. Sie gehen davon aus, daß das Ansehen von wertvolleren Reliquien dadurch beeinträchtigt und pietätlose Neugier gefördert wird.

DER SCHICKSALSSPEER befindet sich in der Wiener Hofburg und liegt gewöhnlich in einer offenen Lederschatulle auf einer roten Samtunterlage. Er kann von Montag bis Samstag zwischen 9 und 18 Uhr besichtigt werden.

Die heilige Helena

Im Rathaus von Colchester in England befindet sich eine Statue von Helena, der Mutter Konstantin des Großen, der einer der mächtigsten Kaiser von Rom und ein bedeutender Förderer des Christentums war. Obwohl historische Beweise vollständig fehlen, wird Helena noch immer von vielen für die Tochter des Old King Cole, des Prinzen von Colchester, oder aber eines einheimischen Wirtes gehalten. Tatsächlich weist alles darauf hin, daß Helena etwa 255 in Drepanum (Helenopolis) in Kleinasien geboren wurde. Unabhängig davon wurde Helena durch ihre unermüdliche Suche nach christlichen Reliquien und ihre Sammlungen eine Legende.

Mehr als über Helena selbst wissen wir über die Männer, die in ihrem Leben eine wichtige Rolle spielten. Ihre relativ niedere Herkunft – sie war wahrscheinlich die Tochter eines Gastwirtes im Nahen Osten – konnte sie mit Hilfe von Kaiser Constantius Chlorus, der sie zu seiner Konkubine machte, hinter sich lassen. Der älteste Sohn Konstantin wurde 274 geboren. Achtzehn Jahre später wurde Helena von Constantius verstoßen: 292 wurde er Caesar und übernahm die Herrschaft über die Britischen Inseln, Gallien und Spanien. 305 wurde er als Kaiser Augustus Herrscher über alle westlichen Gebiete. Im folgenden Jahr starb Constantius Chlorus in York, und Helenas Schicksal wendete sich erneut. Zum Leidwesen verschiedener rivalisierender Gruppen wurde ihr Sohn Konstantin vom römischen Heer zum Kaiser ernannt und bestand darauf, daß seine Mutter mit Ehrfurcht und Respekt behandelt wurde.

308 gab es nicht weniger als sechs römische Kaiser: Konstantin, Maximian und Maxentius im Westen, Galerius, Licinius und Maximinus im Osten. Vor seinem großen Sieg im Jahr 312 gegen die Streitkräfte von Maxentius an der Mihian-Brücke mußte Konstantin verschiedene Auseinandersetzungen überstehen. Vor dieser entscheidenden Schlacht hatte er eine Vision von einem brennenden Kreuz mit der Inschrift »Hiermit sollst Du siegen«. Von diesem Zeitpunkt an arbeiteten er und seine Mutter aktiv an der Verbreitung des christlichen Glaubens. Helena gehörte tatsächlich zu den ersten Anhängern Konstantins, die sich taufen ließen. Im Jahr 313 sicherte das Edikt von Mailand den Christen die Bürgerrechte und religiöse Toleranz zu, so daß sich mit Konstantins Machtbereich auch die christliche Einflußsphäre ausdehnte.

314 wurde das Reich erneut in einen von Lucinius regierten Ostteil und einen von Konstantin beherrschten Westteil geteilt. Ein Krieg zwischen den beiden führte zur Abtretung Illyricums, Pannonias und Griechenlands an Konstantin. Durch einen weiteren Sieg im Jahr 324 erlangte er die alleinige Herrschaft über das römische Reich. Er machte Byzanz zu seiner Hauptstadt und nannte sie Konstantinopel oder »Stadt des Konstantin«.

Helenas Reisen

326 begann Helena ihre Reisen nach Jerusalem. Sie war entschlossen, das Kreuz, an dem Jesus starb, zu suchen. Dies war vermutlich eine kluge Entscheidung. Denn im gleichen Jahr ließ Konstantin seinen eigenen Sohn Crispus wegen Verrates hinrichten und im folgenden Jahr seine zweite Frau Fausta.

Bei ihrem langen Aufenthalt im Heiligen Land wendete Helena große Summen auf, um Hilfsprojekte einzurichten und an traditionellen heiligen Stätten Kirchen zu gründen. Ihr wichtigstes Ziel blieb jedoch die Entdeckung des Kreuzes Christi. Seit Ende des 4. Jahrhunderts wird Helena mit der Ausgrabung eines Kreuzes in der Nähe des Berges Golgatha in Verbindung gebracht, obwohl sie in früheren Berichten nicht erwähnt wird und vielleicht sogar vor der tatsächlichen Entdeckung starb.

Glaubt man der Überlieferung, so ordnete Helena die Zerstörung der 100 Meter großen Hadriansterrasse an, die den Hügel bedeckte und auf der eine Jupiterstatue und ein der Venus geweihter Tempel standen. Angeblich wurde ihr die richtige Stelle in einem Traum gezeigt. Sie veranlaßte daraufhin Arbeiter, dort zu graben. Sie fanden drei Kreuze. Einige Quellen berichten, daß Helena mit Hilfe eines Experimentes herausfand, an welchem der drei Christus Körper gehangen hatte. Sie führte einen kranken Mann nacheinander zu jedem Kreuz und betete darum, das echte Kreuz möge ihn heilen. Nachdem der Mann sich ohne Erfolg auf zwei Kreuze gelegt hatte, wurde er sofort geheilt, als er das dritte berührte, das man zum Kreuz des Heilands erklärte.

An jener Stelle wurde offenbar unter Helenas Anleitung eine Kirche erbaut. Die furchtlose und kühne Frau nahm ein Stück Holz und zwei Kreuznägel (die man in der Nähe gefunden hatte) mit nach Rom und ließ diese Reliquien in der neuerbauten Kirche Santa Croce in Gerusalemme (Heiliges Kreuz in Jerusalem) (siehe S. 78) aufbewahren.

Helena starb sieben Jahre vor Konstantin im Jahr 330 in Nikomedien. Ihr Festtag ist der 18. August. Die Kirche feiert das Auffinden des Kreuzes durch die hl. Helena am 3. Mai.

LINKS: Die heilige Helena bringt das Kreuz Christi nach Jerusalem
MITTE: Die heilige Helena, gemalt von Holbein

GEGENÜBERLIEGENDE SEITE: Die heilige Helena entdeckt das Kreuz Christi

Das Turiner Grabtuch

Nach dem Tod Jesu bat Josef von Arimathäa Pilatus um den Leichnam, den er zusammen mit einer Mischung aus Myrrhe und Aloe in Leinentücher einwickelte und in seine eigene, vor kurzer Zeit ausgehobene Gruft legte. Als Petrus und Johannes am Ostermorgen zum leeren Grab kamen, fanden sie das liegengebliebene Leichenhemd auf dem Boden.

Natürlich wurde das ursprüngliche Tuch aufbewahrt und behütet, aber im Laufe der Jahrhunderte vermehrten sich die Leichentücher. Mit dem Ende der Kreuzzüge wurden mehr als hundert angeblich echte Grabtücher aus dem Heiligen Land nach Europa gebracht und an alle möglichen Orte verteilt. Mitte des 19. Jahrhunderts gab es immer noch 42 angeblich echte Tücher. Das berühmteste davon wurde Ludwig von Savoyen im 15. Jahrhundert überreicht und befindet sich heute in der Kathedrale von Turin.

Der schmale Leinenstreifen, der etwas über einen Meter breit und etwa vier Meter lang ist, weist eine Reihe von merkwürdigen bräunlichen Flecken auf, die aus einer gewissen Entfernung betrachtet wie zwei lebensgroße Umrißlinien eines Mannes aussehen – eine von der Vorderseite seines Körpers, die andere von seinem Rücken. Sie liegen Kopf an Kopf.

Ein Bild von Jesus?

1898 wurde das Turiner Grabtuch zum ersten Mal photographiert. Zur allgemeinen Überraschung ergab das große Negativ ein ungewöhnlich genaues Positivbild eines Mannes, der gegeißelt und gekreuzigt worden war. Das Bild auf dem Tuch war tatsächlich eine Art fotografisches Negativ mit umgekehrten Licht- und Schattenwerten.

Diese unerwartete Entdeckung führte zu einer Reihe von Untersuchungen. Weitere Fotos folgten, Archive wurden sorgfältig nach Dokumenten durchsucht, die die Vermutung hätten bestätigen können.

Unten: Eine Ansicht des Turiner Grabtuches

Bibelforscher fanden heraus, daß das Grabtuch vollständig mit den Evangelien übereinstimme. Papst Pius XI. (1922–39) erklärte, daß er von der Echtheit des Grabtuches überzeugt sei. Papst Pius XII. (1939–58) empfahl die weltweite Anbetung dieser bedeutenden Reliquie, die an das Leiden des göttlichen Erlösers erinnere. Millionen von Pilgern drängten sich in Turin, als das Tuch öffentlich ausgestellt wurde.

Mit zunehmendem Vertrauen in seine Echtheit erhielten Experten aus der ganzen Welt Zutritt zu diesem Heiligtum. Wissenschaftler untersuchten das Tuch mit Hilfe von Infrarotkameras, Röntgenstrahlen, Radiogrammen und mikroskopischen Analysen, wobei sie Spuren von antiken Pollen und Sporen aus dem Heiligen Land fanden. Kunstexperten erklärten, daß kein Künstler das Tuch gemalt haben könne, da dies das Verständnis des Zusammenhangs zwischen Positiv- und Negativbild vorausgesetzt hätte, das erst mit der Erfindung der Photographie aufkam. Ärzte verwiesen auf die Vollkommenheit der anatomischen Details, und Pathologen stimmten zu, daß Kreuzigung mit großer Wahrscheinlichkeit die Todesursache war.

Andere spekulierten darüber, daß das Tuch unter Umständen bereits von der Ostkirche verehrt worden sei. In zusammengefaltetem Zustand könnte es als Modell für Ikonen und Bildnisse von Jesus gedient haben. Dies wäre eine mögliche Erklärung für die Ähnlichkeit der antiken Christusdarstellungen, besonders der großen, starrenden Augen (die in Wirklichkeit die geschlossenen Lider des Leichnams darstellen).

Skeptiker bei der Arbeit

Trotz der vielen Beweise bestanden die Skeptiker auf weiteren Untersuchungen. 1988 untersuchte Dr. Walter McCrone, ein auf das Aufdecken von Fälschungen spezialisierter amerikanischer Mikrochemiker, Stoffproben. Als er Spuren von Eisenoxyd, einem im Mittelalter häufig verwendeten Pigment, fand, mußten auch Gläubige akzeptieren, daß das verblaßte Originalbild womöglich nachgebessert worden war. Die Ergebnisse einer mit der Radiokarbonmethode durchgeführten genauen Datierung gaben den Skeptikern recht, da der Stoff anscheinend aus dem 13. Jahrhundert stammt.

Nichtsdestotrotz ließen sich diejenigen, die an die Echtheit des Tuches glaubten, nicht entmutigen. Sie haben mehr Vertrauen in das Tuch als in die Genauigkeit wissenschaftlicher Meßmethoden und betonen, daß kein einziger Wissenschaftler bisher eine befriedigende Erklärung für die Entstehung des Abdrucks auf dem Stoff geben konnte. Es wird in einem silbernen Reliquienschrein aufbewahrt, der in einer Eisenkiste steht. Diese befindet sich in einer Urne auf dem Altar der Cappella della Sacra Sindone in der Kathedrale von Turin. (Die Kapelle wurde von Guarino Guarini im 17. Jahrhundert speziell zu diesem Zwecke entworfen.) Das Grabtuch wird nur bei besonderen Gelegenheiten öffentlich gezeigt.

Ist dies das Gesicht Christi?

DA DAS TURINER GRABTUCH weggesperrt ist, wird in der Kathedrale ein Photo davon ausgestellt. Es zeigt das ausgezehrte und bärtige Gesicht eines Mannes mit einer Dornenkrone und einem Körper, der von Wunden und blauen Flecken bedeckt ist, die von einer Peitsche, einem schweren Gegenstand und einem in die Flanke gestoßenen Speer stammen könnten.

Loreto

Das berühmteste der heiligen Häuser, die seit dem Mittelalter existieren, befindet sich in der Basilika in Loreto in Italien. In diesem schlichten, rechteckigen Haus wuchs Jesus angeblich auf.

NACH DER HIMMELFAHRT Mariä wurde ihr nur neun Meter langes und vier Meter breites Haus angeblich von den Aposteln als Kirche genutzt.

Viele Jahre später, im Jahr 70, als die Römer das Heilige Land als Strafe für den Aufstand der Juden verwüsteten und plünderten, sollen sie von himmlischen Mächten daran gehindert worden sein, das heilige Haus zu berühren oder zu betreten. So blieb es auf wunderbare Weise erhalten. Die hl. Helena, die Mutter von Konstantin dem Großen, ließ während ihrer unermüdlichen Suche nach weiteren Reliquien im 4. Jahrhundert (siehe S. 38–39) über dem Haus eine prächtige Basilika errichten.

Der Legende nach stiegen im Jahr 1291, als das Heilige Land von den Sarazenen erobert und geplündert wurde, vier Engel vom Himmel herab und nahmen das heilige Haus mit, um es vor der Entweihung durch Eindringlinge zu beschützen. Sie versetzten es von Nazareth an einen neuen Standort auf einem Hügel zwischen Fiume und Tersatto an der dalmatischen Küste.

Die Bewohner dieser Küste empfingen es freundlich. Drei Jahre und sieben Monate lang diente es hier als Heiligtum und wurde von vielen Pilgern besucht. Dann kamen die Engel ohne ersichtlichen Grund bei Nacht wieder und versetzten das Haus für kurze Zeit an einen Standort in einem Wald bei Recanati. Nur wenige Monate später kehrten sie erneut zurück und brachten das Haus an seinen jetzigen Standort – in einen Lorbeerhain auf einem Hügel in der Nähe von Loreto.

UNTEN: Loreto, wo das berühmteste heilige Haus in Europa aufbewahrt wird

Loreto heute

Der Name Loreto entwickelte sich aus dem lateinischen Wort *lauretum* (Lorbeerhain). Die Stadt gehört zu den berühmtesten Heiligtümern der Jungfrau Maria in Europa und wurde von über 50 Päpsten besucht. Sie ist Endpunkt einer Pilgerreise, die jedes Jahr, besonders an Ostern und zum Fest des heiligen Hauses im Dezember, von Millionen von Menschen unternommen wird.

Die Landschaft um Loreto ist zwar nicht so beeindruckend wie die Pyrenäen, die den berühmten Wallfahrtsort Lourdes umgeben, hat aber dennoch ihren Reiz: Am Horizont sind Berge zu sehen, um die Stadt herum liegen Pinienwälder, Wiesen voll wilder Blumen, und man findet hier alles, was eine ländliche Region zu bieten hat. In den Bergtälern warten stille kleine Städtchen darauf, entdeckt zu werden. Oft bergen sie großartige Kunst- und Architekturschätze, die man hier nicht auf Anhieb vermuten würde.

Loreto liegt südlich der Hafenstadt Ancona an der Adria und ist mit der Bahn einfacher zu erreichen als mit dem Auto. Vom Bahnhof aus führt eine Treppe bergaufwärts zu einem polnischen Soldatenfriedhof, wo etwa tausend Männer begraben sind, die in verschiedenen Schlachten während des Zweiten Weltkriegs in diesem Teil Italiens ihr Leben lassen mußten. Weiter oben befindet sich die Basilika zum heiligen Haus, die von einigen großen italienischen Architekten wie Bramante und Sansovino entworfen wurde und das Stadtbild beherrscht. Davor liegt eine große Piazza mit einem Brunnen in der Mitte, der ein Gegengewicht zu der überwältigenden weißen Fassade der Basilika mit ihrer Bronzetür, dem Glockenturm und der Statue von Papst Sixtus V. (1585–90) bildet. Der beeindruckende Palazzo Apostolico aus dem 16. Jahrhundert dient heute als Museum und Herberge für kranke oder behinderte Pilger.

Im Haus findet der Besucher viele der normalen liturgischen Eindrücke und Geräusche vor: Kerzen und Votivlampen, reinen strengen Weihrauchgeruch, farbige Glasfenster und bunte Fresken. Auch ein perlenbesetztes Bildnis der Madonna darf nicht fehlen.

Die Außenwände des heiligen Hauses (Santa Casa) selbst sind kunstvoll mit Marmor verkleidet. Auf einer Mauer befindet sich ein nach den Plänen von Bramante, eines Zeitgenossen von Michel-

Marienreliquien

OBWOHL ZWEI DRITTEL der 6000 Heiligtümer in Europa der Jungfrau Maria gewidmet sind, besitzen diese hauptsächlich spirituelle und mystische Bedeutung, da es nur wenige Marienreliquien gibt. Mariä Umhang und viele andere Kleidungsstücke wurden angeblich im 4. Jahrhundert in Galiläa entdeckt. Gemeinsam mit ihrem Leichentuch wurden sie schon kurz danach in Konstantinopel verehrt.

Im 6. Jahrhundert wurde eine Sammlung der Gürtel Mariä angelegt, von denen einer im Kloster von Vatopedi in den Athosbergen erhalten geblieben ist. Die griechisch-orthodoxen Mönche in diesem Kloster besitzen darüber hinaus auch die Geschenke der Heiligen Drei Könige, die Maria angeblich aufbewahrt hat.

Eine Feder, die bei der Verkündigung aus einem Flügel des Engels Gabriel gefallen sein soll, wird in Spanien aufbewahrt. Eine andere Version dieser Legende berichtet, daß Maria die Feder von Gabriel gegeben wurde, damit sie sie Joseph als Beweis ihrer himmlischen Heimsuchung zeigen konnte.

Karl der Große besaß einen Schleier Mariä und eine ihrer Locken. Diese wurde unlängst in der Kathedrale von Reims gefunden.

Auch heißt es, die Jungfrau Maria habe das Jesuskind in einer Höhle gestillt und dabei seien einige Tropfen ihrer kostbaren Milch auf die Steine gefallen, welche dadurch strahlend weißgeworden seien.

Ein Relief in der Milchgrotte

Verschiedene Höhlen zwischen Bethlehem und Nazareth kommen dafür in Frage. Die berühmteste ist die Milchgrotte in der Geburtskirche in Bethlehem (siehe S. 16–18). Im 7. Jahrhundert sammelten Pilger in diesen Höhlen Kalkstein und Kreidestaub auf, boten sie mit Wasser vermischt als Mariä Milch an, die »ein Heilmittel gegen alle Frauenkrankheiten« sein sollte.

Kristallphiolen mit Mariä Milch wurden in Altarräumen in ganz Europa aufbewahrt und die Pilgerroute nach Walsingham im Osten Englands (siehe S. 115–117) wurde aufgrund der im heiligen Haus ausgestellten »Milchtropfen der heiligen Jungfrau« Milchstraße genannt.

Das Vatopedi-Kloster in Griechenland, gegründet gegen Ende des 10. Jh.

RECHTS: *Die Basilika des heiligen Hauses in Loreto*

UNTEN: *Sansovinos Verkündigung, ein Relief an den Außenwänden des heiligen Hauses*

angelo, gestaltetes Relief: *Sibyllen und Propheten und das Leben der Jungfrau.* Die relative Schlichtheit der Innenausstattung bildet hierzu einen angenehmen Kontrast. Die Wände bestehen noch aus den ursprünglichen Ziegeln, obwohl ein Teil des Hauses mit einem Altar ausgestattet und die dahinterliegende Wand mit Marmor und Bronzedekorationen verkleidet wurde.

IN ALTEN DOKUMENTEN wird behauptet, das heilige Haus sei nach den Kreuzzügen von einer byzantinischen Familie namens Degli Angeli von Nazareth nach Loreto gebracht worden. So werden in Loreto Medaillen verkauft, auf denen das heilige Haus an Bord eines Schiffes zu sehen ist.

MARIEN-ERSCHEINUNGEN

IN DEN MEISTEN Marienheiligtümern befinden sich keine Reliquien, in vielen – vor allem in denen, die am Ort einer Marienerscheinung stehen – gibt es jedoch Statuen. Diesen sagt man nach, sie hätten Tränen vergossen oder gelächelt, oder ihr Blumenkranz verwelke nicht. Berichte über derartige Phänomene sind seit dem Mittelalter verbreitet und erscheinen noch heute gelegentlich in der Zeitung. Einige davon erwiesen sich als Schwindel, andere sind nach wie vor ungeklärt.

Viele Menschen hatten Marienerscheinungen in Zeiten ritueller Einsamkeit: Kirchenväter in der Wüste, Eremiten in ihren Zellen und Mönche in den Klöstern erfuhren häufig Tröstung durch nächtliche Visionen, in denen Maria dem Frommen das Kommen der himmlischen Belohnung beteuerte.

Verschiedene männliche Heilige der katholischen Kirche haben Berichte über optische und akustische Erscheinungen Mariä und über Gespräche mit ihr hinterlassen. Sie beschrieben diese Visionen oft sehr poetisch und voller glühender Zärtlichkeit oder Leidenschaft, manchmal sogar erotisch. Nur in Ausnahmefällen wurde der Ort, an dem derartige Visionen stattfanden ein Pilgerziel. Dies könnte daran liegen, daß diese persönliche Erlebnisse waren, die eher Ausdrucke eines psychologischen oder spirituellen Bedürfnisses waren als öffentliche Angelegenheiten.

Ähnliche Erlebnisse hatten auch reifere religiöse Frauen, wie die hl. Katharina von Siena oder die hl. Theresia von Lisieux.

Ihre Visionen waren durch ein tiefes Streben nach mystischer Einheit mit dem Herrn Jesus geprägt; Marienerscheinungen waren wesentlich weniger häufig oder intensiv. Außerdem bezogen sie sich meist auf Maria als Mutter Gottes. Doch abgesehen von der Einführung des heiligen Medaillons (siehe S. 46) zeigten sich trotz des Gewinns für das persönliche Erleben relativ wenig äußere Ergebnisse.

In jüngerer Zeit hatten zumeist Kinder Marienerscheinungen. Besonders jugendlichen Mädchen, die kaum lesen und schreiben konnten und in verarmten ländlichen Gemeinden lebten, wurde diese Gnade zuteil.

LINKS: Die hl. Katharina von Siena, eine Dominikanerin aus dem 14. Jh. Sie vermittelte im Krieg zwischen Florenz und dem Papst, ihre Visionen und Ekstasen erregten großes Interesse

Das heilige Medaillon

In den letzten 170 Jahren gab es ausgesprochen viele Marienerscheinungen. In den Jahren nach 1830 wurde beispielsweise Katharina Labouré, die noch Novizin im Kloster der Barmherzigen Töchter in Paris war, »die höchste Gunst der Erscheinung der Muttergottes« gewährt. Sie wurde von ihr beauftragt, ein neues Gebet und ein neues heiliges Medaillon zu Ehren der Jungfrau Maria zu verbreiten.

Katharina hatte alle Voraussetzungen zur Heiligen. Von Kindheit an hatte sie an Freitagen und Samstagen immer gefastet. Im Alter von 23 Jahren

1980 VERGOSS EINE GIPSSTATUE der Madonna in einem Dorf bei Mailand blutige Tränen. Ein Kriegsversehrter durfte einige davon trinken und konnte daraufhin seine Krücken wegwerfen. Kurz danach wurde der Besitzer der Statue dabei erwischt, wie er mit einer Wasserpistole rötliches Wasser in das Gesicht der Statue spritzte. Er gab die Täuschung zu, konnte jedoch nicht sagen, weshalb er das getan hatte.

OBEN: *Das heilige Medaillon, das nach den Anweisungen der Jungfrau Maria angefertigt wurde*

trat sie ins Haus der Barmherzigkeit ein. Wenige Nächte darauf hatte sie eine Vision von der heiligen Jungfrau in einer verlassenen Kapelle. Sie sah eine weibliche Gestalt von großer Schönheit, die sich im Altarraum niedersetzte. Voller Vertrauen legte Katharina ihre betenden Hände in ihren Schoß.

Im ersten zweistündigen Gespräch sprach die heilige Jungfrau davon, daß die Zeiten schlecht seien, daß die Welt von allem möglichen Elend heimgesucht und das Kreuz verachtet werde und daß Blut in den Straßen fließen werde. Dabei füllten sich die Augen der Jungfrau mit Tränen des Mitleids.

Vier Monate später zeigte sie sich Katharina erneut, als diese mit ihren Schwestern in der Kapelle kniete; diesmal erschien sie als Lichtgestalt. Niemand sonst sah die Erscheinung, doch Katharina geriet in Verzückung und empfing Anordnungen, wie das hl. Medaillon gestaltet werden sollte. Auf einer Seite sollte es das Bildnis der Jungfrau der unbefleckten Empfängnis tragen, auf der anderen ein mystisches Monogramm.

Auch ein Gebet wurde ihr mitgeteilt, das »direkt vom Himmel zur Erde« kam: »Maria ohne Sünde, bitte für uns, die wir Zuflucht bei Dir suchen.«

Die Verbreitung dieses Medaillons und seines Gebets ging mit unzähligen Wunderheilungen und überraschenden Bekehrungen einher. Nach ihrem Tod wurde Katharina heiliggesprochen.

Es gibt keine spezielle Pilgerreise an den Ort von Katharinas Erscheinungen. Trotzdem erlauben die Töchter der Barmherzigkeit in der Rue du Bac in Paris Besuchern die Besichtigung ihres Leichnams, der an jener Stelle, wo die Erscheinung stattfand, in einem Sarkophag unter dem Altar in der Kapelle aufbewahrt wird.

Seitdem haben viele Menschen behauptet, Marienerscheinungen gehabt zu haben. Die meisten konnten die Phantasie der Gläubigen nicht inspirieren. Unabhängig vom öffentlichen Interesse wurden alle mutmaßlichen Erscheinungen von kirchlichen Behörden streng untersucht. Einige Erscheinungen wurden nach ernsthaften Überlegungen akzeptiert, andere hingegen als Täuschungen verurteilt. In manchen Fällen wurde eine abwartende Haltung eingenommen.

Wirklichkeit oder Phantasie?

Warum gerade manche dieser Visionen ernst genommen werden, andere aber nicht, ist für Ungläubige eine verwirrende Frage. Unechte Visio-

RECHTS: *Eines der vielen Phänomene, die mit der Jungfrau Maria in Verbindung gebracht werden: eine Statue in Medjugorje, die angeblich blutige Tränen weint (siehe S. 61–62)*

nen verursachen zwar momentan großen Aufruhr, doch läßt das Interesse an ihnen sehr rasch nach. Vor nicht allzu langer Zeit hatte beispielsweise ein vierzehnjähriges Mädchen in Frankreich, in einem Ort südwestlich von Lyon, angeblich 31 Marienerscheinungen. Nicht nur Menschen aus Frankreich, sondern auch aus Italien, Deutschland und der Schweiz strömten scharenweise zu Fuß, im Auto, mit dem Fahrrad, Bus oder Zug herbei.

Die Erscheinung fand meistens in einem Gemüsegarten hinter dem baufälligen Haus statt, in dem das Mädchen mit seinen Eltern und Geschwistern wohnte. Mindestens einmal erschien ihm die Jungfrau auch, als es am Küchentisch saß. Das Mädchen beschrieb die Gestalt, die von einem strahlenden weißen Licht umgeben war, als groß und jung. Sie trug ein langes blaues Kleid und einen weißen Schleier und teilte dem Mädchen mit, daß an jener Stelle eine Basilika errichtet werden solle und daß sie die Messe gerne auf lateinisch gehalten haben wolle.

Der örtliche Priester reagierte darauf mit der Äußerung, das Mädchen sei lediglich eine Träumerin und man solle es nicht so viele Heiligenbilder anschauen lassen. Dennoch waren die Details bei oberflächlicher Betrachtung den anerkannten Fällen nicht unähnlich: Auch dieses Mal handelte es sich um ein einsames und frommes Mädchen in der Pubertät. Darüber hinaus fanden die Erscheinungen an einem Ort statt, der für Visionen und priesterliche Arroganz (und sogar für den massenhaften Verkauf von Marienstatuetten durch geschäftsfreudige Ortsbewohner) gänzlich unwahrscheinlich erschien. Trotzdem ließ das Interesse nach einer gewissen Zeit nach.

Diesem Ort in Frankreich gelang es nicht, das internationale Ansehen von anderen Pilgerzielen zu erlangen. Das vielleicht bekannteste Beispiel für einen Wallfahrtsort, der kontinuierlich öffentliche Aufmerksamkeit erfuhr und mit der Zeit sogar immer bekannter wurde, ist ebenfalls in Frankreich zu finden: Lourdes.

OBEN: Die begierige Menge wartet auf eine weitere Manifestation der Madonna

UNTEN: Die Reliquien der Mystikerin Theresia werden durch Lisieux getragen. Die Karmeliterin starb im 19. Jh. im Alter von 24 Jahren. Ihre Memoiren wurden nach der postumen Veröffentlichung sehr populär

LOURDES

Mitte des 19. Jahrhunderts ließen die Erlebnisse eines bescheidenen, jungen Mädchens die Weltöffentlichkeit auf Lourdes blicken. Am Ufer des Flusses Gave erschien Bernadette Soubirous die Jungfrau Maria und ein stiller, ländlicher Ort verwandelte sich in ein Pilgerzentrum.

GEGENÜBERLIEGENDE SEITE: Die Obere Basilika (1871) ist eine der drei Kirchen in Lourdes. Die Rosenkranzkirche wurde 1889 gebaut, 1958 folgte St. Pius X., die größte unterirdische Basilika, in der 20000 Gläubige Platz finden

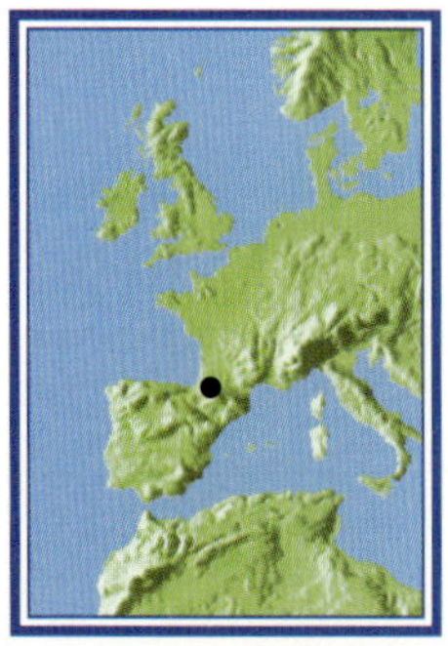

DIE MEISTEN PILGER reisen mit der Bahn zu den heilenden Wassern der hl. Jungfrau Maria in Lourdes. Von Paris aus ist dies eine wunderbare Reise, die zunächst in den Süden durch die alten und historischen Städte Orléans, Tours und Poitiers, die Hafenstadt Bordeaux und dann durch dunkle Pinienwälder kontinuierlich nach Osten führt. Daraufhin folgt sie dem Flußlauf des Gave de Pau bis in die Gebirgsausläufer der Pyrenäen und setzt sich dann entlang der Biegungen des Tales, zwischen dem Fluß und herabgestürzten Felsen, zwischen Pinien und hoch aufragenden Berggipfeln fort, um schließlich in Lourdes zu enden.

Berge umgeben die Stadt und jenseits des Flusses erhebt sich der große Felsen Massabielle. An seinem Fuß befindet sich bewacht von vielen hundert Kerzen, die Tag und Nacht brennen, die Grotte der heiligen Maria. Über dem Felsen ragt der schlanke Turm einer weißen Marmorkirche in den

Persönliche Erlebnisse in Lourdes

EIN 18 ODER 19 JAHRE altes Mädchen nähert sich der Grotte sehr langsam auf Knien, ihre Strümpfe sind bis zu den Knöchel heruntergerollt, beide Knie sind durch die kleinen scharfen Steine aufgeschürft und bluten.

EIN PRIESTER TRINKT das heilende Wasser und schluckt dann schnell und unauffällig drei kleine weiße Tabletten.

EIN TAUBER MANN und eine taube Frau beten in andächtiger Stille und Ergebenheit in der Gebärdensprache.

EIN VON SCHLUCHZEN geschüttelter Mann lehnt an den Felsen am Eingang. Hin und wieder kann er Kontrolle über sich gewinnen, er trocknet seine Tränen und beginnt einmal mehr, den Rosenkranz zu beten. Voller Hoffnung und Vertrauen blickt er zur Jungfrau hoch, aber seine Gefühle gewinnen die Oberhand, und er vergräbt sein Gesicht wieder in den Händen. Ein anderer Mann kommt zu ihm, legt ihm beruhigend den Arm um die zuckenden Schultern und betet mit dem Weinenden.

EINE MUTTER streckt ihr Baby mit erhobenen Armen zur Mutter aller Mütter. Sie ist blind, ihr Baby behindert.

EIN JUNGE UND EIN MÄDCHEN, beide Anfang zwanzig, beenden ihre Gebete, helfen sich gegenseitig von den Knien hoch und küssen sich schüchtern. Beide sind behindert, das Mädchen hat einen verkrüppelten linken Arm.

NONNEN BLICKEN andächtig auf zur Jungfrau, während sie sich gegenseitig in dieser Gebetshaltung fotografieren.

EIN ALTER MANN und seine Frau sitzen händchenhaltend wie ein junges Liebespaar nebeneinander und beten gemeinsam mit einem einzigen Rosenkranz. Sie wiederholen immer wieder das Ave Maria. Beide sitzen in Rollstühlen, beide haben verkrüppelte Beine.

EINE MUTTER SCHIEBT ihren erwachsenen Sohn, der von den Schultern abwärts gelähmt, taub und auf dem geistigen Stand eines Kleinkindes ist, auf einer Tragbahre mit Rädern. »Acht Jahre habe ich gebraucht, um soviel Geld zu sparen, daß ich ihn hierher bringen konnte«, sagt sie. »Unsere einzige Hoffnung ist, daß ihn die Jungfrau voller Gnade anlächelt. Sie war selbst Mutter und weiß sicherlich, wie das ist, oder? Sie kann acht entbehrungsreiche Jahre nicht einfach ignorieren, nicht wahr?« Sie stellt sich mit hundert anderen in die Schlange. Aber man kann keine einzige Wunderheilung sehen, nur Wunder des Glaubens.

OBEN: Die Seherin Bernadette Soubirous

Himmel. Das ist Lourdes, das größte und berühmteste Pilgerzentrum in der katholischen Welt. Seine unterirdischen Quellen locken jährlich Millionen von Menschen an, die auf der Suche nach spiritueller oder körperlicher Wunderheilung sind.

Die Geschichte

1858 behauptete das vierzehnjährige Bauernmädchen Marie Bernarde »Bernadette« Soubirous, daß die hl. Jungfrau Maria ihr im Eingang zu einer kleinen Höhle im großen Felsen Massabielle als »Frau in Weiß« erschienen sei und daß sich an dieser Stelle eine Wasserquelle gezeigt habe.

Bernadette war die älteste Tochter eines verarmten Müllers, der ein »träger Lügner« war und ein Jahr vor der ersten Vision seiner Tochter wegen Diebstahls eingesperrt worden war. Ihre Mutter hatte ein hitziges Naturell und ihre Haupterziehungsmethode war »eine ordentliche Tracht Prügel« und die Verwendung des »gefürchteten Knüppels«.

Beide Eltern waren Trinker, die Familie war mittellos und die unglücklichen Kinder wurden schändlich vernachlässigt. Bernadette war in den Worten ihrer Zeitgenossen »von Geburt an schwach und labil« und immer »blaß und kränklich«. Mit fünf oder sechs erkrankte sie an Asthma. Die Krankheit »umklammerte sie mit eiserner Faust… Hustenanfälle schüttelten sie, sie erstickte fast und war längere Zeit ohnmächtig«. (J.B. Estrade, *The Appearances of the Blessed Virgin at the Grotto of Lourdes*) Das chronische Asthma begleitete sie ihr ganzes kurzes Leben lang.

OBEN: Das Haus, in dem Bernadette Soubirous 1844 geboren wurde und ihre freudlose Kindheit verbrachte

Jene Frau, die versuchte, ihr das Lesen von einfachen Wörtern und Sätzen beizubringen, hielt sie für »eine unwissende Närrin, die niemals etwas anderes sein kann«. Andere Berichte beschreiben die Vierzehnjährige als »unterentwickeltes, sowohl geistig wie auch körperlich zurückgebliebenes Mädchen, dem Liebe und Aufmerksamkeit vorenthalten worden war und das sich durch die verzögerte Entwicklung mit seiner Weiblichkeit schwertat«.

Am 2. Februar 1858 ging Bernadette mit ihrer jüngeren Schwester und einem weiteren Mädchen zur Müllhalde, um Feuerholz zu suchen und bei dieser Gelegenheit eventuell Knochen und Alteisen zu sammeln, die man dem örtlichen Altwarenhändler verkaufen könnte. Die Müllhalde befand sich an einer Biegung des Flusses Gave. Das Mädchen war gerade dabei, den schmalen Fluß zu durchwaten, als sie ein Geräusch vernahm, zur Höhle blickte und eine ganz in Weiß gekleidete Frauengestalt sah. Sie trug ein weißes Kleid und eine blaue Schärpe und auf jedem Fuß eine gelbe Rose, die die gleiche Farbe hatte wie ihr Rosenkranz. Die Erscheinung verschwand plötzlich. Sie war jedoch nur die erste von insgesamt 18 Visionen, die unregelmäßig bis in den Juli hinein immer wieder auftraten.

Zum Jahrestag der Visionen der hl. Bernadette kamen 1958 sechs Millionen Pilger zur Grotte in Lourdes

Am Ende waren die Erscheinungen weit und breit berühmt und Tausende von Menschen kamen zusammen und warteten stundenlang darauf, daß das kleine, im Schlamm kniende Mädchen in Verzückung geriet. Niemand sonst hat jemals etwas gehört oder gesehen oder weiß, was die Mutter Gottes, die seitdem nie mehr auftauchte, dem Mädchen genau sagte.

Es gibt keinen Grund, die Lauterkeit von Bernadette zu bezweifeln. Sie hätte durch eine absichtliche Täuschung oder Verstellung sehr wenig gewonnen. Als Folge ihrer Behauptung, die Jungfrau Maria gesehen und mit ihr gesprochen zu haben, wurde sie nicht nur von ihrer Mutter brutal verprügelt, sondern man unterstellte ihr auch Betrug und geistige Verwirrung. Sie mußte wiederholt die Qualen polizeilicher Verhöre und viele Stunden unerbittlicher Untersuchungen durch Priester und Bischöfe über sich ergehen lassen. All dies ertrug sie mit Geduld und innerer Stärke.

Die Erscheinung und ihre Nachwirkungen erlaubten Bernadette schließlich, die wenigen verbleibenden Jahre ihres Lebens in dem vergleichsweise komfortablen Kloster der Barmherzigen Schwestern in Nevers zu verbringen. Dort starb sie im Alter von 35 Jahren. Die einfache und zurückhaltende Frau hat bestimmt nicht geahnt, daß man sie 1933 heiligsprechen würde.

Das erste Wunder in Lourdes wurde einem Steinhauer zuteil, der nach einem Arbeitsunfall auf einem Auge blind war und sein Augenlicht angeblich sofort und vollständig wiedererlangte, als er sein Gesicht mit dem heiligen Wasser wusch. Zunächst ereigneten sich nur wenige Wunder, dann aber immer mehr, bis es schließlich eine ganze Flut an Wundern gab. Zahlreiche Heilungen von allen möglichen Krankheiten wurden bekannt, bis schließlich Zehntausende von Menschen jedes Jahr durch das Tal und die immer größer werdende Stadt strömten, um Heilung und Gesundheit zu finden.

Als die Behauptungen immer wilder und übertriebener erschienen, fingen Skeptiker an, unbequeme Fragen zu stellen, so daß sogar überzeugte Gläubige in Verlegenheit gerieten. Schließlich gebot die katholische Kirche der Sache Einhalt. In Lourdes wurde eine medizinische Behörde eingerichtet, in der alle angeblichen Heilungen und Genesungen untersucht wurden. Niemand war überrascht, als die Flut an Wunderheilungen daraufhin ins Stocken kam und fast ganz versiegte. Von den berauschenden Statistiken über drei- oder viertausend pro Jahr wurden zwischen 1925 und 1950 nur 98 Heilungen als tatsächlich bemerkenswert beurteilt und lediglich elf als »echte Wunder« betrachtet.

Trotzdem hat die Kirche einige Darstellungen gelten lassen. Und noch immer reisen Tausende von Menschen, die häufig unheilbar krank sind, in der verzweifelten Hoffnung, ein Heilmittel zu finden und wieder gesund zu werden, nach Lourdes.

LINKS: Die Kapelle der hl. Bernadette in der Rosenkranzkirche

Lourdes heute

Der erste Eindruck, den jeder Pilger bei einer Wallfahrt nach Lourdes erhält, ist der mächtige Klang der Glocken der auf dem Massabielle-Felsen stehenden Kirche. Fast ohne Unterbrechung wird die Melodie der *Hymne an die Jungfrau Maria* wiederholt. Jede Viertelstunde erklingen aufeinanderfolgende Sequenzen: *O Benigna!* zur ersten Viertelstunde; *O Benigna! O Regina!* zur halben Stunde; *O Benigna! O Regina! O Maria!* zur dritten Viertelstunde und zu jeder vollen Stunde ertönt die vollständige Anrufung: *Ave! Ave! Ave Maria! Ave! Ave! Ave Maria!*

LINKS: Pilger zünden neue Kerzen an und beten zur hl. Jungfrau Maria

RECHTS: Medaillons, Statuetten und andere Souvenirs sorgen an den meisten größeren Pilgerorten für ein gutes Geschäft

OBEN: Die Quelle, die angeblich alle Krankheiten heilt, in der Grotte, wo Maria Bernadette zum ersten Mal erschienen ist

Tag für Tag ist dieses Lied rund um die Uhr allgegenwärtig. Es übertönt alle anderen Geräusche der Stadt: das gurgelnde Wasser des Flusses Gave, die dröhnenden Lautsprecher, mit denen die Messen und Segnungen ins Freie übertragen werden, und die Prozessionen auf dem Weg zur Grotte und wieder zurück.

Die Pilger singen die Hymne immer wieder. Sie leben, atmen, beten und schlafen sie. Sie setzen die Füße, gehen nach ihrem Rhythmus und immer und überall verkünden die Glocken: *Ave! Ave! Ave Maria! Ave! Ave! Ave Maria!*

Neben der ursprünglichen Grotte wurden zwei herrliche Basiliken gebaut. Eine weitere, unterirdische Basilika ist Papst Pius X. gewidmet und kann 20000 Pilger aufnehmen. Sie wurde 1958 zum hundertjährigen Gedenktag der Marienerscheinung eingeweiht.

Die Grotte selbst ist ein außergewöhnlich friedlicher Ort. Mehr als in jedem anderen christlichen Heiligtum weltweit kommt hier einfache Frömmigkeit zum Ausdruck, so daß sogar nicht wirklich gläubige Besucher aufrichtig beeindruckt und oft tief bewegt sind.

Die Grotte liegt unmittelbar neben dem Fluß, auf den umliegenden Wiesen grasen Kühe. Vögel flattern durch die Lüfte, ihr Gesang tönt aus den Bäumen, und gelegentlich stoßen sie herab, auf der Suche nach einem Leckerbissen. Kerzen in allen Größen – manchmal nur fingerdick, manchmal auch mannshoch – brennen flackernd nieder und verbreiten ein Licht, das tagsüber eher blaß wirkt, nachts jedoch strahlend hell durch die Dunkelheit dringt. Ihr Rauch hat die Felsen über der Grotte im Laufe der Zeit schwarz werden lassen. In der Luft liegt der durchdringende Geruch von heißem und brutzelndem Wachs. Ganz in der Nähe der Grotte befindet sich die Quelle, deren Wasser die Menschen trinken und, in Flaschen abgefüllt, für sich selbst und ihre Angehörigen auf den oft weiten Weg mit nach Hause nehmen. Manche baden auch darin.

Hunderttausende von Menschen, Männer und Frauen, Junge und Alte, kommen hierher, um leise, liebevoll und ehrfürchtig zu beten. Sie blicken vertrauensvoll auf zur Statue der hl. Jungfrau Maria von Lourdes, die in jener Nische steht, wo sie Bernadette erschienen ist.

Sie knien vor ihr, flehen und bitten, weinen über ihr persönliches Leid oder lächeln aus innerer Zufriedenheit. Manchmal lassen sie kleine Geschenke oder Nachrichten für sie zurück. Sie werfen sich vor ihr nieder, beten den Rosenkranz oder strecken hilfesuchend die Arme zu ihr aus. Oder aber sie sitzen nur still da, versunken in Meditation und Andacht, und blicken auf in das Gesicht der Mutter Gottes.

UNTEN: Kranke warten in ihren Rollstühlen, um das Wasser von Lourdes zu kosten

FÁTIMA

DAS DORF FÁTIMA in Portugal liegt etwa 150 Kilometer nördlich von Lissabon in einer trockenen, hügeligen Region, zu deren Produkten trockener Wein, Olivenöl, Feigen, Obst und Gemüse zählen. Dank der harten Arbeit der Bauern wird auf dem unfruchtbaren Boden sogar Weizen und Mais geerntet. Die Menschen sprechen hier die aus dem alten Lusitanien stammende *lingua rustica*, die weitgehend der lateinischen Sprache des römischen Reiches entspricht und somit an die frühere Besetzung erinnert.

An diesem Ort erschien den Kindern Lucia de Jesus Santos, Francisco Marto und seiner kleinen Schwester Jacinta im Jahre 1917 sechsmal eine »vollständig aus Licht bestehende« leuchtende weibliche Gestalt.

Die Geschichte

Es war Sonntag, der 13. Mai 1917, gegen Ende des Krieges. Nach der Morgenandacht hüteten die drei kleinen Hirten in der Cova da Iria, einer flachen Talsenke unweit des Dorfes, ihre Herden. Die zehnjährige Lucia war ein zurückhaltendes Kind, das immer eine Heilige werden wollte. Der neunjährige Francisco war ein lebhafter Junge, der gerne Schlangen und Eidechsen jagte. Seine kleine Schwester Jacinta, die »kleine Blume der Berge«, war ein überaus liebevolles Kind mit einer lieblichen Stimme.

Am Nachmittag zuckte plötzlich ein Blitz über den Himmel. Die Kinder stellten sich auf ein Gewitter ein und beschlossen, die Schafe in Sicherheit zu bringen. Doch noch ein weiterer Blitz zuckte über den Himmel und ein blendendes Licht umgab sie. Sie sahen eine Gestalt, die »heller strahlte als die Sonne« und deren »nackte und rosige Füße auf einer Wolke aus Hermelinfell standen«. Sie berührte die Äste einer verkrüppelten Steineiche. Sofort gerieten sie in Verzückung und betrachteten sie. Alle drei schilderten ihr Erlebnis unterschiedlich. Lucia sah und hörte die Jungfrau klar und deutlich und unterhielt sich mit ihr; Francisco sah sie nur und Jacinta sah sie deutlich, hörte sie aber weniger deutlich.

Alle beschrieben die Gestalt als die schönste Frau, die sie je gesehen hatten: höchstens 18 Jahre alt und mit einem schlichten weißen Gewand bekleidet, das mit einem goldenen Band am Hals geschlossen wurde. Ein weißer, mit feinem goldenem Faden gesäumter Mantel bedeckte Kopf und Schultern und fiel geschmeidig bis zum Saum des Kleides. Ein trauriges Lächeln lag auf ihren reinen und feinen Gesichtszügen, die Hände hielt sie im Gebet gefaltet. An ihrem rechten Arm hing ein Rosenkranz aus weißen Perlen mit einem Kreuz aus poliertem Silber. Sie sprach mit einer mütterlichen Geste zu den Kindern: »Fürchtet Euch nicht, ich werde Euch nichts tun.«

Lucia fragte: »Woher kommst du, liebe Frau?«

»Ich komme aus dem Himmel.«

»Was willst du von mir?« fragte Lucia.

Die Dame antwortete, sie wolle, daß die Kinder in den folgenden sechs Monaten jeweils am dreizehnten zur gleichen Zeit an jene Stelle kämen. Sie fragte: »Seid ihr bereit, euch Gott zu überantworten und alle Leiden auf euch zu nehmen, die er euch zur Wiedergutmachung der unzähligen Sünden, die gegen seine göttliche Herrlichkeit begangen werden, schicken wird? Wollt ihr leiden, um die Bekehrung der Sünder zu erreichen?«

»Ja«, antwortete Lucia mit fester Stimme für sie alle, »wir wollen«.

Die Dame drückte ihr Wohlgefallen über diese Antwort aus. Das Gespräch dauerte etwa zehn Minuten. Jacinta bot der Jungfrau Brot und Käse

OBEN: *Die erste Vision der Jungfrau Maria, die drei Kindern erschienen ist, wird im Wachsfigurenmuseum in Fátima nachgestellt*

RECHTS: Eine kirchliche Prozession zieht an Touristen und Pilgern in Fátima vorüber

OBEN: Ein betender Pilger, allein inmitten der Menge

an. Dann erhob sich die Madonna in einem hellen Lichtstrahl und verschwand so plötzlich wie sie gekommen war im glänzenden Sonnenlicht.

Lucia wurde von ihrer Mutter als Lügnerin bezeichnet und mit einem Besenstiel so verprügelt, daß »nicht einmal der heilige Antonius ihre blauen Flecken lindern konnte«, wie eine ihrer Schwestern bemerkte. Die meisten Leute waren von der Geschichte der Kinder gänzlich unbeeindruckt und das Leben ging einfach weiter.

Da die Gestalt sie jedoch aufgefordert hatte »zu leiden, um die Bekehrung der Sünder zu erreichen«, begannen die Kinder zu fasten und ihre Brotzeit den Schafen oder den Bettlern zu geben. Sie warfen sich auf den felsigen Boden, beteten stundenlang und »verlangten danach, zu leiden«, wie ein Priester schrieb. Sie schlugen mit Nesseln auf ihre nackten Beine und wickelten sich »Bußgürtel« aus rauhem Seil unter den Kleidern um den Bauch.

Einen Monat später fand zur vereinbarten Zeit eine weitere Erscheinung statt: Ein zehnminütiges Gespräch, in dem die Jungfrau den frühen Tod von Francisco und Jacinta ankündigte und »Ergebenheit vor dem unbefleckten Herz Mariä« erbat. Als sie wegging, gab es ein lautes Geräusch wie bei einer Explosion. Obwohl die fast fünfzig Anwesenden nichts von der Gestalt sahen oder hörten, konnten sie eine weiße Wolke zum Himmel aufsteigen sehen, die nach Osten trieb.

Lucia wurde als gottlose Lügnerin beschimpft und erhielt eine weitere Tracht Prügel. Der Gemeindepfarrer sagte, das Ganze könne ebensogut ein Werk des Teufels sein.

Die dritte Erscheinung trug sich im Juli zu und zog bereits 4000 Menschen an, die alle darauf warteten, etwas zu sehen oder zu hören. Wieder strahlte ein grelles Licht und wieder fand ein Gespräch statt, bei dem die Jungfrau Lucia eine geheime Nachricht mitteilte. Allen drei Kindern wurde ein kurzer Blick in die Hölle gewährt. Sie sahen »einen großen Feuersee, schwarze und brennende Dämonen und grauenhafte Tiere, menschliche Seelen, die aussahen wie durchsichtige Kohlen« und hörten »laute Schmerzens- und Verzweiflungsschreie«.

Lucias Mutter blieb skeptisch und verpaßte dem Kind noch einmal Prügel mit dem Besen. Auch der Pfarrer und viele der Dorfbewohner stellten sich gegen die Kinder, die von den Verantwortlichen der Regierung sogar entführt wurden, weil man verhindern wollte, daß sie sich zur angekündigten vierten Erscheinung vor Ort einfänden. Dennoch versammelten sich 18000 Menschen. Sie hörten einen gewaltigen Donnerschlag, sahen, wie die wunderschöne, in Nebel gehüllte Wolke langsam nach Osten schwebte und waren verzückt. So ging es weiter und schließlich gab sogar Lucias Mutter nach, obwohl sie weiterhin zweifelte.

Bei der fünften Vision am 13. September waren etwa 30000 Menschen anwesend. Eine Lichtkugel schwebte majestätisch am Himmel und ein mysteriöser Schauer von weißen Flocken oder Rosen-

blüten fiel aus der Sonne herab. Den Kindern wurde dabei von der Jungfrau angekündigt, daß die nächste Erscheinung die letzte sein und mit einem großen Wunder einhergehen würde. Auch wurden sie ermahnt, jeden Tag den Rosenkranz zu beten.

Die katholische Presse in Lissabon bewahrte feierliche Distanz und warnte ihre Leser vor den »möglichen Machenschaften der dunklen Mächte«.

Die letzte Erscheinung

Am Morgen des 13. Oktober trugen die Kinder in Fátima ihre besten Kleider. Die Mädchen hatten blaue Kleider, weiße Mäntel und Schleier mit Blumenstickerei an, und trugen Kränze aus Rosen auf dem Kopf. In den Händen hielten sie Blumensträuße. Die anwesende Menge schätzt man auf 70 000 bis 100 000 Menschen. Alles lief ab wie zuvor, nur daß es diesmal in Strömen regnete und kalt und düster war. Der Ort hatte sich in einen Sumpf verwandelt. Plötzlich hörte der Regen auf und die Zuschauer konnten eine weiße Wolke beobachten, die über den Kindern schwebte. Keiner der Zeugen hörte etwas. Diejenigen, die Lucia sehen konnten, berichteten anschließend, daß sie sofort in Ekstase fiel und ihr Gesicht, das von einem rosigen Schein bedeckt war, immer schöner wurde.

»Maria«, sagte sie, »wer bist du und was willst du von mir?«

»Ich bin die Rosenkranzmadonna und möchte, daß mir zu Ehren hier eine Kapelle errichtet wird. Bete weiterhin jeden Tag den Rosenkranz.«

Im Laufe des Gespräches betonte sie die Notwendigkeit der Läuterung der Menschen, denn »Gott wurde bereits zu oft gelästert«.

Danach gab es verschiedene andere Erscheinungen rechts und links von der Sonne: Der hl. Josef, das Jesuskind, das die Welt segnete, Maria als Schmerzensreiche, Jesus als Erwachsener, der der Welt den Segen spendet und schließlich Maria als Jungfrau am Berg Karmel.

Dann sahen die Zuschauer die Sonne beben. Sie schien in ihrem Lauf innezuhalten und plötzlich zu rotieren, wobei dicke Strahlen in den phantastischsten Farben in alle Richtungen geschleudert wurden: gelb, grün, rot, blau und violett – ein furchterregender Tanz. Die ganze Landschaft wurde purpur. Dann schien die »rote Strahlen aussendende« Sonne so tief zu fallen, daß sie beinahe die Köpfe der verängstigten Zuschauer berührte. Einige von diesen glaubten, das Ende der Welt sei gekommen und behaupteten, eine große Hitze verspürt zu haben. Dann hörte die Bewegung auf und die Sonne wanderte langsam zurück an ihren Platz am Firmament.

Das ganze Ereignis dauerte nur zwölf Minuten und fand kurz nach der Mittagszeit statt. Fast 100 000 Menschen waren dabei anwesend. In den darauffolgenden Tagen gab es angeblich sogar einige Wunderheilungen.

OBEN: Tausende von Kerzen begleiten die Jungfrau Maria auf ihrem Weg durch die Straßen

UNTEN: Eine künstlerische Darstellung der Erscheinung von Fátima auf einer spanischen Karte aus dem Jahr 1950

OBEN: Bis zu 100000 Gläubige versammeln sich an den jährlichen Wallfahrtstagen im Mai und Oktober, um der Messe unter freiem Himmel beizuwohnen

Zwei Jahre später starb Francisco im Alter von elf Jahren an der spanischen Grippe, die damals in ganz Europa wütete. Für einen Jesuiten, der den Vorgang beobachtete, war die »Spiritualität dieses außergewöhnlichen Todes fast ein Beweis für die Echtheit der Erscheinungen«. Dann entsprang in der trockenen Mulde, wo die Jungfrau Maria den Kindern erschienen war, eine Quelle, aus der frisches, klares Wasser sprudelte. Dies sah man als weiteren Beweis.

Jacinta starb ein Jahr nach ihrem Bruder im Alter von zehn Jahren an der gleichen Krankheit. Ihr Körper »gab einen köstlichen Blumenduft ab« und war noch zum Zeitpunkt ihrer Umbettung zwanzig Jahre später »unverwest«.

Lucia wurde Novizin bei den Dorotheaschwestern und verließ Fátima für immer. Schließlich trat sie dem weltabgewandten Karmeliterorden in Coimbra bei, um ein Leben in Kontemplation zu führen und über »ihren großen Reichtum« zu meditieren.

UNTEN: Lichter am Ende einer Wallfahrt
GEGENÜBERLIEGENDE SEITE: Die Christusstatue vor der weißen Basilika in Fátima, Portugals größter Kirche

ÜBER DAS GEHEIMNIS von Fátima, das die Jungfrau Maria Lucia mitteilte, wird noch immer gesprochen, obwohl es vor der neugierigen Öffentlichkeit nach wie vor verborgen gehalten wird. Lucia vertraute es 1941 in einem Brief dem Vatikan unter der Bedingung an, daß es nicht vor 1960 veröffentlicht werden sollte. Eine Legende berichtet, daß Papst Pius XII. ohnmächtig wurde, als er es las. Eine andere besagt, daß Papst Johannes XXIII. (1958–63) es las und beschloß, daß es niemals bekannt werden dürfe.

Fátima heute

Die Talsenke der Cova da Iria wurde aufgeschüttet und stufenförmig angelegt. Straßen wurden angelegt und Bäume gepflanzt. Am äußersten Ende der riesigen Arena erhebt sich die imposante Basilika Unserer Lieben Frau von Fátima, die größte Kirche in Portugal, ein Wunder aus strahlend weißem Stein mit einem anmutigen Glockenturm, auf dem sich eine große Krone und ein Kreuz befinden. Sie verfügt über eine wunderbare Treppenflucht, 15 Altäre, eine vier Meter hohe Statue der Jungfrau Maria, viel weißen Marmor, Kolonnaden und die kleine Erscheinungskapelle (Capela das Aparições), die genau an der Stelle erbaut wurde, wo die Erscheinungen stattfanden. Darin befinden sich die Gräber der beiden Kinder Francisco und Jacinta Marto. Sie zieht nach wie vor unglaublich viele Wallfahrer an – man schätzt, daß die Besucherzahl zwischen 100000 und mehreren Millionen jedes Jahr liegt.

Eine Reise nach Fátima kann für einen christlichen Wallfahrer ein unvergeßliches Erlebnis

OBEN: In der Abenddämmerung werden die Kerzen angezündet; sie verwandeln die Mitternachtsmesse in ein dramatisches und bewegendes Schauspiel

UNTEN: Auch moderne Pilger müssen für ihre lange Reise ausgerüstet sein, um den Elementen und dem Gelände zu trotzen

sein – besonders wenn sie an einem der Festtage der Jungfrau Maria stattfindet: Mariä Verkündigung, Mariä Himmelfahrt oder am 13. Mai oder 13. Oktober: An diesen beiden Tagen wird jedes Jahr mit Fackelzügen, Nachtwachen und Messen an die erste und letzte Erscheinung erinnert.

Viele Pilger kommen am Vorabend in Autos oder Reisebussen an, manche mit Fahrrädern oder nach tagelangen Fußmärschen. Sie kommen allein, zu zweit oder in Prozessionen. Die meisten singen religiöse Lieder voller Hoffnung und Glauben. Die meisten Pilger folgen dem Strom der Menge und besuchen die kleine Erscheinungskapelle, wo sie Zeugen von Tränen, Freude und einer tiefen Frömmigkeit werden, die außer an hohen Feiertagen in Lourdes nur selten zu sehen ist. Gläubige liegen verzückt auf den Knien, man hört das leise Gemurmel des Rosenkranzes in einer verwirrenden Vielzahl von Sprachen und sieht junge Mütter, die ihre Kinder hochheben, um sie den Saum des Kleides der Mutter Maria berühren zu lassen.

Wenn es dunkel wird, leuchten hier und da in der Dämmerung kleine Lichter auf. Anfangs bleiben sie noch fast unbemerkt; langsam scheinen sie auf dem träge dahinfließenden Menschenstrom in diesem Tal der Verehrung zu treiben. Zunächst sind es nur einige wenige Kerzen, dann werden es plötzlich Dutzende, dann Hunderte und bald Tausende und Abertausende von Lichtern, bis der Strom schließlich ganz und gar aus einem einzigen strahlenden Feuer zu bestehen scheint – ein für Gläubige wie Nichtgläubige erhebender Anblick.

Unter den Augen dieser riesigen Menschenmenge wird die Statue der hl. Jungfrau von Fátima am Nachmittag des folgenden Tages in einer feierlichen Prozession von der kleinen Kapelle zum Hochaltar getragen, wo die Messe gefeiert wird. Sie scheint zwischen den Bannern der Pilger zu schweben. Plötzlich ist die Luft erfüllt mit duftenden Rosenblüten, die auf die Statue und ihre Träger herabregnen und den Boden unter ihren Füßen bedecken.

Wenn dann schließlich Tausende von Taschentüchern zum Gruß der Gottesmutter geschwenkt werden, sieht das ganze Tal plötzlich so aus, als würden dichte Schneeflocken durch die Luft wirbeln. Viele Menschen – Männer, Frauen, Kinder und sogar die Priester, die diese Art der Verehrung bereits viele Male zuvor gesehen haben – sind dabei zu Tränen gerührt.

GARABANDAL

Das Dorf San Sebastián de Garabandal liegt in der Provinz Santander in Nordspanien in einer einsamen schönen Landschaft: Man erreicht es zu Fuß über eine steile Straße. In den frühen 60er Jahren fanden an diesem stillen Ort angeblich noch weitere Marienerscheinungen statt.

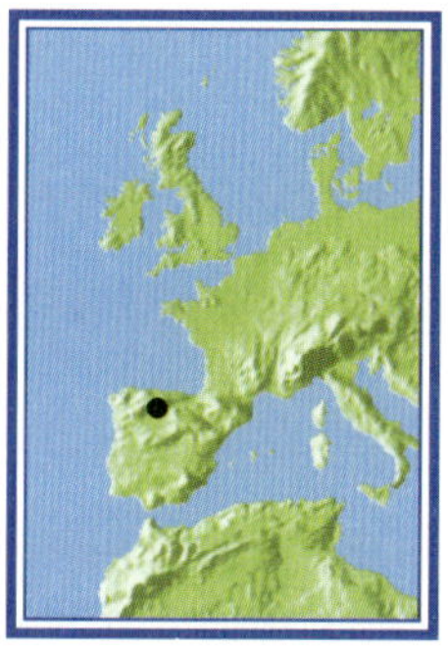

AM ABEND des 18. Juni 1961 spielten vier junge Mädchen auf einem Feld am Rande des Dorfes. Sie hörten plötzlich ein lautes, donnerähnliches Geräusch und sahen vor sich die strahlende Figur des Erzengels Michael.

Im Laufe der folgenden Tage erschien er ihnen am gleichen Ort noch einmal und kündigte an, daß am 2. Juli die Jungfrau Maria erscheinen werde.

Conchita Gonzales, Maria Dolores Mazón und Jacinta Gonzales, alle drei zwölf Jahre alt, und die elfjährige Maria Cruz Gonzales stammten aus armen Familien und waren fast Analphabeten.

Die Neuigkeit verbreitete sich rasch. Der angekündigte 2. Juli war ein Sonntag, und die Neugierigen versammelten sich im Dorf. Um 18 Uhr gingen die Mädchen zu jenem Ort, an dem ihnen der Erzengel erschienen war und fielen zur Überraschung der anwesenden Menge in Ekstase.

Völlig unsichtbar und unhörbar für alle anderen erschien ihnen die Jungfrau Maria. Die Kinder beschrieben sie mit folgenden Worten: »Sie trägt ein weißes Kleid, einen blauen Mantel und eine goldene Sternenkrone. Ihre Hände sind schlank. Sie hält das Jesuskind in den Armen. Ihr dunkelbraunes Haar ist in der Mitte gescheitelt und reicht ihr bis zur Taille. Ihr Gesicht ist länglich, die Nase feingeschnitten. Ihr Mund ist sehr schön. Sie sieht aus wie ein achtzehnjähriges Mädchen. Sie ist ziemlich groß. Keine Stimme ist wie ihre, keine Frau so schön.« Die Jungfrau Maria zeigte sich noch einmal und sprach ganz natürlich mit den Mädchen, wie eine Mutter mit ihren Töchtern. Danach gab es über fünf Jahre hinweg mehr als 2000 Erscheinungen, manchmal mehrere pro Woche, aber nicht immer zur gleichen Zeit. Die Mädchen sahen sie nicht immer gemeinsam, manchmal erlebte nur eine diese Gnade, manchmal auch zwei oder drei.

Während der Erscheinungen gerieten die Mädchen in Verzückung, ein Zustand, der zwischen einigen Minuten und mehreren Stunden dauern konnte. Zeit schien dabei keine Rolle zu spielen, und sie zeigten trotz der unbequemen Haltung – sie knieten auf den Felsen und warfen die Köpfe heftig zurück – keinerlei Zeichen von Erschöpfung. Auch als sie im Winter barfuß durch den Schnee gingen, schien ihnen die Kälte nichts anhaben zu können. Sie verloren jedes Gefühl für Schmerz. Selbst kräftige Lichtblitze vor ihren Augen lösten keinen Reflex – nicht einmal ein Blinzeln – aus.

Die Mädchen liefen nachts in der Dunkelheit auch mit großer Geschwindigkeit ekstatisch vorwärts und rückwärts, ohne zu stolpern. Sie schienen kaum noch der Schwerkraft unterworfen, sondern waren offenbar mit einer spirituellen Beweglichkeit ausgestattet.

DIE KIRCHE HAT wie immer zurückhaltend reagiert und lediglich zugestanden, daß die Visionen von Garabandal nicht zu verurteilen seien. Allerdings wurde Conchita von mehreren Kardinälen befragt und erhielt zwei Privataudienzen mit dem Papst.

UNTEN: Eine Tafel markiert die Stelle am Fuß einer Zeder, wo Maria zuerst erschienen ist

RECHTS: *Das abgelegene Dorf Garabandal, in dem vier junge Mädchen das Interesse der Weltöffentlichkeit erregten*

Die Botschaft

Die vier Kinder wurden aufgefordert, »viel Buße zu tun, viele Opfer zu bringen und oft zur heiligen Kommunion zu gehen«. Vor allem aber sollten sie sehr gut sein, ansonsten würden sie bestraft. Der Kelch des göttlichen Zornes fülle sich bereits und wenn sie ihr Leben nicht änderten, müßten sie mit Züchtigung rechnen.

Zur großen Überraschung aller enthüllte schließlich die junge Conchita, daß sie eine »Geheime Botschaft« empfangen habe. In dieser sei ihr mitgeteilt worden, daß »Gott uns eine eindeutige Warnung zukommen lassen würde, so daß die Höhepunkte unserer Sünden in allen Teilen der Welt und von allen Menschen gesehen und gefühlt werden könnten.«

Bliebe diese Warnung unbeachtet, so lautete die Botschaft weiter, würden wir bestraft werden. Der Kelch sei voll und liefe nun über. So bringe er gerechte Strafe über die Menschheit. Die Kirche, so hieß es weiter, befände sich in einem gefährlichen Zustand: »Viele Kardinäle, Bischöfe und Priester befinden sich auf dem Weg ins Verderben und nehmen viele Seelen mit sich.«

Es gab Tausende von Zeugen, die den Zustand ekstatischer Verzückung der Mädchen miterlebt hatten. Die Kinder mußten zahllose Untersuchungen von Ärzten und Wissenschaftlern über sich ergehen lassen. Sie wurden von Fernsehteams und Reportern befragt. Alle Beteiligten waren sich einig, daß es offenbar keine Erklärung für das gab, was den Mädchen widerfahren war.

UNTEN: *Blick auf das Dorf vom Hügel, auf dem die Erscheinungen stattfanden*

MEDJUGORJE

Erscheinungen der Madonna mit dem Kind und Visionen von Himmel und Hölle veränderten in den 80er Jahren das Erscheinungsbild eines kleinen Dorfes in Jugoslawien.

ZWANZIG JAHRE NACH der ersten Vision im spanischen Garabandal (siehe S. 59–60) entstand aufgrund weiterer Erscheinungen in Medjugorje, im ehemaligen Jugoslawien (heute Kroatien), ein neues Pilgerziel. Es liegt etwa eine Stunde Fahrtzeit von der Adriaküste entfernt zwischen Weinbergen und Tabakterrassen im Gebirge.

Die Geschichte

Am Mittwoch, dem 24. Juni 1981 stiegen Ivanka Ivankoric (15) und Mirjana Dragicevic (16), zwei Mädchen, die von Kindheit an befreundet waren, hinter dem Dorf den Berg hinauf. Gegen fünf Uhr sah eine von ihnen am Himmel die helle, strahlende Figur einer jungen Frau.

Später am Abend sahen sie gemeinsam mit vier Freunden in der Dämmerung die Madonna mit dem Jesuskind in den Armen. Am folgenden Abend, kurz nach 18 Uhr, sahen sie sie erneut und sprachen etwa fünf Minuten lang mit ihr. Diese Neuigkeit verbreitete sich wie ein Lauffeuer und Tausende von Menschen hatten sich versammelt, um der Erscheinung am Freitag beizuwohnen, als sich ein strahlendes Licht über dem Dorf ausbreitete. Am Sonntag fanden sich hier bereits 15 000 Menschen ein.

Immer wieder stand während der Erscheinungen das serbokroatische Wort für »Frieden« in riesigen flammenden Buchstaben am Nachthimmel. Ein dreijähriger Junge, der von Geburt an taubstumm und fast gelähmt war, wurde geheilt. Reporter und Fernsehteams kamen in Scharen. Der örtliche Gemeindepfarrer blieb skeptisch und tat das ganze Phänomen als Massenhysterie ab.

Was aber sagte die Madonna zu den Mädchen? Die überlieferte Version ist folgende: »Ich komme als Königin des Friedens. Betet, fastet, vertraut euch Gott an, und vor allem, lebt in Frieden. Friede sei unter den Menschen und in der Welt.« Darüber hinaus gab es aber auch Visionen vom Himmel, dem Fegefeuer und der Hölle.

1985 hatten bereits zwei oder drei Millionen Menschen die Pilgerreise nach Medjugorje gemacht. Allein am vierten Jahrestag der Erscheinung sollen 100 000 Menschen anwesend gewesen sein.

Es handelt sich also um vier oder fünf Seher, drei Mädchen und zwei Knaben. Die insgesamt etwa 2000 Erscheinungen wurden zum täglichen Ereignis, das jeden Abend gegen 6.45 Uhr auf dem Hügel hinter dem Dorf stattfand. Zwei Jahre lang zeigte es sich auch zweimal pro Woche spät nachts.

Die Seher, die manchmal zwei Minuten lang, gelegentlich auch eine Stunde in eine heftige Ekstase fielen – ähnlich wie die Mädchen in Garabandal – wurden von Ärzten und Wissenschaftlern untersucht, die zu dem Ergebnis kamen, daß alles unerklärlich sei. Die Kirche verhielt sich zunächst

RECHTS: Die während des Bürgerkriegs verwaiste Kirche von Medjugorje

vorsichtig und nahm eine abwartende Haltung ein.

Das Leben im Dorf hat sich seitdem grundlegend geändert. Jeder Aspekt des Lebens ist von den Erscheinungen betroffen. Ein Dorfbewohner drückte dies folgendermaßen aus: »Wir fluchen nicht mehr und betrinken uns nicht mehr. Wie könnten wir das tun, wenn die Madonna jeden Tag zu uns kommt?« Ein anderer sagte zur Journalistin Gitta Sereny: »Es ist einfach: Wir kümmern uns jetzt nicht nur um uns selbst und unsere Nachbarn, sondern um alles, was die Gemeinde betrifft und um die ganze Welt.«

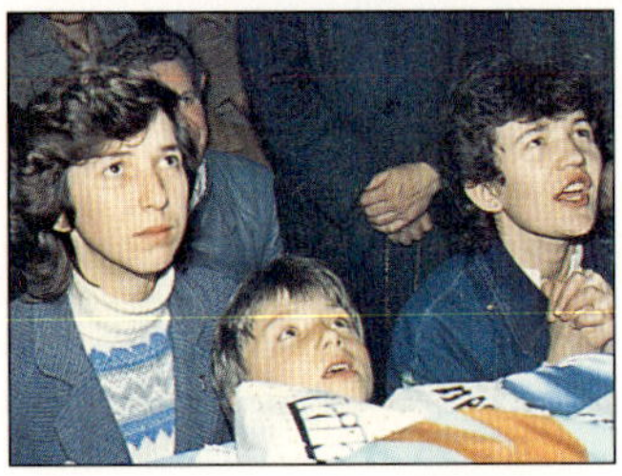

Hoffnung und Andacht

Medjugorje heute

Der Krieg im ehemaligen Jugoslawien brach auf den Tag genau zehn Jahre nach der ersten Erscheinung aus, bei der das Wort *Mir* – Frieden – am Himmel zu lesen war. Das Dorf Medjugorje wurde nicht bombardiert, der Bevölkerung gelang es, Frieden zu bewahren, und die UNO richtete hier ihr Hauptquartier ein. Das Haus des Bischofs von Mostar, der den Erscheinungen gegenüber immer skeptisch war, wurde jedoch im Krieg zerstört. Daraufhin verließ der Bischof Medjugorje.

Durch den Zerfall des ehemaligen Jugoslawiens in verfeindete Regionen und den komplizierten und grausamen Bürgerkrieg, bei dem die feindlichen Gruppen aus Gründen gegeneinander kämpfen, die für den Rest der Welt häufig nur schwer zu verstehen sind, ist Medjugorje heute nicht mehr so leicht zu erreichen wie früher. Doch kamen auch während des Krieges immer Wallfahrer hierher, wenn auch in geringerer Zahl.

UNTEN: Pilger stellen einfache Kreuze auf und warten auf weitere Erscheinungen

GUADALUPE

Im 16. Jahrhundert versetzten Berichte über einen mittellosen Indio, dem angeblich die Gnade einer Erscheinung zuteil geworden war, die mächtige spanische Kirche in Erstaunen.

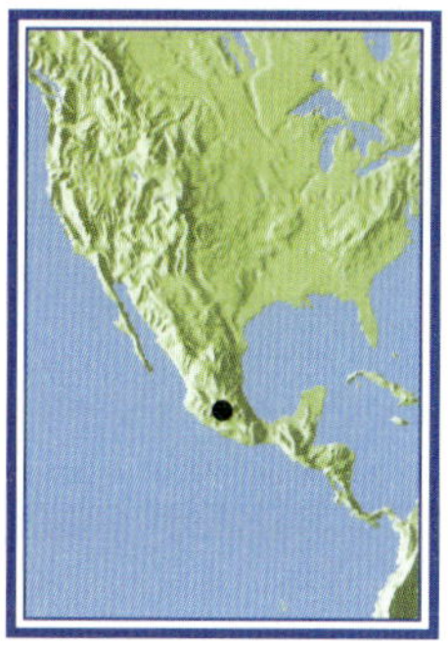

Es gibt nur wenige Fälle, in denen Maria einem erwachsenen Mann erschienen ist, der weder Priester, noch Mönch, noch zukünftiger Heiliger war, sondern ein einfacher Mann, der sich nur durch seinen Glauben auszeichnete. Dennoch entstand durch diese Erscheinung eine der spektakulärsten Pilgerreisen überhaupt, nämlich die nach Guadalupe, das nördlich von Mexiko City liegt.

Die Geschichte

Die Geschichte von Guadalupe beginnt etwa zehn Jahre nach der spanischen Eroberung im 16. Jahrhundert bei den verarmten Ureinwohnern Mexikos. Die Häuptlinge der Azteken waren umgebracht und viele Männer, Frauen und Kinder in die Sklaverei verkauft worden. Die Stammesgebiete hatten die habgierigen Eroberer unter sich aufgeteilt. Nachdem sie von der Herrschaft der Azteken befreit worden waren, deren Religion Menschenopfer gefordert hatte, mußten sich die mexikanischen Ureinwohner nun den habgierigen Gesetzen der neuen spanischen Kolonisatoren unterwerfen. Diese bauten die wertvollen Metalle ab und führten die europäische Form der Landwirtschaft und Feudalherrschaft ein. In beiden Fällen dienten die Ureinwohner als billige Arbeitskräfte.

Doch schon der hl. Franziskus sagte: »Es sind immer die Ärmsten der Armen, denen der größte spirituelle Reichtum gewährt wird.«

Am fruhen Morgen des 9. Dezember 1531, einem Sonntag, ging einer der Ärmsten unter den Armen, der Indio Juan Diego, der weder lesen noch schreiben konnte, im heutigen Guadalupe an einem kahlen Hügel vorüber, der der aztekischen Muttergottheit Tonantzin geweiht war.

Man weiß nur wenig über den konvertierten Juan Diego, dessen indianischer Name Cuatitlatoatzin (»Sprechender Adler«) gewesen war. Bekannt ist, daß er Witwer war und ein Alter von fast sechzig Jahren erreichte.

Wissenschaftler haben Juan Diegos Umhang untersucht, doch nicht so gründlich wie das Turiner Grabtuch. Dazu gehörten vergrößerte Fotografien und Untersuchungen mit dem Mikroskop und Infrarotkameras. Eine Datierung mit Hilfe der Radiokarbonmethode wurde allerdings nicht durchgeführt, da Alter und Herkunft des Umhangs außer Zweifel stehen. Die Kirche hat schon lange bestätigt, was man mit bloßem Auge erkennen kann: Das Bild ist mehrere Male übermalt worden, nicht immer von Experten. Die Untersuchungen bestätigten, daß der goldenen Heiligenschein und der Engel mit dem Mond später hinzukamen. Doch gab es ein ursprüngliches Bild, das nicht gemalt wurde und immer noch kräftig leuchtet. Und es gibt La Inditas Gesicht. Bei starker Vergrößerung betrachtet, scheint sich in ihrem linken Auge Juan Diego zu spiegeln, wie er dem überraschten Bischof den Umhang zeigt. Wie das ursprüngliche Bild auf das Kleidungsstück gelangte, bleibt ein Rätsel. Die alten Azteken hatten wohl mehr Geheimnisse als wir wissen.

OBEN: Seit der Vision des Juan Diego wurden in Guadalupe verschiedene Kirchen errichtet. Die Kathedrale mit der goldenen Kuppel stammt aus dem 19. Jh.

Ein zeitgenössischer Bericht (abgedruckt in: *The Marian Era*, Franciscan Herald Press, 1960) schildert den Vorgang mit folgenden Worten: »Als er in der kühlen Dämmerung dahineilte, war die Luft plötzlich voller Vogelgesang und Musik von solcher Klarheit und Süße, daß er verzückt stehenblieb.« Der kahle Felsen oberhalb war »von einer strahlenden Wolke bedeckt, von der vielfarbige Lichtstrahlen ausgingen«.

Plötzlich verschwand der Gesang und Juan hörte eine sanfte weibliche Stimme, die aus der Wolke zu ihm sprach. Er kletterte eilig auf den Felsen und sah ein »junges Indiomädchen, das die Gewänder einer aztekischen Prinzessin trug«. Später sprach er von ihr immer als »La Indita«, die kleine Indianerin.

UNTEN: Ein farbiges, blumengeschmücktes Bild der Jungfrau Maria von Guadalupe

Seine Beschreibung, die in der Übersetzung vermutlich noch verschönt wurde, lautete folgendermaßen: »Ihr Kleid glänzte so wundervoll, daß seine Herrlichkeit die rauhen Felsen auf dem Hügel verwandelte. Die blanken Steine sahen wie wertvolle Edelsteine aus, die Blätter des Dornenbusches wie wunderschöne Smaragde, und die Zweige und Stiele glänzten wie poliertes Gold.«

Sie rief und winkte und als er näherkam, versicherte sie ihm in Náhuatl, seiner Muttersprache, daß sie als »liebende Mutter« für ihn und seinesgleichen – er vermutete, daß sie die Indios meinte – zu diesem Hügel gekommen sei, der in der früheren Indianerreligion, in der Kinder geopfert wurden, ein heiliger Ort war. Der Umstand, daß sie einen speziellen Gürtel trug, der schwangeren Frauen vorbehalten war, wies auf ihre besondere Sorge um Kinder hin. Sie gab ihm die Anweisung, zum Palast des Bischofs zu gehen und diesem mitzuteilen, daß sie die Errichtung einer Kirche am Ort ihres Erscheinens wünsche.

Berücksichtigt man die übliche Haltung der Spanier den Indios gegenüber, ist es verständlich, daß der arme Juan höflich vorschlug, sie möge mit einem so wichtigen Anliegen doch lieber einen Spanier beauftragen. Die Madonna antwortete, daß sie aus Liebe zu den geknechteten Indios handle und versprach ihm, daß alles gutgehen werde. Juan machte sich auf eine Tracht Prügel gefaßt und ging schließlich den Hügel hinab.

Als er den Bediensteten des Bischofs erklärte, daß er eine Verabredung mit ihrem Herrn habe, lachten sie ihn aus und ließen ihn den ganzen Tag warten. Von seiner Geduld gerührt, ließen sie ihn schließlich jedoch herein.

LINKS: Religiöse Souvenirs für die Gläubigen

OBEN: Eine Mutter mit ihrem Kind legt den Weg zur Kirche auf den Knien zurück

Der Bischof tat die Vorstellung, die Jungfrau Maria könne einem Indio erschienen sein, ab und forderte einen Beweis. Obwohl es bereits dämmerte, ging Juan zum Hügel zurück, wo La Indita auf dem nackten Felsen einen üppigen Garten mit duftenden Rosen hatte entstehen lassen. Unter ihrer Anleitung pflückte Juan einige taubenetzte Rosen und trug sie in seinem Umhang zum Bischof. Als er ihn ausbreitete, konnte man sehen, daß La Indita auf wunderbare Weise ihr eigenes lebensechtes Abbild auf die Innenseite des groben, handgewebten Kleidungsstückes gebannt hatte.

Dieses Bildnis ist zweifellos das wichtigste christliche Symbol in Mexiko, denn es zeigt eine dunkelhäutige La Indita und nicht die weiße Madonna der Spanier. (Die ersten Indios, die sie als die neue Mutter verehrten, nannten sie sogar noch Tonantzin, wie die aztekische Muttergottheit.)

Ihre Hände sind in Gebetshaltung gefaltet und sie trägt – ähnlich wie die aztekischen Könige – ein langes, rosafarbenes Kleid mit zarter Goldstickerei. Ihr Mantel ist blau und von Sternen bedeckt. Sie steht auf einer Mondsichel, die von einem Adler getragen wird. Das ganze Bild ist von einer weißen Wolke umgeben.

Der Bischof ließ sich schließlich überzeugen und die erste Kirche errichten: ein primitives rechteckiges Gebäude im Indiostil, das aus ungebrannten, getrockneten Lehmziegeln bestand und ein Holzdach hatte.

Im Laufe der Jahrhunderte versuchte man durch Erweiterungen und Umbauten mehrere Male, den zunehmenden Pilgerzahlen gerecht zu werden. 1895 wurde eine riesige prunkvolle Kirche im spanischen Kolonialstil erbaut. Sie besitzt eine vergoldete Zentralkuppel und vier Türme. Das Dach wird von gigantischen Säulen im korinthischen Stil getragen. Für die prachtvollen Dekorationen und Verzierungen und die Gestaltung des Altars wurden 60 Tonnen reinen Silbers verwendet. Auf dem Altar, der aus Bronze und Marmor gefertigt wurde, steht ein großer Reliquienschrein aus Gold, in dem sich der Umhang mit dem Bildnis von La Indita befindet. An Festtagen wurde ihr eine juwelenbesetzte Krone aufgesetzt.

Guadalupe heute

1976 erbaute Mexikos Stararchitekt Pedro Ramirez Vázquez ein beeindruckendes, modernes Gebäude, um der wachsenden Zahl von Pilgern gerecht zu werden. Welche Bedeutung die Madonna von Guadalupe für Mexiko hat, steht außer Zweifel: Sie gab den Indios Selbstwertgefühl und Nationalstolz. Egal, ob in Geschäften, auf Briefmarken, in Autos, in allen Kirchen und in den meisten öffentlichen Gebäuden – fast überall sind Bilder und Statuen der vielgeliebten und hochverehrten Nationalheiligen zu sehen. Papst Pius X. (1903–14) erklärte sie sogar zur »Kaiserin des amerikanischen Kontinents«.

Sieht man einmal von religiösen Beweggründen ab, so ist Guadalupe auch in manch anderer Hinsicht eine Pilgerreise wert. Nicht nur die Basilika der Señora ist sehenswert, sondern Guadalupe hat auch alles andere zu bieten, was Mexiko als Reiseziel so attraktiv macht: das Wetter, die Menschen, das Essen, die dramatische Landschaft und die Überreste einer uralten Zivilisation.

Die alte Kirche selbst wurde in ein attraktives und wegen seiner Atmosphäre vielbesuchtes Museum umgewandelt. Neben der heiligen Quelle, die an der Stelle anfing zu sprudeln, wo die Jungfrau erschienen ist, steht eine kleine Kapelle. Stufen führen zu einer weiteren Kapelle auf dem Hügel, wo einst ihr Rosengarten erblühte.

Wenn La Indita hier auch allgegenwärtig ist und immer Gläubige vor ihr auf den Knien liegen, findet doch die wichtigste Pilgerreise im Dezember statt. In der warmen Nacht vom 11. zum 12. Dezember wird entlang der Prozessionswege ein exotisches und mitreißendes Fest begangen, das Gläubige und Nichtgläubige, Marienverehrer und Skeptiker zusammenführt. Egal, woran man glaubt, gefeiert wird bis in den frühen Morgen. Musikgruppen, Indios in großartigem Federschmuck, Feuerwerk, Gesang und Tanz sind nur ein Teil der ausgelassenen Feierlichkeiten.

UNTEN: Goldmedaillons – Erinnerung und Trophäe für jene Pilger, die ihr Ziel erreicht haben

MARIEN-DARSTELLUNGEN

IN ALLEN KONFESSIONEN gibt es Gläubige, die das Bedürfnis haben, zu sehen, woran sie glauben. Schon immer haben sich Menschen »Götzenbilder« von ihren Gottheiten gemacht und sich vorgestellt, wie es im Himmel oder der Hölle aussehen könnte.

Eine Madonna aus Kalkstein in Krakau

Früher formten sie die große Muttergottheit aus Lehm oder Kalkstein. Die Babylonier, Assyrer und Ägypter errichteten riesige Statuen von ihren Göttern. Die Griechen bannten die Form des zarten Leibs der Aphrodite in Marmor, und die Römer gossen ihre Götter aus Bronze. Sogar die weltabgewandten Buddhisten schufen für ihre Schreine und Tempel heitere und schöne Bilder des »Erleuchteten«.

Da der Gott der Christen wie so viele andere Götter Fleisch wurde und »unter uns weilte«, ist es völlig natürlich, daß Christen sehen wollten, wie er aussah. Ihre Kirchen und Häuser enthalten visuelle Darstellungen seines Lebens und Wirkens und seine Wunder: Kruzifixe, Statuen und Gemälde.

Da das mosaische Gesetz Götzenbilder verbietet, glaubten Juden, sie dürften keine Künstler sein oder welche beschäftigen. Deshalb ist es äußerst unwahrscheinlich, daß eines der frühen Christusporträts wirklich lebensecht ist.

Die ersten Bilder wurden in den Katakomben von Rom auf die Wand gemalt, sie entstanden frühestens im 2. oder 3. Jahrhundert. Vermutlich wurden sie in Anlehnung an Beschreibungen derer angefertigt, die Jesus gesehen hatten – wie ein Künstler, der Wellington oder Napoleon malt, ohne sie jemals gesehen zu haben.

Als die Kirche an Größe und Einfluß zunahm und sie sich in der nichtjüdischen Welt mit ihrer bedeutenden künstlerischen Tradition ausbreitete, sorgten die geschäftigen Werkstätten Konstantinopels (heute Istanbul) ständig für Nachschub an »echten« Christusporträts. Man nimmt an, daß die meisten aus der Werkstatt des hl. Lukas stammten.

Christen wollten besonders ein Abbild der Jungfrau Maria sehen, die so viele der guten und sanften Anteile der menschlichen Seele in sich vereinigt. Die Wahrscheinlichkeit, daß einige ihrer Porträts authentisch sind, ist etwas größer, denn sie lebte noch zwolf bis zwanzig Jahre nach Jesu Tod. Einige Menschen müssen sie als die Mutter des Mannes gesehen, gekannt und in ihre Erinnerung aufgenommen haben, den viele bereits als Heiland anerkannten.

Das Porträt des hl. Lukas

Die Vorstellung, daß der hl. Lukas ein Künstler war, tauchte im 6. Jahrhundert auf; die Behauptung, er habe ein Bildnis Jesus geschaffen, im 7. Jahrhundert und die Idee, Maria habe ihm Modell gesessen, ein weiteres Jahrhundert später. Seitdem sagt man, Lukas habe Maria und das göttliche Kind gemalt. Dieses Bild soll Maria so gut gefallen haben, daß sie bestimmte, ihr Segen möge es von nun ab allzeit und überall begleiten.

Weiterhin heißt es, Lukas habe nach Mariä Himmelfahrt ihren Einfluß vergrößern wollen und das Porträt seinem Freund, »dem hervorragenden

RECHTS: Die Zufluchtsmadonna, ein Bild, das in der Kirche San Alfonso in Rom verehrt wird

OBEN UND UNTEN: Die Chiesa della Salute in Venedig

Theophilus« geschickt, für den er auch sein Evangelium und die Apostelgeschichte geschrieben hatte.

Es gelangte dann in den Besitz von Eudokia, der Gattin des Kaisers von Byzanz, Theodosius II. (408–450), die es wiederum seiner Schwester Pulcheria schenkte. Um die Mutter Gottes zu ehren, ließ die später heiliggesprochene Pulcheria in den Jahren nach 450 drei Kirchen in Konstantinopel bauen und das Bildnis des hl. Lukas in die größte von ihnen hängen. Es wurde mit großer Wertschätzung behandelt und war tausend Jahre lang Gegenstand treuester Verehrung, bis die Türken

KOPIEN VON LUKAS' PORTRÄT von Maria mit dem Kinde gibt es in Smolensk in Rußland (11. Jh., links), in der Kirche Della Salute in Venedig, (diese wurde aus der St. Titus-Kathedrale auf Kreta gerettet, als die Türken 1669 die Insel einnahmen), im Museum von Trier, im Vatikan und in der Kirche San Alfonso in Rom. Zu allen werden Pilgerreisen unternommen.

1453 die Stadt einnahmen und das heilige Bild völlig zerstörten.

Kopien davon sind jedoch noch immer erhalten. Das aus dem 14. Jahrhundert stammende Bild in San Alfonso in Rom ist bekannt als *Die Mutter* (oder *Unsere Liebe Frau*) *des immerwährenden Beistands.* Das auf Holz gemalte Porträt ist ein perfektes Beispiel dafür, daß Theologie sich manchmal eher durch visuelle Bilder als durch Worte erklären läßt.

Christus hatte in seiner Kindheit eine Vision von seinem Leidensweg und seinem Tod: Das göttliche Kind, das in den Armen seiner Mutter schläft, wacht plötzlich auf und sieht den Erzengel Michael mit dem Schwert und dem Schwamm auf dem Stock. Er blickt zur anderen Seite und sieht den Engel Gabriel mit dem Kreuz und den Nägeln. Wo er auch hinschaut, sein Leiden liegt immer vor ihm. In seiner kindlichen Furcht weicht er zurück, so daß sich eine Sandale von seinem Fuß löst und er sie fast verliert. Gleichzeitig ergreift er die rechte Hand seiner Mutter, die ihn schützend in die Arme nimmt.

Die symbolhafte Darstellung ist sehr beeindruckend, auch wenn die physische Erscheinung Mariä nicht realistisch ist. Jedes Detail ist Bestandteil der theologischen Aussage: Maria blickt nicht beruhigend auf ihr Kind, sondern starrt vorwurfsvoll auf uns, die Betrachter, als die Schuldigen der bevorstehenden Kreuzigung. Ihre großen, weit geöffneten Augen und ihr kleiner Mund zeigen, daß sie zwar viel gesehen und nachgedacht hat, dafür aber wenig, jedoch immer klug geredet hat. Je nach Wunsch und Einfallsreichtum des Gläubigen lassen sich vielfältige spirituelle Bedeutungen aus dieser Darstellung ablesen.

Die Kirche erklärte die Ikone aufgrund der von ihr bewirkten Wunder und der empfangenen Gnade zur *Valde Miraculosa* (zum *wundertätigen Bild*); man schreibt ihr die Fähigkeit zu, Heilungen und Bekehrungen zu bewirken und den Gläubigen Segen und Trost zu spenden.

OBEN LINKS: Mosaik von Maria mit dem Jesuskind in der Hagia Sophia, Istanbul
UNTEN: Edelsteinbesetzte Ikone der Jungfrau von Smolensk in Rußland

Die Schwarzen Madonnen

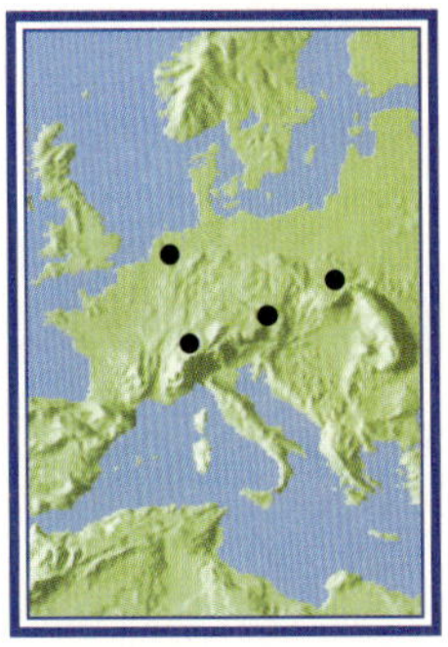

In Kathedralen und Kirchen, abgelegenen Heiligtümern, Privatsammlungen und Museen gibt es wahrscheinlich mehr als 400 Schwarze Madonnen. Vom künstlerischen Niveau her sind sie nicht alle gleichwertig: manche sind heiter und lieblich, andere schlecht gemalt oder grobschlächtig restauriert und eher symbolische Darstellungen der Lehre als Bildnis einer lebendigen Frau. Besondere Wertschätzung wird den Schwarzen Madonnen in Czestochowa (Tschenstochau) in Polen, in Einsiedeln (Schweiz) und in Mariazell (Österreich) entgegengebracht.

Bei allen sind Gesicht und Hände schwarz oder waren es zumindest. Die Kirche erklärt dies mit der jahrhundertelangen Einwirkung von Kerzenrauch oder mit chemischen Veränderungen der Farbe. Häufig wurden die geschwärzten Teile nach einer kirchlichen Anordnung aufgehellt. Bei den meisten Darstellungen sind die anderen Farben jedoch nicht nachgedunkelt, so daß keine einzige Theorie wirklich überzeugend ist.

Polen

Unten: Jasna Gora, in der Basilika des Paulusklosters

Ruhm und Bedeutung der Schwarzen Madonna von Tschenstochau, die von den polnischen Katholiken wie eine Königin von Polen geliebt wird, sind unzweifelhaft. Ihr Bildnis wird in der Marienkapelle der Basilika des Paulusklosters auf der Jasna Gora (»heller Berg«) verehrt, die das Nationalheiligtum Polens und Zentrum des religiösen Lebens ist. Zu Mariä Himmelfahrt finden sich jedes Jahr über 300 000 Pilger hier ein.

Die Herkunft der Ikone ist nicht genau bekannt. Wie so viele Reliquien wurde auch diese von der hl. Helena in Nazareth gefunden, nach Konstantinopel und vielleicht ins heutige Polen gebracht, wo sie von den Mönchen des Klosters »Paulus in der Wüste« seitdem aufbewahrt wird. Ean Begg schreibt in seinem Buch *The Cult of the Black Virgin,* daß »die Polen seitdem alle Siege und Niederlagen mit der Fürsprache ihrer Schutzpatronin erklären«. Die Liste der Gefahren, Belagerungen und Befreiungen, die sie miterlebte, ist lang: die protestantischen Truppen der Schweden, die das Gesicht der Madonna mit ihren Säbeln zerschnitten, Türken, Russen, Deutsche und nach dem Zweiten Weltkrieg erneut Russen.

Egal, wo das ursprüngliche Gemälde hergekommen ist, das heutige Bildnis ist eine von einem unbekannten Künstler Anfang des 15. Jahrhunderts im formalen byzantinischen Stil hergestellte Restaurationsarbeit. Auf dem größten Teil der Bildoberfläche ist ein mit Gold und Silber verziertes Tuch zu sehen, das leicht ausgebleicht ist und nur Gesichter und Hände freiläßt. Obwohl man mehrmals versuchte, die Säbelhiebe im Gesicht der Madonna zu entfernen, tauchten sie auf geheimnisvolle Weise immer wieder auf und sind noch immer erkennbar. Gläubige sehen darin ein Zeichen für die Teilhabe der Jungfrau Maria am Leiden der Welt. Sie hält ihr Kind im linken Arm und weist mit der rechten Hand auf das Kind, das uns mit der rechten Hand segnet, während es in der linken Hand ein kleines geschlossenes Buch hält.

Schweiz

Das Nationalheiligtum der Schweiz, die berühmte, seit dem 14. Jahrhundert von Wallfahrern verehrte Statue der Maria zu den Einsiedeln, befindet sich in der Stiftskirche der Benediktinerabtei Einsiedeln. Sie ist nur etwa einen Meter groß und hält das festlich gekleidete Jesuskind auf dem linken Arm. Das Kind birgt in seiner linken Hand einen kleinen Vogel. Marias Kleid ist purpurrot und kunstvoll vergoldet. Meist werden ihr noch weitere prächtige Roben angelegt. Die Schweizer scherzen, daß sie die bestgekleidete Madonna weltweit sei.

Der Name Einsiedeln kommt von »Einsiedler« und der erste Einsiedler, der im 9. Jahrhundert an diesem Ort in einem Bergtal zwischen dem Züricher und dem Luzerner See lebte, war der Mönch Meinrad, der hierher kam, um in den Bergwäldern ein Leben der Einsamkeit und des Gebetes zu führen. Er erlitt vermutlich im Jahr 861 den Märtyrertod. Sein auf wundersame Weise erhalten gebliebener Kopf wird in der Gnadenkapelle in einer goldenen Schatulle aufbewahrt, auf der die Madonna steht. Jedes Jahr wird diese Reliquie an Meinrads Festtag als Schutzheiliger der Kirche verwendet, um während der Messe die Anwesenden zu segnen.

Seit der Gründung der Abtei im 11. Jahrhundert wurden die Gebäude mindestens fünfmal durch schreckliche Brände verwüstet. Das heutige Barockgebäude stammt aus dem späten 18. Jahrhundert. Noch immer kommen Wallfahrer aus der ganzen Schweiz, aus Frankreich, Deutschland, Italien und Spanien hierher.

Über die Schwarze Madonna von Einsiedeln gibt es eine interessante Geschichte: Als die Franzosen 1799 in der Schweiz und Italien einmarschierten, erteilte Napoleon seinen Soldaten den Befehl, Reliquien und Schätze zu rauben. Auf diese Weise hoffte er, die Macht der katholischen Kirche zu schwächen. Doch die Wächter in Einsiedeln ersetzten die echte Madonna durch eine Replik, die von

OBEN: Eine Kopie der Schwarzen Madonna von Tschenstochau

GANZ LINKS: Die Schwarze Madonna von Einsiedeln

ALS UNBEWAFFNETE Arbeiter im Rahmen des Streiks, der den Zusammenbruch der sowjetischen Besatzung herbeiführte, die Tore der Leninwerft in Danzig verriegelten, hängten sie als Zeichen ihres Schutzes ein Bild der Schwarzen Madonna an den Zaun.

RECHTS: *La Moreneta, eine Skulptur der Schwarzen Madonna in Nuestra Señora in Montserrat, Katalonien, aus dem 12. Jh.*
GEGENÜBERLIEGENDE SEITE: *Die Statue der Schwarzen Madonna mit dem Kinde in Mariazell, Österreich*

den Soldaten vorschriftsmäßig nach Paris geschickt wurde, wo man sie als Fälschung erkannte. Als die echte Statue nach dem Krieg von den Mönchen, die sie in Österreich aufbewahrt hatten, zurückgebracht wurde, war sie gereinigt und neu bemalt. Die ursprünglich schwarzen Hände und das Gesicht mußten deshalb zuerst wieder geschwärzt werden, bevor sie erneut für die Pilger ausgestellt wurde.

Österreich

Das berühmteste Pilgerziel in Österreich ist Mariazell in der Steiermark, wo sich eine alte Lindenholzstatue einer Schwarzen Madonna mit dem Jesuskind auf dem linken Knie befindet. Der Überlieferung nach handelt es sich dabei um die Statue, die der Benediktinermönch Magus mitnahm, als er im 12. Jahrhundert das Kloster St. Lambrecht verließ, um sich anderen Einsiedlern im Wald anzuschließen. In einer Vision erschien ihm die Jungfrau Maria und wies ihm den Weg zu einer passenden Einsiedelei, wo er die Statue in eine Linde stellte. Vermutlich bauten Schäfer und Jäger eine kleine Kapelle um diesen Baum herum. Später wurde diese Kapelle durch eine größere ersetzt, und die Bedeutung des Heiligtums nahm im Laufe der Jahre so lange zu, bis es zum religiösen Zentrum des alten österreichischen Kaiserreichs geworden war.

Aufgrund der vielen Wunder und Segnungen, die diese Schwarze Madonna den Gläubigen gewährt haben soll, wird sie von den Wallfahrern auch als »die Große Mutter Österreichs« oder »die Jungfrau Maria der Ungarn« verehrt.

UNTEN: *Die Schwarze Madonna in der Kirche des Propheten Elija in Veroia, Griechenland*

Deutschland

Eine ungewöhnliche Schwarze Madonna befindet sich in Kevelaer in Nordrhein-Westfalen, in der Nähe der niederländischen Grenze. Es handelt sich hier nicht um eine Statue, sondern um einen im 17. Jahrhundert in Antwerpen gedruckten Kupferstich, der unter Wallfahrern als »Unsere Liebe Frau, Trösterin in der Not« bekannt ist. Über die Anfänge des Heiligtums wird eine rührende Geschichte erzählt.

Ein Hausierer mit dem Namen Hendrick Bussman befand sich auf einer Straße in der Nähe von Kevelaer, als die Jungfrau aus dem Himmel zu ihm sprach und ihn bat, an dieser Stelle eine kleine Kapelle für sie zu errichten. Sie erschien ihm im Laufe der nächsten Wochen noch einige Male und wiederholte ihre Bitte. Er begann, Geld für das Baumaterial zu sparen. Dann hatte Bussmans Frau eine Vision von einem Bild der Maria mit dem Jesuskind, das sie sich jedoch nicht leisten konnte. Beide Eheleute sparten noch mehr, und zu ihrer größten Genugtuung fanden sie bald darauf den Stich, der dem Bild in der Vision sehr ähnlich war. Sie kauften ihn und Bussmann befestigte ihn auf einem Brett, das in der neuerrichteten Kapelle aufgestellt wurde. Heute ist Kevelaer der bedeutendste Wallfahrtsort in Nordwestdeutschland.

ROM

»Unabhängig davon, was heute dort vorgeht, fordert die intensive Wirklichkeit der Vergangenheit unwiderstehlich Hingabe und Zuneigung.«

(JOHN RUSKIN)

OBEN: Der hölzerne Thron des hl. Petrus in der Apsis des Petersdoms in Rom

ALLE WEGE FÜHREN nach Rom und wenn man ankommt, ist man erst einmal überwältigt. Es gibt so viele Namen, Daten, Fakten, Orte und Kirchen, daß ein Pilger, der Wert auf Vollständigkeit legt, zunächst einmal ein Studium der Geschichte des frühen Christentums, die neueste Ausgabe eines Reiseführers und die vierzigtägige Fastenzeit braucht. Um den Besuch irgendwie sinnvoll zu gestalten, ist eine sorgfältige Auswahl unabdingbar.

Eine Kirche, die zwar nicht unbedingt auf der Tagesordnung eines Pilgers stehen muß, aber dennoch die Seele Roms schon in ihrem Namen trägt, ist Santa Maria sopra Minerva. Die schlicht als Minerva bekannte Kirche wurde als Zeichen des Triumphes des Christentums über das Heidentum an der Stelle errichtet, wo der Tempel der römischen Göttin der Weisheit stand.

Der Petersdom

Der Petersdom mit seinen Kunstwerken aus Holz und Stein, seinen räumlichen Dimensionen und seinem Licht, den Marmorverkleidungen, Statuen, Inschriften, Säulen, Schreinen, Altären und dem vergoldeten Stuck ist auch für Nichtkatholiken beeindruckend. Er wurde auf einer römischen Nekropolis, einer Totenstadt, errichtet, und in seinem Zentrum unter dem päpstlichen Altar und Michelangelos riesiger Kuppel befindet sich die Gruft mit den für echt befundenen Knochen des hl. Petrus. Dieser wurde vermutlich zwischen 64 und 67 n. Chr. gekreuzigt und von seinen Anhängern an dieser Stelle begraben.

In der Apsis steht – fast unscheinbar im Vergleich zum großartigsten Reliquienschrein aller Zeiten – der Thron des hl. Petrus. Er wird von zwei Kirchenvätern der Westkirche, Augustinus und Ambrosius, und zwei Kirchenvätern der Ostkirche, Athanasius und Johannes Chrysostomos, getragen. Darüber sind Engel, Wolken und ein Strahlenkranz mit der Taube des Heiligen Geistes zu sehen. Auf vier gigantischen, gewundenen Säulen erhebt sich über dem Papstaltar unter der Kuppel ein riesiger Baldachin.

Der Thron besteht aus verschiedenen Holzarten: Pinie, Kastanie, Eiche und Zypresse. 1968 ergab eine Datierung mit der Radiokarbonmethode, daß die Teile aus Zypresse die ältesten sind (4. bis 6. Jahrhundert) und die anderen aus dem 10. bis 12. Jahrhundert stammen.

Ein Rundgang durch den Petersdom reicht aus, um die Phantasie zu beflügeln. Viele Pilger nehmen den Glanz der Ewigkeit wahr: Hinter den bunten Glasfenstern, in den Gesten einer Pilgerin, die vor der Madonna kniet und sich bekreuzigt, oder in

DIE ERSTE PETERSKIRCHE aus dem Jahr 326 wurde im frühen 16. Jahrhundert zerstört, nachdem sie im Laufe der Zeit mehr und mehr verfallen war. Die Fertigstellung der neuen Kirche, die schließlich die größte der Welt wurde, dauerte weit über hundert Jahre. Große Meister wie Bramante, Michelangelo und Bernini arbeiteten daran. Mehrere Male wurden die Pläne geändert. Der Petersdom wurde in seiner neuen Form am 18. November 1626 geweiht.

GEGENÜBERLIEGENDE SEITE (GROSSES UND KLEINES BILD): Berninis wunderbarer Baldachin aus dem 17. Jh. im Petersdom

TV ES PETRVS ET SVPER

AM STANDORT der Kirche San Giovanni in Laterano (siehe gegenüberliegende Seite) befanden sich vorher drei ältere Kirchen, die von Vandalen, durch ein Erdbeben und durch einen Brand zerstört wurden. Hier befand sich ursprünglich die Residenz des Papstes. Das Sancta Sanctorum (1278) ist der einzige erhaltene Teil des 1308 abgebrannten Papstpalastes.

RECHTS: San Giovanni in Laterano, der Sitz des Bischofs von Rom

dem Spiel vom Licht der einfallenden Sonnenstrahlen und dem Schatten der großen Säulen.

Viele Besucher sind durch den Anblick des Innenraumes gerührt, der von vielen hundert Kerzen erleuchtet wird, die für die Benediktion der heiligen Sakramente notwendig sind. Heute handelt es sich dabei allerdings um elektrische Kerzen und alle gehen gleichzeitig aus. In früheren Zeiten wurde

LINKS: Santa Maria Maggiore

eine Kerze nach der anderen mit einem Messinghütchen an einem langen Stiel gelöscht. Beißender Rauch war die Folge.

San Giovanni in Laterano

Die Kathedrale San Giovanni in Laterano ist der Sitz des Papstes in seiner Funktion als römischer Bischof. Auf dem Altararchitrav im Sancta Sanctorum, der päpstlichen Privatkapelle, befand sich folgende Inschrift: »Kein Ort der Welt ist heiliger als dieser.« Diese Heiligkeit ging auf den Umstand zurück, daß der Altar zahlreiche Reliquien beherbergte: den Kopf des hl. Petrus auf der Evangeliumsseite und den Kopf des hl. Paulus auf der Epistelseite, beide in goldenen und mit wertvollen Steinen besetzten Reliquienschreinen; die jüdische Bundeslade auf einem Ständer hinter dem Altar; den heiligen Mandelzweig Aarons; eine goldene Urne voll mit Manna aus der Wildnis; den Umhang Mariä; ein Bruchstück des Tisches, an dem das letzte Abendmahl stattgefunden hatte; einen Splitter des Kreuzes Christi und ein juwelenbesetztes und mit heiligem Öl gefülltes Kruzifix aus Gold, in dem angeblich die heilige Vorhaut aufbewahrt wurde.

Das Sancta Sanctorum war bis zum Ende des 16. Jahrhunderts, als es von französischen Soldaten geplündert wurde, für Pilger zugänglich. Heute befinden sich die Köpfe von Petrus und Paulus ohne die kostbaren Reliquienschreine hinter einem Bronzegitter, und die Pilger dürfen nur noch durch ein schweres Eisengitter in die Dunkelheit spähen.

Gerne dürfen sie jedoch die 28 Marmorstufen der Scala Santa auf den Knien hinaufsteigen. Diese heilige Treppe, die vom Erdgeschoß nach oben zu der abgeschlossenen Kapelle führt, ist nach dem heiligen Haus in Loreto die zweitgrößte christliche Reliquie der Welt. Für einen Gläubigen ist verständlicherweise kaum etwas ergreifender als die Treppe emporzusteigen, auf der Jesus zu Pilatus hinaufgehen mußte. Sie wurde von der hl. Helena aus Jerusalem zuerst nach Konstantinopel und später nach Rom gebracht. Ursprünglich befand sie sich draußen, auf der anderen Straßenseite. Pilger stiegen auf ihr bis zur Tür eines Empfangsraumes, in dem der Papst seinen Segen spendete. Im späten 16. Jahrhundert wurde sie an ihren derzeitigen Standort versetzt und noch immer steigen Pilger diese Stufen hinauf. Holzbretter sollen die heilige Treppe vor weiterer Abnutzung schützen.

LINKS: Die Scala Santa (heilige Treppe) in San Giovanni in Laterano
OBEN: Pilger erklimmen die heilige Treppe auf den Knien

Zu den Schätzen von San Giovanni in Laterano gehört auch die Porphyrplatte, auf der die römischen Soldaten angeblich um das Gewand Jesu würfelten, als dieser zwischen zwei Dieben nackt am Kreuz hing.

Santa Maria Maggiore

In dieser Kirche befindet sich das Grab des dreizehnten Apostels Matthias, der nach Christi Himmelfahrt als Nachfolger des Judas auserwählt wurde. Außerdem werden hier fünf Holzstücke der Krippe Jesu aufbewahrt: die Santa Culla, die jeweils an Weihnachten ausgestellt werden und für zahlreiche Pilger ein Gegenstand der Anbetung sind. Mehr ist von der Krippe nicht übriggeblieben, obwohl sie vom 7. Jahrhundert bis ins Jahr 1585 völlig intakt geblieben war. Sie zerbrach erst, als sie auf Anordnung von Papst Sixtus V. in die päpstliche Kapelle verlegt wurde.

Santa Maria Maggiore ist die größte Marienkirche in Rom. Trotz einiger nachträglich hinzugefügter Gebäudeteile ist sie ein beeindruckendes Beispiel frühchristlicher Architektur.

ANGEBLICH WURDE SANTA MARIA MAGGIORE 358 n. Chr. erbaut, nachdem Papst Liberius die Jungfrau Maria erschienen war und ihn aufgefordert hatte, an jener Stelle eine Kirche bauen zu lassen, an der am folgenden Tag Schnee fallen würde. Obwohl dies am 5. August, also im Hochsommer geschah, schneite es auf dem Esquilin. Also wurde eine Kirche gebaut. Am Jahrestag der Erscheinung wird jedes Jahr das Fest der Lieben Frau vom Schnee gefeiert.

OBEN: *Santa Croce*

Santa Croce in Gerusalemme

Die erste Kirche zum Heiligen Kreuz in Jerusalem wurde im 4. Jahrhundert auf Anordnung des Kaisers Konstantin errichtet, um die von der hl. Helena (siehe S. 38–39) aus dem Heiligen Land gebrachten Reliquien zu bergen. Zu den Schätzen dieser Kirche gehören ein Bruchstück vom Kreuz des reuigen Schächers, der neben Jesus in Golgatha gekreuzigt wurde, drei Bruchstücke des Kreuzes Christi, ein heiliger Kreuznagel, zwei heilige Dornen, Steine, auf denen Jesus Krippe gestanden hatte und der Zeigefinger des ungläubigen Thomas, der seine Hand in die Wundmale des auferstandenen Christus gelegt hatte.

Auch der *Titulus crucis,* die am Kreuz Christi befestigte Holztafel mit der griechischen und lateinischen Aufschrift »Jesus von Nazareth, König der Juden«, befindet sich hier.

Santa Croce wurde im 18. Jahrhundert und in den 30er Jahren umgebaut.

Santa Prassede

Neben dem Altar von Santa Prassede befindet sich eine kleine Säule, die oft mit Blumen geschmückt ist. Dies ist angeblich die Säule, an die Jesus gefesselt oder gekettet war, als er gegeißelt wurde. Sie wurde

RECHTS: *Blick auf den Altar von Santa Prassede*

im 13. Jahrhundert aus Jerusalem hierher gebracht. Die Kirche ist für ihre wunderbar vergoldete Kapelle San Zeno berühmt, die Papst Paschalis (1164–68) für seine Mutter bauen ließ.

San Lorenzo fuori le Mura

In der San Lorenzo-Basilika, die inmitten des größten öffentlichen Friedhofs Roms, des Campo Verano, liegt, befindet sich eine Kapelle mit zwei Fußabdrücken Jesu. Diese entstanden angeblich, als Petrus vor der Christenverfolgung unter Nero floh und auf der Straße Jesus traf.

»*Quo vadis?*« (»Wohin gehst Du?«), fragte er seinen Herrn.

»Nach Rom«, antwortete Jesus, »um noch einmal gekreuzigt zu werden.« Petrus war beschämt und kehrte zu seinem Martyrium zurück. Die Fußabdrücke befinden sich in einer Basaltplatte der Via Appia.

Die Kirche wurde 330 n. Chr. erbaut, um des Diakons San Lorenzo zu gedenken, der als Märtyrer im 3. Jahrhundert lebendig verbrannt wurde. Sein Vergehen bestand darin, den kirchlichen Würdenträgern einen Haufen armer Leute zu zeigen, als sie ihn aufforderten, ihnen die Schätze seiner Kirche zukommen zu lassen.

OBEN: Vergoldete Verzierungen in der Cappella di San Zeno in Santa Prassede

San Paolo fuori le Mura

In der Kirche über dem Grab des hl. Paulus werden seine Gefängnisketten aufbewahrt, die an seinen Festtagen ausgestellt werden. Das gegenwärtige Gebäude stammt aus dem 19. Jahrhundert. Davor stand an dieser Stelle eine Kirche aus dem 4. Jahrhundert, die auf Anordnung des Kaisers Konstantin gebaut worden war, um die wachsende Menge an Pilgern aufzunehmen. Sie brannte 1823 ab, nachdem Arbeiter heiße Kohlen fallengelassen hatten.

Die heutige Kirche sollte ein genaues Abbild ihrer Vorgängerin werden, die prachtvolle Dekorationen und Mosaike enthielt. In der langen Geschichte des Gebäudes war der Brand übrigens bei weitem nicht die einzige Katastrophe. Mitte des 9. Jahrhunderts wurde die Kirche von Sarazenen geplündert, die mehrere Tonnen Silber- und Goldschätze und einige Gegenstände aus dem Grab des Paulus raubten.

UNTEN: San Paolo fuori le Mura

DER PETERSDOM

DIE GRÖSSTE KIRCHE DER WELT ist das Werk von zehn Architekten und zwanzig Päpsten. Ihre Fertigstellung dauerte 120 Jahre. Die von Konstantin (siehe S. 38–39) 324 begonnene ursprüngliche Basilika bildete den Rahmen für Kaiserkrönungen und wurde von Barbaren geplündert. 846 entweihten Sarazenen sogar das Grab des Petrus. Jahrhundertelange unsystematische Restaurationen konnten den Verfall der Basilika nicht verhindern. 1503 ordnete Papst Julius II. schließlich die Erbauung einer neuen Kirche an.

BRAMANTE UND GUILIANO DA SANGALLO wurden aufgefordert, eine neue Peterskirche zu entwerfen. 1506 begannen dann die Arbeiten nach Bramantes Entwurf, der einen Zentralbau in Form eines griechischen Kreuzes mit einer großen Zentralkuppel, vier Nebenkuppeln und zwei Türmen vorsah. Als Bramante 1514 starb, hatte seine schonungslose Zerstörung der alten Basilika ihm den Spitznamen »Zerstörer« eingetragen. Das unvollendete neue Gebäude wurde zum Gegenstand heftiger Auseinandersetzungen. Dreißig Jahre lang zankten sich die Architekten. Einige wollten ein doppeltürmiges Portal hinzufügen, andere neu mit dem Bau in einer lateinischen Kreuzform beginnen.

1547 bestimmte Papst Paul III. den über siebzigjährigen Michelangelo zum Bauleiter, der Bramantes Plan aufgriff, aber die Kuppel höher machte. Fast zwei Jahrzehnte arbeitete er umsonst an der Peterskirche, bestand allerdings darauf, die alleinige Entscheidungsgewalt über das Projekt zu haben. Als er 1564 starb, waren die Querschiffe, die Apsis und der Unterbau der Kuppel fertig. Giacomo della Porta vollendete die riesige Kuppel und machte sie noch höher, als Michelangelo geplant hatte.

OBEN: Die riesige Kuppel des Petersdoms

1606 beschloß Papst Paul V. schließlich doch, zur lateinischen Kreuzform zurückzukehren, so daß sich erneut alles veränderte. Carlo Maderno sollte seine Wünsche in die Tat umsetzen. Er erweiterte die Kirche und ließ die Fassade errichten. Als Maderno 1629 strab, versuchte sein Nachfolger Bernini, alle vergangenen Entwürfe zu vereinigen. Unter seiner Leitung wurde der Petersdom zum barocken Paradestück mit einer ausgedehnten Fassade, der man sich über den weiten Petersplatz (Piazza San Pietro) nähert.

Der Innenraum

Man betritt den Petersdom durch ein fünftüriges Portal, den erhaltenen Haupteingang der ursprünglichen Basilika. In der Kirche befinden sich 50 Altäre und 450 Statuen. Ihre Ausdehnung wird durch Markierungen im Mittelschiff veranschaulicht, die die Größe anderer berühmter Kirchengebäude anzeigen. In der ersten Kapelle im rechten Flügel ist hinter einer Scheibe Michelangelos wunderbare Pietà zu sehen, die in den 70er Jahren mutwillig beschädigt wurde. Michelangelo signierte die Skulptur auf Mariä Gewand, als Gerüchte umgingen, sie stamme von einem anderen Künstler. Sie ist sein einziges signiertes Werk.

Oberhalb der Kapelle befinden sich Denkmäler der Königin Christina von Schweden, die 1654 abdankte und zum Katholizismus konvertierte, und der Fürstin der Toskana, die erste in der Kirche bestattete Frau.

Eine Bronzestatue des hl. Petrus aus dem 13. Jahrhundert steht am Eingang zur Krypta. Sein rechter Fuß ist durch die Küsse der unzähligen Pilger abgewetzt, die ihrer Verehrung seit 1857 – als Papst Pius IX. dies erstmals für 50 Tage gestattete – auf diese Weise Ausdruck verleihen.

Der Altar über dem Grab des hl. Petrus, an dem nur der Papst die Messe lesen darf, befindet sich unter dem 29 Meter hohen Bronzebaldachin (*baldacchino*) von Bernini, der mit Bienen, dem Emblem der Familie von Papst Urban VIII., den Barberini, verziert ist. Die Gruft wurde an dieser Stelle im 2. Jahrhundert entdeckt, bei Ausgrabungen in den dreißiger und vierziger Jahren des 20. Jahrhunderts fand man ein Skelett ohne Kopf.

Die Apsis wird vom Bischofsstuhl Petri (*Cathedra Petri*) beherrscht. Dieser wurde gebaut, um die Überreste eines vermutlich von Petrus benutzten Thrones aufzunehmen, der in Wirklichkeit aus zwei Stühlen besteht. Es handelt sich dabei um einen hölzernen Stuhl aus dem 3. oder 4. Jahrhundert, der sich in einem Krönungsthron aus Elfenbein aus dem 9. Jahrhundert befindet. Über Berninis Skulptur befinden sich Cherubime und die Taube des Heiligen Geistes, die ihre prächtigen, fast zwei Meter breiten Schwingen ausbreitet.

Am Ostende des linken Seitenschiffes liegt das Grab von Alexander VII., das Bernini in den 70er Jahren des 16. Jahrhunderts schuf. Der Papst kniet vor dem als Skelett dargestellten Tod, der hinter einem herabfallenden Vorhang aus Marmor hervorwinkt und ihn zu sich ruft.

Westlich davon liegt das Grab von Innozenz VIII. Es wurde im 15. Jahrhundert von Antonio del Pollaiuolo entworfen und zeigt den Papst mit einem Gegenstand in der Hand, den einige für ein Fragment der Lanze halten, die Jesus in die Seite gestoßen wurde (siehe S. 36–37).

Genau vor dem Eingang zur Kirche befindet sich ein etwas unpassendes Denkmal für die letzten Überlebenden der schottischen Stuarts. Georg III. von Großbritannien erteilte Canova den Auftrag, dieses Standbild als Tribut an James, Charles und Henry Stuart anzufertigen, obwohl die Nachkommen des entthronten Königs Jakob II. aus der katholischen Dynastie der Stuarts das Recht auf seinen Thron beansprucht hatten.

LINKS: Blick auf das Innere der Kirche vom Hauptschiff aus

UNTEN: Der Hochaltar und Berninis 29 Meter hoher Baldachin. *Die eingeschnitzten Bienen spielen auf die Familie von Papst Urban VIII. an*

Santiago de Compostela

Im Mittelalter war Santiago de Compostela neben Jerusalem und Rom das wichtigste Pilgerziel. Pilger kamen in einen abgelegenen Winkel Nordwestspaniens, um das Grab des hl. Jakob zu verehren.

Gegenüberliegende Seite: Der prächtige Hauptaltar der Kathedrale mit der Statue des Apostels Jakob

Der Legende nach war der Apostel Jakob heute einer von Jesu Jüngern, der tatsächlich mit ihm verwandt war. Er leitete die erste Synode der jungen Kirche in Jerusalem und war damals ein Mann von größerer religiöser Bedeutung als Petrus und sogar als Paulus. Die Einigung zwischen kontroversen Lehren und das Aufstöbern von minimalen Abweichungen beschäftigt heutzutage keinen Pilger mehr, aber für die Gläubigen des Mittelalters bedeuteten sie Speis und Trank, Blut und Feuer, Strafe Gottes und Verurteilung. Die Begräbnisstätte des hl. Jakob mußte ein Ort der Kraft sein, denn dieser Heilige war nicht nur der Bruder des Herrn, sondern auch ein Kirchenvater, der die rettende Wahrheit auslegte und verkündete.

Die Geschichte

Gläubigen zufolge wurde Jakob in Jerusalem enthauptet und sein Leichnam von Engeln an diesen fast unzugänglichen Ort getragen, wo ihn ein Eremit fand, der von einem Stern dorthin geführt worden war. Dort gab es eine bescheidene Steingruft, die vermutlich aus römischer Zeit stammte (der Name Compostela könnte von *compostum* – Grabstätte – abgeleitet worden sein). Bereits im 8. Jahrhundert brüstete sich die kleine Stadt Santiago de Compostela damit, im Besitz der Überreste des Heiligen zu sein.

Ein ortsansässiger Bischof veranlaßte den Bau einer großartigen Kathedrale, um aus dem Grab ein größeres Heiligtum zu machen. Seine Bemühungen waren erfolgreich und 1478 stellte Papst Sixtus IV. den spirituellen Wert der Pilgerreise nach Santiago dem der Wallfahrt nach Jerusalem gleich. Dies hatte vermutlich pragmatische Gründe, denn Jerusalem war durch zahlreiche Kriege und Belagerungen ein schwieriges Pilgerziel geworden, und die Kirche wollte die Ergebenheit der Gläubigen nicht verlieren (von den Einkünften für die Hüter der Reliquien und Heiligtümer ganz zu schweigen).

»Wenn du dich auf Pilgerreise begeben willst und du kennst den Weg nicht, so frage mit folgenden Worten: ›Liebe Leute, ich gehe nach Santiago de Compostela. Welches Stadttor muß ich nehmen? An welcher Biegung muß ich abzweigen, um meinen Weg zu finden?‹
Und sie werden sagen: ›Wenn du rechterhand an eine Brücke kommst, dann überquere sie. Halte dich dann eine Zeitlang links. Der Weg führt dich in eine Gegend, wo du über einer Kirche zwei hohe Kirchtürme sehen wirst. So Gott will, wirst du eine gute Reise haben.‹ Also gehe durch dieses Stadttor…«

Ein Sprachführer in Französisch und Englisch, übersetzt von Caxton (1483)

Oben: Die Jakobsmuschel war ein Symbol für eine erfolgreiche Reise nach Santiago de Compostela

OBEN: *Die Kathedrale von León am Pilgerweg*

UNTEN: *Die Kathedrale von Burgos, südöstlich von León*

Pilgerrouten nach Santiago de Compostela

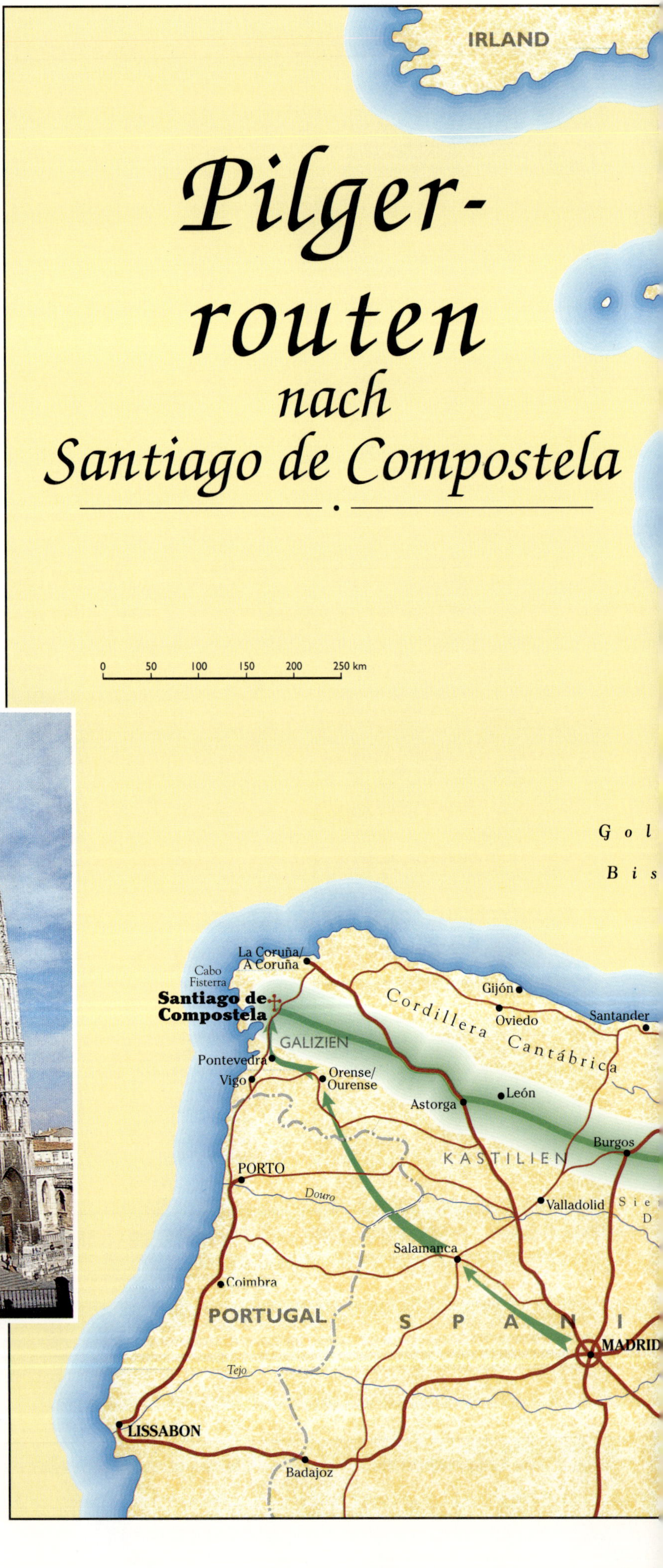

VEREINIGTES KÖNIGREICH
WALES
ENGLAND
BIRMINGHAM
Norwich
Oxford
Cardiff
BRISTOL
LONDON
Southampton
Dover
Plymouth
Portsmouth
Calais
Ärmelkanal
Nordsee
Groningen
HAMBURG
BREMEN
NIEDERLANDE
AMSTERDAM
Utrecht
DEN HAAG
HANNOVER
Arnheim
ROTTERDAM
Bielefeld
Brugge
ESSEN
ANTWERPEN
BRÜSSEL
KÖLN
DEUTSCHLAND
LILLE
BELGIEN
Bonn
Liège
Charleroi
Ardennen
Rhein
Cherbourg
Somme
Amiens
LUXEMBURG
FRANKFURT AM MAIN
Le Havre
Rouen
Caen
Reims
Nürnberg
PARIS
Metz
Seine
Nancy
STUTTGART
Rennes
STRASSBURG
Le Mans
Vogesen
Orléans
Angers
Tours
NANTES
Loire
Basel
Dijon
Zürich
Bourges
Besançon
Poitiers
ÖSTERREICH
Jura
BERN
FRANKREICH
SCHWEIZ
Genfer See
Limoges
Clermont-Ferrand
Genf
ALPEN
LYON
BORDEAUX
Zentralmassiv
St Étienne
MAILAND
Bréscia
Verona
Rocamadour
Grenoble
TURIN
Po
Garonne
Conques
Cahors
Rhône
ITALIEN
GENUA
San Sebastián/ Donostia
Nîmes
Avignon
TOULOUSE
Arles
NIZZA
Montpellier
Roncesvalles
PYRENÄEN
Carcassonne
Pisa
Puente la Reina
Pamplona/ Iruñea
MARSEILLE
NAVARRA
Toulon
Ebro
ANDORRA
Perpignan
ZARAGOZA
Korsika
Ajaccio
BARCELONA
Sardinien
Balearen
VALENCIA

DER HL. JAKOB VON COMPOSTELA

DER HL. JAKOB, FISCHER und Bruder des Johannes, war der erste Apostel Christi, der zum Märtyrer wurde, als ihn König Herodes Agrippa I. im Jahre 44 in Jerusalem hinrichten ließ. Seine Verbindung mit Spanien geht auf das 7. Jahrhundert zurück, als Geschichten darüber in Umlauf kamen, daß er das Land besucht habe, um das Evangelium zu verbreiten. Der Legende nach wurden seine Überreste hierher zurückgebracht und in der Nähe von Compostela beigesetzt, wo man sie 813 entdeckte.

OBWOHL ES KEINE BEWEISE dafür gibt, daß die von einem galizischen Bauern in einem Steinsarg entdeckten Knochen die des Heiligen sind, wurden sie sofort zu heiligen Reliquien erklärt und als solche geborgen. König Alfonso III. ließ an der Fundstelle im frühen 10. Jahrhundert eine Kirche errichten, und Santiago wurde bald darauf ein bekanntes Pilgerziel, das Tausende von Menschen aus ganz Europa anzog. 997 fielen Al Mansur und seine muslimische Armee über die Stadt her und zerstörten die Basilika. Die Gläubigen kamen aber weiterhin zu der heiligen Begräbnisstätte.

Im 11. Jahrhundert war Compostela unter Pilgern genauso angesehen wie Rom und Jerusalem, und wer die mühselige Reise hierher gemacht hatte, trug voller Stolz die Jakobsmuschel, die man als Abzeichen bei der Ankunft erhielt, an seiner Hutkrempe.

1077 wurde beschlossen, daß eine neue und größere Kathedrale notwendig sei, und im Juli des folgenden Jahres begannen die Arbeiten. Santiago war von den zahlreichen Kirchen, die im 11. und 12. Jahrhundert in Spanien errichtet wurden, bei weitem das ehrgeizigste Projekt, dessen Realisierung neue Arbeitsmethoden notwendig machte. Die Person des Baumeisters Bernard der Ältere, der eine Gruppe von 50 Arbeitern mitbrachte, ist nach wie vor rätselhaft. Man nimmt jedoch an, daß er ein aus Frankreich stammender Brückenbauer war. Seine Steinmetze waren eher Bildhauer als Steinhauer und konnten den Stein nach genauen Angaben formen. Der unter dem Namen Robert bekannte

OBEN: *Der Apostel Jakob*

örtliche Architekt assistierte Bernard bei seiner Arbeit. Das gesamte Projekt wurde vom Meister des Domkapitels von Segeredo, Don Wicart und dem Abt Don Gundesindo organisiert. Was wir heute darüber wissen, verdanken wir nur den flüchtigen Anmerkungen im *Liber Sancti Jacobi*, dem von Aimeric Picaud zwischen 1139 und 1173 geschriebenen Pilgerführer für Compostela.

Ein Jahrhundert, nachdem Bernard der Ältere seine Arbeit aufgenommen hatte, mußte die Kathedrale erneut überarbeitet werden. Diesmal wurde die Aufgabe dem spanischen Architekten Meister Mateo übertragen, der zwischen 1168 und 1188 an der Kirche arbeitete. Da im Laufe der Jahrhunderte immer mehr Pilger den langen und anstrengenden Weg zu diesem Heiligtum auf sich nahmen, mußten dem Gebäude immer neue Elemente hinzugefügt werden, um seinem herausragenden Status gerecht zu werden. Im 17. und 18. Jahrhundert bekam die Kirche eine kunstvolle spätbarocke Ummantelung, während ihr Innenraum erhalten blieb.

Die Kathedrale heute

Die bemerkenswerteste der drei Fassaden ist die mächtige, von Fernando Casas y Novoa im Barockstil gestaltete Obradoiro-Fassade. Dahinter befindet sich der aus dem 12. Jahrhundert stammende »Pórtico de la Gloria« von Meister Mateo, ein großartiges frühromanisches Kunstwerk mit üppigem Skulpturenschmuck. Am Ende ihrer Reise berührten Pilger die Mittelsäule. Im Laufe der Zeit entstand so eine flache Vertiefung im Stein. An der Südseite bildet die doppelbögige Puerta de las Platerías (Tor der Goldschmiede) den Eingang zum Querschiff. Sie ist ebenfalls mit feinen Reliefs und Bildhauerarbeiten versehen, die 1117 bei einem von den Bürgern der Stadt gelegten Feuer aus dem Innenraum gerettet wurden.

Die mittelalterliche Anlage des Innenraumes der Kathedrale ist riesig, aber relativ einfach: an den Seiten des Haupt- und Querschiffes befinden sich Seitenaltäre mit geraden Wänden. Die Pilger schreiten zum Hochaltar, wo Stufen zu einer Statue des hl. Jakob aus dem 13. Jahrhundert führen. Die mutmaßlichen Überreste des Heiligen und seiner Anhänger Theodor und Athanasius werden in der darunterliegenden Krypta aufbewahrt. Zu den weiteren Kirchenschätzen gehören Kostbarkeiten von Antonio de Arfe aus dem 16. Jahrhundert in der Reliquienkapelle und die Schmiedeeisenarbeiten der Mondragón-Kapelle.

Bei besonderen Anlässen wird der große silberne Weihrauchkübel (*botafumeiro*) an einem Seil von der Zentralkuppel des Querschiffs herabgelassen und von acht Männern so hin- und hergeschwungen, daß der Weihrauch sich im ganzen Kirchenschiff ausbreitet. Im Jahr 1588 riß angeblich das Seil während einer Zeremonie zur Segnung der Armada von Philipp II. vor ihrem Angriff auf Großbritannien und der Weihrauchbehälter fiel in die anwesende Gemeinde – ein passendes Vorzeichen für das Vorhaben der Flotte, die durch die vereinten Kräfte der englischen Schiffe und eines Sturms vor der Küste der Hebriden zerstört wurde.

LINKS: *Ansicht von Santiago de Compostela*
OBEN RECHTS: *Detail der Kathedrale*
GANZ LINKS: *Pilger aus dem 16. Jh.*

OBEN: Büßergestalten mit verdeckten Gesichtern tragen das Kreuz

RECHTS: Eine mit Kerzen und Blumen geschmückte Statue der hl. Jungfrau Maria wird von Büßergestalten in die Kirche von Santiago getragen

Trotzdem waren die verschiedenen Wege nach Compostela strapaziös. Die Straßen waren häufig nur Pfade und die Fußmärsche furchterregend. In den Wäldern und an den Pässen lauerten Straßenräuber, in den Dörfern und Städten Halsabschneider. Gasthofbesitzer waren habgierig, und fast jeder war auf Profit aus: Markthändler, Fährleute und Zöllner, die Wucherpreise für eine Brückenüberquerung verlangten. Wenn die Pilger endlich ankamen, warteten Fremdenführer, Gebühren und

Opfergaben auf sie. Viel Engagement und Entschlossenheit waren nötig, um die Reise überhaupt zu unternehmen. Mit der Zeit wurde der von Dantes Ausdruck des »einzig wahren Pilgers« – ursprünglich zur Beschreibung der »Reise durch die Tage dieses Lebens« geprägt – nur noch für jene verwendet, die die große Pilgerreise nach Santiago de Compostela gemacht hatten.

Die Wallfahrt war ein lukratives Geschäft und erstaunlich gut organisiert: Es gab Gasthäuser und Herbergen am Weg, »offizielle« Führer, Priester, käuflich zu erwerbende Landkarten und einen von den Mönchen von Cluny veröffentlichten Reiseführer für die Pilger (mit Warnungen vor Dieben und Halsabschneidern). Sogar einen Sprachführer in Französisch und Englisch gab es, der 1483 von Caxton übersetzt und gedruckt worden war.

Im Laufe der Jahre etablierten sich allmählich vier Hauptpilgerrouten durch Frankreich nach Roncevaux in den Pyrenäen, von denen einige einen Umweg machten, um neue Wanderer mitzunehmen und gefährlichere Regionen zu vermeiden.

Pilger aus England segelten von den kleinen Häfen aus an der Ost- und Südküste entlang und hielten entweder auf die Mündung der Somme zu, von wo aus sie bis Amiens und Paris gelangten, oder aber auf Le Havre und Rouen und von dort aus auf Paris. Hier schlossen sie sich den Pilgern aus Reims an, die aus Deutschland gekommen waren.

Von Paris aus zogen sie gen Süden nach Orléans und Tours. Dort stießen andere Pilger aus Nordwestfrankreich zu ihnen.

Von Tours aus gingen sie weiter nach Süden bis Poitiers und Limoges, wo sich die Reisenden aus Bourges anschlossen. Die Route ging anschließend nach Conques und weiter nach Rocamadour und nach Cahors.

Der südlichste Ausgangspunkt war Lyon, von wo aus die Route im Rhônetal nach Avignon und Arles und weiter nach Toulouse, dem Tor zu den Pyrenäen, führte. In Navarra stießen weitere Pilger an der gewölbten Brücke, dem berühmten Puente la Reina, zu ihnen.

Auf der ganzen Strecke konnten Pilger Reliquien wie erhaltene Leichenteile und Knochen bewundern, denn fast jede kleine Stadt hatte ihre eigene Heiligen- oder Wunderstatue: einen Teil des Kopfes von Johannes dem Täufer oder des Leichnams der Maria Magdalena oder ähnliches.

Schließlich erreichten die Pilger Spanien und wendeten sich nach Westen.

Andere Routen nach Compostela führten aus Norditalien über Mailand und Turin nach Avignon, Montpellier und Carcassone. Sie folgten den Höhenzügen der Pyrenäen durch Nordspanien nach Pamplona und erreichten jenseits der Sierra de la Demanda Burgos und Astorga. Andere kamen aus Zaragoza, Madrid, Salamanca, Ourense und Ponte-

OBEN: Pilger vor der Kathedrale in Santiago
UNTEN LINKS: Schwarzgekleidete Gläubige kommen zum Gottesdienst

IM 12. JAHRHUNDERT beschrieb der französische Mönch Aimeric Picaud die Pilgerrouten von Frankreich nach Santiago de Compostela in einem der ersten Reiseführer der Welt.

RECHTS: Zwei verschiedene Darstellungen von Maria und Josef: eine bildhauerische Arbeit in der Kathedrale und die Kreuzabnahme Jesu

OBEN: Anschlag der Zeiten der Pilgermessen an der Kathedrale

vedra. Alle gingen weiter, bis sie in der Ferne die Türme der Kathedrale erkennen konnten.

Diese Scharen von Pilgern brachten enormen Reichtum in eine Gegend, die bis dato völlig trostlos gewesen war. Siedlungen, die ursprünglich kaum mehr als verarmte Kleinstädte waren, konnten bald großartige Kathedralen und riesige Klosteranlagen bauen. Der krönende Höhepunkt war die Kathedrale des hl. Jakob in Santiago de Compostela mit ihren gewaltigen Türmen.

Im späten 16. Jahrhundert änderte sich alles. Der Krieg zwischen England und Spanien, die Niederlage der spanischen Armada im Jahr 1588 und der Angriff von Sir Francis Drake auf La Coruña, das nur wenige Kilometer entfernt jenseits der Berge lag, sorgten dafür, daß das Heiligtum fast in Vergessenheit geriet. Die Reliquien des hl. Jakob wurden versteckt, um sie nicht in die Hände der protestantischen Ketzer fallen zu lassen, und gingen dann verloren. Sie wurden erst 300 Jahre später wiedergefunden. Durch die Kirche ermuntert, kamen schließlich wieder Pilger hierher, wenn auch in geringerer Zahl als zuvor.

Compostela heute

Am Ende des Zweiten Weltkriegs erlebte diese alte Pilgerreise ein Comeback, allerdings mit einem Unterschied: Sie hat nicht mehr viel mit der Verehrung von vertrockneten Knochen, sondern mehr mit dem Leben zu tun. Der Sinn der Reise ist nicht mehr nur das Ziel, sondern auch das, was die Pilger unterwegs erleben: all jenes, was sie über sich selbst und die gemeinsamen Motive erfahren sowie die Tatsache, daß sie mit Fremden sprechen und Brüder und Schwestern werden.

Santiago ist eine archetypische Pilgerreise und wer sie macht schließt sich allen anderen an, die sie vor ihm unternommen haben. Im Mittelalter brachten die Pilger Palmenzweige aus Jerusalem mit, um zu zeigen, daß sie dort waren. Aus Santiago brachte man eine Jakobsmuschel mit. Heutzutage tragen die Pilger Abzeichen, um zu zeigen, wer sie sind, woher sie kommen, was sie glauben und wo sie bereits überall gewesen waren.

Diejenigen, die es sehr ernst meinen, starten in Paris oder an einem der anderen traditionellen Orte in Frankreich. Allerdings sind sie heute mit Wanderschuhen, Stöcken und genauen Karten der spanischen Tourismusbehörden ausgerüstet. Sie wissen genau, wo sie unterwegs ihr Pilgerbuch stempeln lassen müssen, um zu beweisen, daß sie tatsächlich zu Fuß gegangen sind. Nur dann erhalten sie bei der Ankunft ein Zertifikat.

Diese modernen Pilger sind aus völlig verschiedenen Gründen in ihrem eigenen Tempo unterwegs. Jeder steuert auf sein besonderes Santiago de Compostela zu. Manche betrachten sich als fahrende Gelehrte mit Lehrbuch im Rucksack,

GEGENÜBERLIEGENDE SEITE: Die hochragende Fassade der Kathedrale

RECHTS: Eine Reihe glänzender Souvenirs

manche als wandernde Sänger mit einer von Abzeichen bedeckten Gitarre. Sie zockeln in einer langen Reihe hintereinander her und durchwandern den blühenden Stechginster. In den Bergen ist vielleicht ein Donnergrollen zu hören, Habichte kreisen am Himmel und die Straße schimmert vor ihnen. Manchmal werden sie von Lastwagen überholt, auf denen französische, deutsche oder italienische Fernsehteams mit Kameras und Mikrophonen an langen Stangen sitzen, die einen brandneuen Dokumentarfilm über Pilger drehen. Die Reisenden kommen an Bruchsteinmauern, rotem Heidekraut, wilden Blumen und den gelben Plastikscherben vorüber, die an Kreuzungen in die Hecken gebunden werden, um den Weg anzuzeigen. Sie übernachten in Herbergen am Weg und werden je nach örtlichem Angebot mit Krabben und Garnelen, Steak und Pommes frites, Suppe oder Brot und Wein verköstigt.

Schließlich tauchen die Türme von Santiago de Compostela auf, das nun leider nur über eine vielbefahrene Landstraße zu erreichen ist. Die Pilger des Mittelalters näherten sich der Kathedrale durch den Porto do Camiño und über die Calle Azbacherìa. Heute folgt der Weg der Rúa Nueva und der Hauptstraße, Rúa del Villar mit ihren Geschäften und Arkaden oder aber der Calle del Franco, die an Restaurants vorbei zu dem aus der Renaissance stammenden Palacio de Fonseca führt, der im Besitz

RECHTS: Der kompliziert gearbeitete Pórtico de la Gloria

der Universität ist und jetzt als Vorlesungsgebäude genutzt wird.

Die Kathedrale mit ihrer beeindruckenden Barockfassade und den beiden Türmen befindet sich an der Plaza del Obradoiro. Hinter dieser kunstvollen Fassade blieb ein großer Teil der ursprünglich aus dem 12. Jahrhundert stammenden Kathedrale erhalten. In einem der Kathedrale angeschlossenen Museum werden alte Teppiche ausgestellt.

Der Pórtico de la Gloria von 1168 zeigt Christus, den hl. Jakob und Hunderte anderer Figuren, darunter auch solche, die in der Hölle leiden müssen. Die Pilger legen ihre Hände auf die Mittelsäule, während sie den Kopf an dem des Bildhauers Meister Mateo reiben, der hier ebenfalls in Stein abgebildet ist. Abgewetzt durch unzählige Fingerabdrücke, bezeugt die Säule diese Ehrerbietung.

Der liturgisch wichtigste Tag ist der 24. Juli, der Festtag des hl. Jakob. Die beste Ankunftszeit ist bereits am Vorabend, wenn die Messe am Hochaltar in der Kathedrale gefeiert wird. Manche Pilger verleihen ihrer Hochachtung für den hl. Jakob Ausdruck, indem sie bei ihrer Ankunft sofort zum Hochaltar durchgehen, in dem hoheitsvoll seine großartige mit Diamanten besetzte Statue thront. Die Pilger erklimmen die Treppen hinter ihm auf Knien und versuchen, die Statue zu umarmen. Nach der Messe brechen sie in der Regel auf, um irgendwo etwas zu essen. Gegen 23.30 Uhr findet auf der Plaza del Obradoiro ein prächtiges Feuerwerk statt.

Zum krönenden Abschluß des Pilgererlebnisses fahren viele Reisende am nächsten Morgen mit dem Bus die wenigen Kilometer zum Kap Finisterre und weiter nach Westen zu jener Stelle, die schon von den Römern *Finis Terrae* – Ende der Welt – genannt wurde. Dort steigen sie vom Dorf aus den Hügel hinauf zum Atlantik, wo sie nichts mehr vor sich haben außer Salzwasser und Amerika.

NEAPEL

Die Verflüssigung des Blutes des hl. Januarius wurde im 16. Jahrhundert vom hl. Aloysius beschrieben: »Die zuvor feste, dunkelbraune Masse wurde für einen Zeitraum von etwa 25 Minuten vollkommen flüssig und gleichzeitig rubinrot wie frisches Blut.«

DIE GESCHICHTE des hl. Januarius, des Schutzpatrons von Neapel, geht zurück auf die frühen Jahre des 4. Jahrhunderts. Zum ersten Mal wurde sie Mitte des 6. Jahrhunderts überliefert. Als junger Mann konvertierte Januarius zum Christentum und wurde schließlich Bischof. Angeblich geriet er mit dem Gouverneur von Kampanien in Konflikt und wurde in der Arena von Pozzuoli wilden Tieren vorgeworfen. Da jedoch keines der Tiere eine Pranke gegen ihn erhob, wurde er schließlich enthauptet.

Ein Jahrhundert später exhumierten Christen seinen Leichnam und entdeckten erstaunt, daß er nicht verwest war und sein geronnenes Blut wieder zu fließen begann (obwohl über dieses Phänomen erst fast tausend Jahre später berichtet wurde). Vorsichtig füllten sie soviel Blut wie möglich in kleine Glasflaschen und brachten diese und den Leichnam zur Aufbewahrung in eine kleine Kirche.

Während der Kriege mit den Franzosen wurde aus Sicherheitsgründen alles aus der Kirche entfernt. Im Jahre 1294 ordneten die kirchlichen Herrscher von Neapel schließlich den Bau einer großen Kathedrale an, die diesem Märtyrer und Heiligen gewidmet sein sollte, der lange Zeit als Beschützer der Stadt betrachtet wurde.

Zwei Jahrhunderte später wurden der Leichnam von Januarius und die Glasfläschchen mit seinem Blut in einem Triumphzug in einen Schrein in der Kathedrale gebracht, wo sie bis heute von den Gläubigen verehrt werden.

Das Heiligtum heute

Der Leichnam des Heiligen befindet sich heute in der Krypta, während sein Kopf, der im Nacken abgetrennt worden war, in einer vergoldeten Silberbüste im Tabernakel hinter dem Hauptaltar einer prächtigen Kapelle aufbewahrt wird. Die beiden Glasphiolen mit seinem Blut – eine größere, die fast voll ist und eine fast leere – stehen an den Seiten.

Der Eingang zu dieser Kapelle ist durch ein riesiges Gitter aus vergoldeter Bronze abgesperrt und eine Balustrade soll den Altar mit dem Blut schützen.

Mehrere Male pro Jahr verflüssigt sich das geronnene Blut des Heiligen als Zeichen dafür, daß er der Stadt nach wie vor wohlgesonnen ist.

Einige Gläubige sind überzeugt, daß die Geschwindigkeit, mit der sich das Blut verflüssigt, anzeigt, wieviel Wohlstand der heilige Januarius Neapel gewähren wird. Ab und zu, besonders bei verschiedenen Jahrestagen im Mai, September und November, versammeln sich große Menschenmengen in und um die Kathedrale. Der Kopf des Heiligen wird zum Gedenken auf dem Altar ausgestellt, die Menschen beten und der Erzbischof schüttelt die größere der beiden Phiolen, um sie schließlich in die Nähe des Kopfes zu bringen. Wenn alles gut geht, wird die dunkle Flüssigkeit rot und manchmal schaumig. Der Erzbischof wendet sich dann an die Gemeinde und verkündet: »Das Wunder hat stattgefunden!« Die Menschen singen und schwenken Tausende von Taschentüchern in der Luft.

RECHTS: Die Piazza del Plebiscito

Der Jesuitenpater Herbert Thurston, der als Gelehrter auch ernsthafte Zweifel an der Echtheit des Turiner Grabtuches (siehe Seite 40–41) hegte, führte eine »gründliche Untersuchung« aller verfügbaren Beweise durch und weigerte sich, an die Echtheit des Blutes zu glauben. Er mußte jedoch eine verwirrende Tatsache zugeben: »Wenn überhaupt, wurden bisher nur sehr wenig sogenannte Wunder so sorgfältig, so oft und von Menschen mit so verschiedenen Meinungen untersucht... und es kann mit Sicherheit bestätigt werden, daß keiner der Experten, wie rationalistisch er auch sein mag, heute bestreitet, daß das, was gesagt wird, tatsächlich stattfindet.« (*Die Katholische Enzyklopädie*, 1909)

In Wirklichkeit wurde das Blut des hl. Januarius nie richtig untersucht. 1972 stimmte der damalige Erzbischof unter dem Druck der Öffentlichkeit einer »wissenschaftlichen Untersuchung« zu. Ein Anatomiedozent, der verschiedene Abhandlungen zur Verteidigung des Wunders veröffentlicht hatte, sollte einen Hämatologen, einen Psychologen und einen Parapsychologen zusammenarbeiten lassen. Aber die Phiolen ließen sich nicht öffnen. Letztlich konnten die Experten die Substanz nur durch das dicke antike Kristall betrachten. Mangelnde wissenschaftliche Beweise für die Echtheit des Blutes stören indessen die Neapolitaner nicht. Hier geht es nicht um Wissenschaft, sondern um Glauben, und die verschiedenen Wallfahrten anläßlich der Verflüssigung des Blutes sind willkommene Gelegenheiten, alles mögliche zu feiern.

Die Kathedrale im alten Stadtzentrum ist zweifellos ein Meisterwerk der französischen Gotik, während die prunkvollen Bronzetüren, der üppige Marmor, die Gold- und Silberverzierungen und die Altarausstattung in der aufwendig gestalteten Krypta typisch für die italienische Renaissance sind.

UNTEN: Die Kapelle San Gennaro von Gigante Giacinto (1806–76)

Das moderne Neapel

Neapel ist eine extravagante und schöne Stadt, in der Religion allgegenwärtig ist. Bei einem Spaziergang durch die Straßen stößt man fast an jeder Ecke auf kleine, durch Glasscheiben gesicherte und mit Kerzen beleuchtete Schreine. Sogar Prostituierte bekreuzigen sich hier, wenn sie in den Wagen der Freier steigen. »Religion«, sagt ein Franziskaner aus Neapel, »ist hier das ganze Leben – und nicht etwas, was man sich für den Sonntag aufhebt«.

ASSISI

Einer der bekanntesten und beliebtesten Heiligen, Franz von Assisi, gewann eine große öffentliche Anhängerschaft und den Segen des Papstes für seine Bemühungen, dem christlichen Leben Einfachheit und Demut zurückzugeben.

SEIT DER HEILIGE FRANZISKUS 1860 bekannter wurde, zog der Geburtsort des asketischen »kleinen Bruders«, der zugleich das Zentrum seines religiösen Ordens war, zahlreiche Pilger beider christlicher Konfessionen an.

Die Geschichte

Franziskus wurde 1181 als Giovanni di Bernardone geboren. Er war der jüngste Sohn eines wohlhabenden Textilhändlers und, glaubt man seinen eigenen Worten, »unwissend und ungebildet«. Die meiste Zeit seiner Jugend verbrachte Franziskus in der Begleitung von leichtsinnigen und genußsüchtigen Nichtsnutzen.

Eines Morgens im Februar, zu Beginn des 13. Jahrhunderts, wohnte Franziskus einer Messe bei, in deren Verlauf der Priester folgende Sätze vorlas, die Jesus zu seinen Jüngern gesprochen hatte: »Gehet aber, und predigt und sprecht: Das Himmelreich ist nahe herbeigekommen. (...) Ihr sollt nicht Gold, noch Silber, noch Erz in euren Gürteln haben. Auch keine Tasche zur Wegfahrt, auch nicht zwei Röcke, keine Schuhe, auch keinen Stecken.« (Matthäus X)

Franziskus nahm sich diese Worte zu Herzen. Er zog seine Kleider aus und stand nackt vor seinem Gott. Unmittelbar danach entstand sein Barfüßerorden, dessen Mitglieder allen weltlichen Besitz zurückließen und Männer und Frauen zu Gott und Rechtschaffenheit bekehren wollten.

Sogar die Apologeten der römisch-katholischen Kirche geben zu, daß die Kirche korrupt, reich, dogmatisch und in unverständliche Lehren verstrickt war. Sie verfügte über große politische Macht, und ihre Hände waren durch das Ein- und Absetzen von Königen und Kaisern blutig. Mit der Vormachtstellung von Papst Innozenz (1198–1216) erreichte die weltliche Macht der Kirche ihren Höhepunkt. Der eifrige Kunstsammler hatte mehrere Kinder gezeugt, die als »Neffen und Nichten« legitimiert wurden, und einen Großteil seiner Energie darauf verwendet, die kulinarischen und künstlerischen Leistungen seiner Zeit zur Vollendung zu bringen.

Viele Gläubige waren enttäuscht und bereit, den nächstbesten neuen »Heilsbringer« zu unterstützen – obwohl Franz von Assisi eine ungeeignete Galionsfigur für den leidenschaftlichen Kampf gegen kirchliche Autoritäten war. Tatsächlich hatte er keinerlei Intention, sich der Kirche entgegenzustellen, und bestand sogar auf Gehorsam gegenüber dem Papst. Diese Haltung ermöglichte es dem Papst, dem Franziskanerorden seinen Segen zu erteilen und diese möglicherweise bedrohliche Alternative zur herrschenden Religion im Schoß der Kirche zu bewahren.

Franziskus war ein kleiner, dunkelhäutiger Mann mit Bartstoppeln und Augen, die an schwarze Oliven erinnerten. Er war schmutzig, ungepflegt und ausgezehrt (obwohl er in Hagiographien als der sanfteste und liebenswürdigste aller christlichen Heiligen dargestellt wird und es darüber hinaus

OBEN: Der hl. Franziskus predigt zu den Vögeln. Glasfenster von 1920 in der Kirche von Selborne, England

OBEN: *Die prächtige Kirche von Assisi, die dem hl. Franziskus geweiht ist*

heißt, daß überall, wo der »kleine Arme« – so sein Spitzname – den Fuß hinsetzte, kleine Blumen wuchsen). Er war ein Mann, der viel Charme und Ausstrahlung hatte und große Zuneigung und Loyalität fand – sowohl unter seinen Anhängern, den »kleinen Brüdern«, als auch unter den Bewohnern der Orte, in die er seine Botschaft trug. Er unterbrach seine Mission in den Städten regelmäßig, um in seiner Einsiedelei zu meditieren.

Seiner starken Persönlichkeit ist es zu verdanken, daß er sogar in der von Bruder Bonaventura 35 Jahre nach seinem Tod »gehorsam« verfaßten, sehr wohlwollenden Biographie als ein Mann aus Fleisch und Blut erkennbar wird, der nicht nur mit der Kirche haderte, sondern auch den Kampf zwischen geistlichen Forderungen und fleischlichen Sünden aus eigener Erfahrung kannte.

Zerrissen vom widersprüchlichen Streben der Seele und des Körpers, zwang er sich dazu, den Leib zu kasteien: er aß »nur sehr wenig und wenn, dann die armseligste Nahrung«, auf die er auch noch Asche streute, um ihren Geschmack zu zerstören. Er trank kaum, »auch wenn er furchtbaren Durst hatte« (*Die kleinen Blumen des heiligen Franz*, Bonaventura).

OBEN: Die Gewölbe der unteren Kirche in der Basilica di San Francesco

Nachdem er sich aller materiellen Güter entledigt hatte, suchte er nach Möglichkeiten noch größerer Abstinenz. »Meist diente ihm der nackte Boden als Unterlage für seinen erschöpften Körper; oft schlief er im Sitzen oder mit einem Holzklotz oder Stein unter dem Kopf.« Im Winter warf er sich in den Schnee »um den Feind in sich zu bändigen und das Feuer der Begierde unter dem weißen Kleid der Keuschheit zu ersticken«.

Wenn er fürchtete, den Versuchungen des Fleisches zu erliegen, geißelte er sich mit einem verknoteten Seil, nur um sich danach in einen Dornenbusch zu stürzen, als Strafe für den Genuß an der Peitsche.

Franziskus sagte: »Wer es wagt, zu einer Frau zu sprechen, kann schädlichen Einfluß so wenig verhindern, als er auf brennenden Kohlen gehen kann, ohne sich die Füße zu verbrennen.«

Dennoch gehörte zu seinem Orden eine »kleine Schwester«, die heilige Klara. Angeblich mußte sie ihn sofort aufsuchen, nachdem sie von ihm gehört hatte, und ihm ihr Herz ausschütten. Er bedachte sie mit vielen heiligen Worten und ermahnte sie, sich vor allem mit dem Herzen und dem Körper von der Welt abzuwenden. Er forderte sie auf, ihre Freude am Palmsonntag in Tränen und Leid zu verwandeln, um durch die Klage über die Leidensgeschichte Christi als Jungfrau in den Himmel aufgenommen zu werden.

Also trat Klara vor den Altar der hl. Jungfrau Maria, wo man ihr das Haar abschnitt und sie zur Braut Jesu machte. Sie lebte bis an ihr Lebensende mit ihren Begleiterinnen in heiliger Armut, ernährte sich einfach und kleidete sich in einen armseligen Mantel. Sie trug immer ein verknotetes Seil aus Roßhaar auf der bloßen Haut. Als Kissen diente ihr ein Klotz oder ein großer Stein und sie schlief auf dem nackten Boden.

Am 14. September 1224, dem Tag des Kreuzes Christi, begann Franziskus vor der Dämmerung über die Passion Christi zu meditieren und seine Inbrunst wurde so groß, daß er sich »durch Liebe und Mitleid vollständig in Jesus verwandelte«. Nach einer langen Zeit des stillen Gesprächs erschienen auf seinem Körper die Wundmale als Zeichen des Leidens Christi: die Stigmata. Sie verschwanden nie wieder und bereiteten ihm viel Schmerz und Leid.

UNTEN: Die heilige Klara und ihr Leben. Darstellung in der Kirche Santa Chiara, die über ihrem Grab errichtet wurde

OBEN: *Blick auf die Altstadt von Assisi*

GEGENÜBERLIEGENDE SEITE: *Porziuncola, das einfache Haus des Franziskus, befindet sich heute in der Kirche Santa Maria degli Angeli und ist reich verziert*

UNTEN: *In ganz Assisi finden sich Anspielungen auf den hl. Franziskus*

Als er 1226 spürte, daß er sterben würde, bat er darum, nackt auf die Erde gelegt zu werden. Seine Anhänger ließen ihn so zurück. Er war sehr ruhig und gelassen und blickte auf zum Himmel. Er starb an einem Sonntag und während er starb, setzte sich ein »großer Schwarm Lerchen auf das Dach der Hütte, vor der er lag. Als die Vögel sich in den Himmel erhoben, kreisten sie über ihm und priesen in lieblichem Gesang den Herrn«.

Assisi heute

Die umbrische Landschaft ist heiter, und die kleine Stadt, die sich an die Hänge des Monte Subiaso schmiegt, sieht ein wenig aus wie eine Wandmalerei. Assisi bemüht sich, seiner Geschichte als Hintergrund des Lebens des hl. Franziskus gerecht zu werden. Seit seiner Geburt hat sich hier nicht viel verändert, und so konnte sich sein Kult bewahren. Schmale, gewundene Straßen aus Kopfsteinpflaster, an denen die malerischen alten Häuserreihen kleben, führen von der Unterstadt zu den verschiedenen Gedenkstätten.

Reiseführer erwähnen das korinthische Portal des Minervatempels als Beweis für die Existenz der Stadt zur Römerzeit und verweisen auf die Kathedrale und die große, im 14. Jahrhundert von Kardinal Albornoz auf dem Hügelkamm erbaute Festung als Beleg für die Bedeutung der Stadt im Mittelalter. Auch abgesehen von der Verbindung mit Franziskus findet sich Assisi gemeinsam mit anderen Orten der Gegend als sehenswertes Touristenziel in jedem Reiseführer. Franziskus hat diese heilige Erde geprägt, indem er von allen Christen, deren Leben so gut dokumentiert ist wie seines, im Rahmen der theologischen Konvention seiner Zeit den Idealen seines Herrn offenbar am meisten entsprach.

Mit seinen eigenen Händen baute Franziskus sich ein kleines Steinhaus, dem er den Namen Porziuncola, »kleiner Teil«, gab. Hierhin konnte er sich von der Welt zurückziehen, hier konnte er allein sein, um zu beten, zu meditieren und kontemplative Vereinigung mit Gott zu erleben. An diesem Rückzugsort starb er schließlich auch. Nach seinem Tode ließ der Papst dort die Kirche Santa Maria degli Angeli errichten. Damit unternahm er den Versuch, einen Ort zu heiligen, der bereits heiliger war als alles, was die Steinmetze mit ihren Händen erschaffen konnten. Kritiker des päpstlichen Bauvorhabens nannten dieses Unterfangen »arrogant«, »unsensibel«, »protzig« und »beinahe blasphemisch anmaßend«.

Dennoch ist die Schönheit der Fresken von Giotto über jeden Zweifel erhaben. Die herrlichen Bilder entstanden gegen Ende des 13. Jahrhunderts. Eines von ihnen zeigt die Begegnung zwischen Franziskus und seinen Anhängern und dem mächtigen Papst Innozenz III. In den Augen vieler Menschen stellen diese großartigen Kunstwerke einen angemessenen Tribut für das Leben des hl. Franziskus dar.

Um die Präsenz des »kleinen Bruders« zu spüren, reicht es schon, sich in Assisi nur aufzuhalten: An diesem Ort lebte Franziskus, und dies sind die Plätze, die er liebte. Im Kreuzgang des Klosters, das in seinem Namen errichtet wurde, befindet sich der Rosengarten, »Roseto«, wo er sich in seinem sinnlosen Kampf gegen das Fleisch in die Rosendornen stürzte. Hier haben die Rosen angeblich aus Mitleid mit ihm die Dornen abgeworfen und sollen deshalb heute noch dornenlos sein.

In der Krypta ihrer Kirche Santa Chiara befindet sich in einem Glassarkophag der bis heute unverweste Leichnam von Franziskus' ergebener Schülerin Klara, die immer frische Blumen in ihren Händen hält. Daneben kann man ihre Unterbekleidung und einige der blonden Locken, die ihr Franziskus abschnitt, als sie die »Braut Jesu« wurde, in Augenschein nehmen. Auch das abgetragene Gewand von Franziskus selbst kann hier besichtigt werden.

Die Schwestern des von der hl. Klara mitbegründeten Ordens, die Klarissinnen, verkaufen hier einfache Gebetskarten mit gepreßten Blumen von den Feldern rund um Assisi.

KÖLN

GEGENÜBERLIEGENDE SEITE: Büsten der Jungfrauen, die auf fein gearbeiteten Simsen in der Kirche der hl. Ursula ausgestellt werden

KÖLN IST EINE großartige, schöne Stadt mit einem Dom, der als eine der wichtigsten gotischen Kirchen in Europa gilt. Mit seinem Bau wurde im 13. Jahrhundert begonnen und er dauerte bis ins 19. Jahrhundert, also etwa 600 Jahre. Man folgte bis zum Schluß den Plänen der mittelalterlichen Architekten. Er besitzt zwei imposante Kirchtürme, feinziseliertes Mauerwerk, ein beeindruckendes Altarbild aus dem 15. Jahrhundert und den goldenen Schrein der Heiligen Drei Könige, die letzte Ruhestätte der gekrönten Leichname der Drei Könige, die dem neugeborenen Jesuskind ihre Gaben – Gold, Weihrauch und Myhrre – darbrachten.

Obwohl im Zweiten Weltkrieg das Stadtzentrum und zwölf Kirchengebäude zerstört wurden, ist Köln eine Stadt der Kirchen geblieben. Die meisten Pilger kommen hierher, um die Kirche der hl. Ursula zu besuchen und die Knochen dieser Heiligen und ihrer Gefährtinnen anzubeten.

UNTEN: Außenansicht der Kirche der hl. Ursula

Die Geschichte

Es gibt verschiedene Versionen der Geschichte der Ursula, die alle aus der Zeit zwischen dem 3. und dem Ende des 5. Jahrhunderts stammen. Sie war vielleicht die Tochter eines frühen britannischen Königs, in einigen Berichten war sie auch selbst Königin und wollte mit elf Begleiterinnen an die bretonische Küste segeln, um eine neue Kolonie zu gründen. Das Schiff geriet aber in einen Sturm und erlitt an einem unbekannten Küstenabschnitt Schiffbruch. Die Frauen wurden von Barbaren vergewaltigt und ermordet. Andere Versionen berichten, daß Ursula einem bösartigen Tyrannen versprochen war, der damit gedroht hatte, die Ländereien ihres Vaters zu zerstören, wenn sie nicht in die Eheschließung einwillige. Ursula erbat sich einen Aufschub von drei Jahren, um in Begleitung von elf Segelschiffen und elf Jungfrauen, von denen jede wiederum je tausend Jungfrauen bei sich hatte, zur See zu fahren. Ein Sturm führte sie in die Rheinmündung, von wo aus sie dem Flußlauf nach Köln und Basel folgten. Dort gingen sie angeblich an Land und überquerten zu Fuß die Alpen, um als Pilgerinnen den Papst in Rom aufzusuchen. Auf dem Rückweg wurden sie von Hunnen ermordet.

Die Leichen von Ursula und ihren Gefährtinnen wurden eingesammelt und auf einem römischen Friedhof in Köln beigesetzt. Im 12. Jahrhundert exhumierte man die Überreste und brachte sie in die außergewöhnliche Kirche, die speziell zu diesem Zweck gebaut worden war.

Das Heiligtum

Da das religiös motivierte Zölibat im Mittelalter sehr geachtet war und die hl. Ursula große Popularität genoß, waren Reliquien von ihr sehr

OBEN: *Knochen der Jungfrauen; in kompliziert Mustern sorgfältig angeordnet*
OBEN RECHTS: *Ursula mit dem Schiff, mit dem sie in ihr Martyrium fuhr*

RECHTS: *Der Schädel der hl. Ursula in seinem prächtigen Reliquienschrein*

gefragt. Hinter dem Hochaltar der Kirche der hl. Ursula in Köln werden in einem edelsteinbesetzten Schrein die noch vorhandenen Überreste der Heiligen aufbewahrt. Zu beiden Seiten des Schreins befinden sich hohle Büsten zweier ihrer Gefährtinnen, durch die man auf die auf roten Samt gebetteten Knochen sehen kann. Von weiter oben blicken noch weitere Büsten auf den Besucher herab.

Die Goldene Kammer ist eine rechteckige Kapelle, die kunstvoll mit mehr Büsten, Knochen und Gold ausgeschmückt ist, als man vermutlich irgendwo sonst an einem einzigen Ort sehen kann. Auf verschiedenen Simsen befinden sich Büsten mit einem Deckel, den man öffnen kann, so daß der Betrachter einen Blick auf die darin aufbewahrten Schädel erhascht. In Glasschränken sind Schädel sorgfältig auf bestickten roten Stoff drapiert, zur Schau gestellt. Die Wände des Raumes sind in seltsamen und einfallsreichen Mustern mit Abertausenden von Knochen dekoriert.

Unter dem Altar befinden sich noch mehr Büsten, während dahinter, in einem Reliquienschrein aus Glas, der überraschend kleine Schädel der hl. Ursula selbst zu sehen ist. Hierher kommen die Frommen, um voller Anerkennung vor dieser geheimnisvollen Märtyrerin zu knien.

IRISCHE HEILIGTÜMER

IRLAND IST EIN LAND mit einem intensiven religiösen Leben und einer langen Geschichte von Konfessionskonflikten. Die Anzahl der verehrten Heiligen ist verwirrend groß; Altäre und Kerzen am Straßenrand und in Häusern sind ein normaler Anblick. Einige der irischen Heiligen sind über ihre Heimat hinaus bekannt. Der im Jahr 521 in Donegal geborene hl. Kolumban verließ sein Land 563, um das Wort Gottes auf den schottischen Inseln zu verbreiten (siehe S. 122–124). Der Heilige und Seefahrer Brendan von Birr segelte auf der Suche nach dem Paradies im 6. Jahrhundert über den Atlantik und brachte die christliche Botschaft nach Westirland. Er gründete in Clonfert, in der Grafschaft Galway, ein Kloster. Der populärste Heilige ist aber sicherlich der heilige Patrick, der Schutzpatron Irlands.

Der heilige Patrick

Der im Jahr 385 geborene Patrick war Sohn eines römischen Beamten, der in Großbritannien stationiert war und in der Nähe der Mündung des Flusses Severn lebte. Mit 15 oder 16 Jahren wurde er von irischen Piraten entführt und nach Irland verschleppt, wo er sich mit einheimischen Kindern anfreundete und Gälisch lernte. Er wurde als Sklave an einen irischen Stammeshäuptling verkauft und arbeitete sechs Jahre als Schäfer auf dem Slemish Mountain in der Grafschaft Antrim.

Während seiner Gefangenschaft fing Patrick an, sich für Religion zu interessieren und regelmäßig zu beten. Er konnte schließlich an die Küste flüchten und auf einem Schiff nach Frankreich übersetzen, wo er weitere sechs oder sieben Jahre studierte, um Priester zu werden. Ein Traum, in dem er nach Irland geschickt wurde, um die Einheimischen zu Christus zu führen, veranlaßte ihn, im Jahr 432 folgsam in seine Heimat zurückzukehren.

Obwohl es bereits einige Anhänger des Christentums in Irland gab, trug Patrick doch am meisten zur Verbreitung des Evangeliums bei – vor allem in Ulster, Leinster und Connacht. 433 widersetzte er sich dem König von Tara, Laoghaire, indem er auf dem Hügel von Slane die Osterfeuer anzündete. Dadurch gewann er Ansehen unter den hohen und mächtigen Persönlichkeiten des Landes.

Seinen Lebensabend soll er zurückgezogen in den Bergen von Croagh verbracht haben, wo er mit einer Glocke in der Hand 40 Tage und Nächte mit großem Erfolg predigte, ohne in dieser Zeit zu essen oder zu trinken. Danach rang er den Engeln das Versprechen ab, daß Irland dem christlichen Glauben bis zur Wiederkunft Christi treu bleiben werde. Der Legende nach schleuderte Patrick daraufhin seine Glocke in einen Abgrund und vertrieb dadurch Schlangen und Dämonen aus Irland.

Croagh Patrick heute

Die Besteigung dieses heiligen Berges Ende Juli ist die wichtigste Pilgerreise in Irland, an der etwa 50 000 Menschen teilnehmen.

Der aus Quarz und Schiefer bestehende Bergkegel erhebt sich an der Südseite der Clew Bay an der Atlantikküste der Grafschaft Mayo.

OBEN: Der hl. Brendan von Birr; ein Seemann aus dem 6. Jh. auf der Suche nach dem Paradies

Die Pilger nähern sich Croagh Patrick über das flache Land, manche barfuß, die meisten mit festen Schuhen. Sie folgen zunächst dem Pfad hügelaufwärts durch die Heide und über unebenen und moorigen Boden und machen sich dann an den kurvenreichen, steilen Aufstieg, über spitze Steine und Steinblöcke gelangen sie auf den schmalen Kamm mit seiner großartigen Aussicht auf die jenseits der Täler im Süden liegenden roten Berge. Schließlich endet der Anstieg auf dem Bergkegel selbst.

Die geschundenen Füße eines Croagh Patrick-Pilgers

OBEN: Pilger knien vor dem Altar in Knock
RECHTS: Statue des hl. Patrick in Croagh

Tausende von Pilgern jeden Alters und Aussehens quälen sich den Berg hinauf, rutschen und klettern auf Händen und Knien an jenen vorüber, die absteigen und ihnen versichern, daß es nicht mehr weit bis nach oben sei. Auf dem Gipfel, wo die Messe gelesen wird, erwartet sie die Aussicht auf den Atlantik, der wie ein Schild aus gehämmerter Bronze glänzt.

Mit den Bergen im Süden, dem weiten Land im Osten, den verstreuten Inseln der Clew Bay unter sich und der großen, in den Wellen des Atlantiks vor sich hin träumenden Insel Clare weit im Westen, bietet sich dem Pilger hier die Gelegenheit, einen Blick in eine andere Welt zu erhaschen.

RECHTS: Die Basilika der hl. Jungfrau, Königin von Irland, in Knock, Grafschaft Mayo

Knock

Dieses etwa 30 Kilometer östlich von Croagh Patrick in der Grafschaft Mayo gelegene Dorf bildete im 19. Jahrhundert den Hintergrund für eine berühmte Erscheinung. 15 Zeugen behaupten, daß ihnen in einer Augustnacht die Jungfrau Maria erschienen sei, die mit dem Rücken zur südlichen Wand der Pfarrkirche regungslos knapp über dem Boden schwebte. Neben ihr schwebten schweigend der heilige Joseph, der Evangelist Johannes und ein Altar mit einem Lamm und einem Kreuz. Die Erscheinung dauerte zwei bis drei Stunden.

Gerüchte kursierten, daß der Effekt mit einer Laterna magica verursacht wurde. Tatsächlich erwischte man den jungen Hilfspfarrer einige Jahre später dabei, wie er versuchte, die Erscheinung an der Außenmauer seiner nächsten Kirche zu reproduzieren. Eine Nonne, die sich anfangs überzeugen ließ und ein Kloster an der Stelle gründete, tat die ganze Sache später als fingiertes Wunder ab. Zehn Tage nach der Erscheinung fand allerdings die erste Wunderheilung statt, der bis zum nächsten Frühjahr hundert weitere folgten. Die Pilger begannen, Zement- und Mörtelstückchen von der Giebelwand zu klopfen, sie in Weihwasser aufzulösen und das Gebräu zu trinken, um Krankheiten und Gebrechen fernzuhalten. Als der ganze Zement und Mörtel aufgebraucht war, drohte die Kirche einzustürzen. Die Mauer mußte repariert und abgestützt werden.

Heute steht hier die große Betonbasilika Our Lady Queen of Ireland, die jährlich eine halbe Million Pilger anzieht. Die 32 Säulen des Hofes wurden von den Grafschaften des Landes gestiftet, und die vier im mittelalterlichen Stil gestalteten Fenster repräsentieren die vier Provinzen Irlands. An der Giebelseite befindet sich ein Glasschrein mit den aus italienischem Carraramarmor gearbeiteten Statuen der Figuren der Erscheinung.

Ein Höhepunkt in der Geschichte von Knock war der Besuch des Papstes zur Hundertjahrfeier der Erscheinung 1979.

Das Purgatorium des heiligen Patrick

Die intensivste Pilgerreise in ganz Irland und vielleicht in der ganzen christlichen Welt findet in einer wunderbaren Landschaft statt und ist von

Buße und selbstverursachtem Schmerz geprägt. Station Island, die Insel östlich von Donegal, die das Zentrum der religiösen Hingabe bildet, liegt im graugrünen Wasser von Lough Derg, dem größten See am Fluß Shannon. Auf der Insel selbst wurden nur einige wenige Gebäude errichtet, ein Pier erleichtert die Landung.

Angeblich kommen seit dem 12. Jahrhundert, sicherlich seit dem frühen 17. Jahrhundert Pilger aus ganz Europa hierher. Heute sind es in jeder Wallfahrtszeit, die von Anfang Juni bis Mitte August dauert, einige Tausend. Viele kommen gleichzeitig mit dem Boot auf der Insel an. Sie haben einen Aufenthalt von drei Tagen im voraus gebucht und einen kleinen Betrag für die Unterkunft bezahlt.

Das Purgatorium oder Fegefeuer ist der Ort und Zustand, in dem die Seelen, die bei ihrem Tod nicht reif für das Himmelreich sind, einen Reinigungsprozeß (Läuterung) durchmachen, um erlöst zu werden. Viele religiöse Iren glauben, daß diese Pilgerfahrt und die dabei abgeleistete irdische Buße die einzige Möglichkeit ist, die Zeit im Fegefeuer zu verkürzen. Buße heißt, daß der Gläubige durch sein Handeln Reue und Wiedergutmachung zeigt. Die Bedingungen dafür sind, daß der Büßer die Sünden bereut und die feste Absicht hat, sich zu bessern und weitere Sünden zu vermeiden. Außerdem muß der Büßer seine Sünden einem Priester beichten, der Priester muß die Absolution oder spirituelle Reinigung durch Vergebung gewähren, und der Büßer muß die vom Priester auferlegte Strafe – gewöhnlich das Wiederholen bestimmter Gebete – ausführen.

Die Pilger kommen im Andenken an die 40 Gebets- und Fastentage des hl. Patrick hierher und erlegen sich ihre eigenen Entbehrungen auf. Die Regeln sind einfach: bloße Füße, nur eine Mahlzeit täglich, kein Alkohol, kein Nikotin, im Morgengrauen zur Messe gehen, regelmäßiges Beten des Rosenkranzes, eine schlaflose Nacht, persönliche Andacht, Klärung des Bewußtseins, Beichte und die heilige Kommunion.

OBEN: Pilger warten an der Grotte von Ballinspittle darauf, daß die Statue sich bewegt

Die tanzende Jungfrau von Ballinspittle

Der kleine Ort mit dem gälischen Namen Ballinspittle – »Mündung der Furt zum Spital« – liegt südwestlich von Cork. Er ist ein Pilgerziel, seitdem zwei Frauen kurz vor Mariä Himmelfahrt vor nicht allzu langer Zeit zu einer Grotte gingen, wie sie – meist nach dem Vorbild der Grotte von Lourdes gestaltet – in Irland häufig anzutreffen ist. In der Grotte von Ballinspittle steht eine bemalte Madonna mit einem Heiligenschein aus zwölf elektrischen Glühbirnen.

Als die beiden Frauen im Dämmerlicht vor der Statue beteten, fing sie an, sich zu bewegen und vorwärts und rückwärts zu schwanken. Je genauer sie hinschauten, desto deutlicher sahen sie die Bewegung. In der folgenden Nacht standen 40 Pilger vor der Grotte und die meisten sahen den Tanz. Nach einer Woche kamen pro Nacht tausend Menschen in einer Prozession den Weg herauf. Ein Feld wurde zum Parkplatz; fahrende Händler verkauften Hot-dogs und Fish and Chips.

Am 15. August, Mariä Himmelfahrt, kamen 20000 Menschen aus ganz Irland hier zusammen, viele mit Kameras, um das Wunder aufzuzeichnen. Sie sahen, wie die Statue sich vor und zurück und von einer Seite zur anderen wiegte, den Kopf schüttelte und die Hände hob. Die Kirche predigt Umsicht und Zurückhaltung und besteht darauf, daß alle natürlichen Erklärungsmöglichkeiten genau untersucht werden müssen, bevor Schlüsse gezogen werden können. In der Zwischenzeit kommen scharenweise Pilger, um ihr Verlangen nach Geheimnis und Wunder zu befriedigen. Die Geschäfte und Pubs in Ballinspittle machen dabei ein gutes Geschäft.

LINKS: Gläubige beten die tanzende Jungfrau von Ballinspittle an

CANTERBURY

Berühmt durch die einzigartigen und lebendigen Charaktere, die Geoffrey Chaucer in seiner fiktionalen Pilgerreise im 14. Jahrhundert beschrieb, ist Chanterbury Ziel für Tausende von Pilgern, die zum Heiligtum des hl. Thomas Becket kommen.

DER LEICHNAM von Thomas Becket war nicht die einzige Attraktion in der Kathedrale von Canterbury; außerdem befanden sich hier die Leichname der Heiligen Alpheg, Anselm und Dunstan, die Köpfe von drei und die Arme von elf weiteren Heiligen, ein Bruchstück des Kreuzes Christi, ein Dorn aus der Dornenkrone, von Maria gewebte Wolle, ein Bein der Krippe Jesu, Aarons Stab und etwas Lehm, aus dem Gott Adam geschaffen hatte.

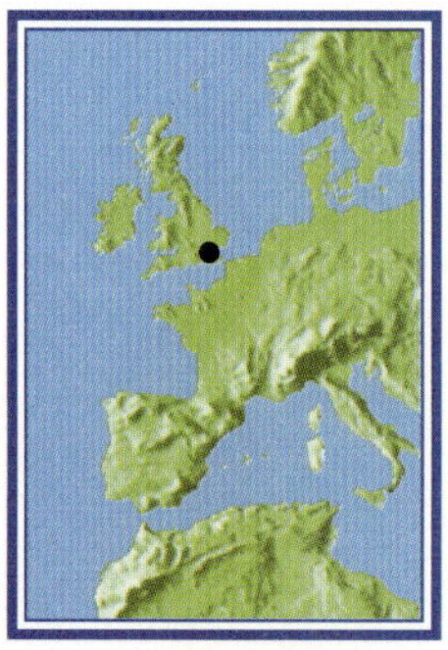

EINE DER berühmtesten Pilgerreisen, die neben der Pilgerreise nach Walsingham (siehe S. 115–117) im 14. Jahrhundert die volkstümlichste in Britannien und vielleicht im gesamten mittelalterlichen Europa war, findet heute nicht mehr statt. Sie wurde von Geoffrey Chaucer in seiner Satire *The Canterbury Tales* geschildert.

Die Reise von London zum Heiligtum des »heiligen segenspendenden Märtyrers« Thomas Becket in der Kathedrale von Canterbury zog über zwei Jahrhunderte lang große Mengen von Pilgern aus allen möglichen sozialen Schichten an.

Im Frühjahr kamen Menschen aus dem ganzen Land wie Chaucers Pilger in dem bekannten Gasthaus »Heroldsrock« (*Tabard-Inn*) in Southwark im Süden Londons an. In den Tales einigen sich »wohl neunundzwanzig gemeinsam« darauf, weiterzureisen. »Am Morgen, als der Tag anzubrechen begann«, gingen sie auf der Old Kent Road los. Sie verbrachten jede Nacht in einem anderen Gasthaus und schafften die 115 Kilometer nach Canterbury in viereinhalb Tagen.

Pilger im 13. Jh., dargestellt in einem Buntglasfenster der Dreifaltigkeitskapelle der Kathedrale von Canterbury

Chaucers Hauptinteresse galt weder der spirituellen Seite der Pilgerreise, noch den religiösen Handlungen in dem berühmten Heiligtum, sondern den verschiedenen Charakteren der Pilger und den Geschichten, die sie zur Unterhaltung der Gruppe auf der Wanderung erzählten. Geschichten von höfischer Liebe zwischen adligen Lords und liebreizenden Ladies, von erotischen Streichen und skrupelloser Verführung, von Gier, Völlerei, Bestechung, religiösem und materiellem Betrug und so fort.

Die Pilger sind sehr unterschiedlich: ein Ritter, der an den unbarmherzigsten Metzeleien der letzten Kriege teilgenommen hat, aber dennoch »ritterliches Wesen« und »höfische Lebensart« liebt, gehört genauso dazu wie die zierliche Priorin, die am meisten um ihre Tischmanieren und eine »gezierte französische Aussprache« bemüht ist. Außerdem ein fetter Mönch, der gebratenen Schwan ißt und »die Hasenjagd liebt«; ein käuflicher Bettelmönch, der »Vergebung gegen gutes Geld verkauft« und die »Armen noch ärmer macht«; ein habgieriger Rechtsgelehrter, der »riesige Gebühren verlangt«; ein Arzt, der das »Gold zählt, das er der Pest verdankt«; ein armer Landpriester, ein Ackermann, ein Müller, eine weitere Nonne und eine Witwe, die »fünf angetraute Ehemänner« und »in ihrer Jugend einige Liebhaber« hatte und bereits sieben Pilgerreisen unternommen hat, drei davon führten sie nach Jerusalem.

Chaucer gelingt damit nicht nur die Beschreibung des rauhen und extrem brutalen Alltags seiner Zeit, sondern auch der Verderbtheit der

GEGENÜBERLIEGENDE SEITE: Der Altar in der Kathedrale von Canterbury

CHAUCER

UND DIE

CANTERBURY TALES

GEOFFREY CHAUCER WAR EIN WEITGEREISTER MANN, der viel von der mittelalterlichen – hohen und niederen – Gesellschaft gesehen hatte. Der Sohn eines Weinhändlers war Soldat, Diplomat und Höfling und international als produktiver Dichter und Übersetzer anerkannt. Seine letzte Arbeit – die *Canterbury Tales* – begann er 1387 als Witwer mittleren Alters. Er blickte zurück auf seine Laufbahn und warf einen Blick auf die Welt um ihn herum. In seinen lebendigen Portraits werden Scheinheiligkeit, Lüsternheit, Korruption und Gier, aber auch Mitleid, Loyalität und vor allem eine fröhliche Liebe zu den Menschen mit all ihren Fehlern und Schwächen dargestellt.

DER ZWISCHEN 1339 und 1346 geborene Chaucer lebte in einer adligen Familie und wurde als Soldat nach Frankreich geschickt, wo er gefangengenommen und gegen Lösegeld freigelassen wurde. Am Königshof begegnete er seiner zukünftigen Gattin, Philippa de Roet, einer Hofdame, die mit John of Gaunt verwandt war, der bis an sein Lebensende Chaucers Förderer blieb. Chaucer stieg rasch auf und diente als königlicher Diplomat in Frankreich, Genua, Florenz und in der Lombardei, bevor er zum Bevollmächtigten der königlichen Zölle im Hafen von London ernannt wurde.

Die Pilger und ihre Geschichten

Chaucer hatte vermutlich Pilger auf ihrem Weg nach Canterbury gesehen und sich ihnen nach dem Tod seiner Gattin 1387 angeschlossen. In diesem Jahr schrieb er den Prolog der *Canterbury Tales*, in dem die »neunundzwanzig Leute... unterschiedlichster Herkunft« eingeführt werden, die sich im Tabard Inn in Southwark treffen und beschließen, zusammen weiterzureisen. Harry Bailly, der Wirt, schlägt einen Erzählwettbewerb vor. Jeder Pilger muß vier Geschichten erzählen – zwei auf dem Hin-, zwei auf dem Rückweg. Der beste Geschichtenerzähler sollte eine Mahlzeit im Tabard Inn gewinnen.

OBEN: Der Nonnenpriester

Als Chaucer 1400 starb, war sein Werk unvollendet und erst 24 Geschichten geschrieben (zwei erzählt er selbst), die durch Gespräche miteinander verbunden sind. Sie ergänzen die lebendigen, individuellen Porträts im Prolog und bieten einen faszinierenden Einblick in das Leben des 14. Jahrhunderts.

Der **Ritter**, der mit seinem Sohn, dem Knappen, reist, ist ein kriegsmüder Soldat, der in Preußen, Alexandria, Granada und Nordafrika gekämpft hat und gerade von einer Expedition zurückgekommen ist. Sein Uniformrock ist voll Rostflecken vom Kettenhemd. Der »wahrhaftige, vollkommene, vornehme Ritter« wurde im allgemeinen ernstgenommen und als edel und tapfer interpretiert. Erst in neuerer Zeit wurde darauf hingewiesen, daß Chaucers Ironie übersehen worden sein könnte.

Der betrunkene **Müller**, ein korpulenter Dudelsackspieler mit einer Warze auf der Nase, beleidigt mit seiner Geschichte über einen betrogenen Zimmermann den **Gutsverwalter**, der als Zimmermann arbeitet. Als Retourkutsche gibt der Gutsverwalter, »ein knochiger, cholerischer Mann«, die Geschichte eines skrupellosen Müllers wieder, der zwei Scholaren ihr Mehl stiehlt. Diese wiederum rächen sich an ihm, indem sie die Frau und die Tochter des Müllers verführen.

OBEN: Der Ablaßhändler
UNTEN: Geoffrey Chaucer

Der **Bettelmönch** setzt die Feindseligkeiten mit seiner Erzählung über einen Gerichtsboten, der mit dem Teufel Geschäfte macht und in die Hölle verschleppt wird, fort. Die Geschichte des **Gerichtsboten** dreht sich um einen gierigen Bettelmönch, der mit einem »Furz« für seine Gemeinschaft eine Hinterlassenschaft gewinnt. Diese beiden abstoßenden Figuren passen gut zusammen: Hubert, der habgierige, lispelnde Mönch, der sogar die ärmste Witwe soweit bringen kann, daß sie ihm ihr Geld überläßt und der lüsterne, räudige Gerichtsbote, der kräftigen Wein, Zwiebeln und Lauch liebt und nur Latein spricht, wenn er betrunken ist.

OBEN: Der Koch

Der **Koch**, der »die Hühnchen mit den Knochen kocht«, darf seine eigene Geschichte über einen Lehrling und eine Hure nicht zu Ende bringen – vielleicht weil ihr bereits zwei derbe Geschichten vorausgingen und sogar Chaucer beschloß, einen Schlußstrich zu ziehen.

Die halb taube **Frau von Bath**, die schon fünf Ehemänner zurückgelassen hat und auf der Suche nach dem sechsten ist, hat schon mehrere Wallfahrten hinter sich; sie war schon in Boulogne, Köln, Santiago de Compostela, Rom und Jerusalem. Sie erzählt von einem Ritter, der eine »häßliche Dame« heiraten mußte, weil er von ihr erfuhr, was Frauen »am meisten begehren«. Die Antwort ist »Macht«, und als Belohnung verwandelt sich die alte Vettel in eine junge Schönheit.

Weitere Ehegeschichten berichten der **Scholar** aus Oxford, ein verarmter, mürrischer Student; der elegante **Kaufmann**, der von einem alten Ehemann und seiner untreuen jungen Frau erzählt; der auf großem Fuß lebende **Gutsbesitzer**, der Fisch, Fleisch und »alle Köstlichkeiten, die man sich überhaupt vorstellen kann« liebt.

Weitere Geschichten berichten der **Jurist**, der immer »geschäftiger wirkt, als er wirklich ist«; der kräftige, lockenköpfige **Schildknappe**; der in Chirurgie, Astronomie und Geldgewinnung (durch Alchimie) bewanderte **Arzt**. Der betrunkene, habgierige **Ablaßhändler** mit seiner Brieftasche voller Ablässe aus Rom, erzählt eine moralische Geschichte über Trunksucht und Habgier. Dann gibt es noch den rücksichtslosen **Seemann**; die verschämte und affektierte **Priorin**; den weltlichen **Mönch**, der fetten »Schwanenbraten liebt«; den **Nonnenpriester** und **die zweite Nonne**.

Der **Bedienstete** schließt sich den Reisenden mit seinem Herrn, einem betrügerischen Alchimisten, in Boughton-under-Blean an; der **Wirtschafter** beantwortet 30 Rechtsgelehrten ihre Fragen, hält sie aber alle zum Narren.

Die letzte Geschichte, die der **Pfaffe** erzählt, ist eine Predigt über die sieben Todsünden, in der die Eitelkeit der Mode beklagt wird, die die Männer in kurzen Gewändern herumlaufen läßt, so daß ihr Gesäß »wie bei einem Schaf im Mondlicht« glänzt.

OBEN: Der Müller

GEGENÜBERLIEGENDE SEITE: Die Kanzel in der Kathedrale

christlichen Kirche, in der die Gier nach Macht und Geld längst die Idee der Nächstenliebe verdrängt hat. Sein lebendiger und humorvoller Text zeigt aber auch, daß diese nur allzu menschlichen Menschen – offenbar alle »Sünder«, die die sinnlichen Freuden des Fleisches genießen – in der Lage sind, Spiritualität mit der gleichen fröhlichen Freiheit in ihr Leben aufzunehmen, wie jedes andere gute Geschenk.

Thomas widmete sein Leben der Einfachheit und Barmherzigkeit und befand sich mit König Heinrich II. bald im Streit über die Vorrangstellung von Klerus oder Hof bei der Verurteilung der Vergehen von Geistlichen.

Der Konflikt wurde heftiger, und Becket floh nach Frankreich. 1170, sechs Jahre später, versöhnten sich beide, um sich kurze Zeit später erneut zu entzweien. Heinrich, der sich zu jener Zeit in der Normandie aufhielt und schrecklich wütend war, rief dazu auf, »diesen unliebsamen Priester« zu beseitigen. Unglücklicherweise nahmen vier seiner Ritter ihn beim Wort; sie überquerten eilig den Kanal und erschlugen Thomas, als er in einer Seitenkapelle der Kathedrale von Canterbury betete. Dieser barbarische Zwischenfall löste in der christlichen Welt allgemeines Entsetzen aus. Becket wurde sofort als Märtyrer anerkannt; Papst Alexander sprach ihn 1173 heilig und Heinrich leistete öffentlich Abbitte – aus Trauer und um seine wütenden Untertanen friedlich zu stimmen.

Die Sammlung von Reliquien des heiligen Thomas begann sofort. Bruder Benedikt, der angeblich anwesend war, schrieb: »Während sein Leichnam auf dem Boden lag, kamen einige der Bewohner von Canterbury mit Flaschen und

OBEN: Der Tatort: Die Kathedrale von Canterbury, wo Thomas Becket den Märtyrertod starb. T.S. Eliot ließ sich für sein Stück Mord im Dom *davon inspirieren*

UNTEN: Ein Fenster in der Dreifaltigkeitskapelle zeigt den hl. Thomas, wie er William Kellet im Traum erscheint

Die Geschichte

Thomas Becket war ein komplexer Charakter: Freund des Königs, ehrgeizig, beim Volk beliebt. Als Erzbischof wurde er auf den Altarstufen seiner eigenen Kathedrale von vier bewaffneten Rittern ermordet. Als Sohn wohlhabender Eltern aus der Normandie 1118 in Cheapside, London, geboren, studierte er kanonisches Recht, erhielt die Priesterweihe und wurde Diakon. 1155 wurde er königlicher Kanzler und diente Heinrich II. sieben Jahre lang als Berater, Politiker und Soldat. 1162 ernannte Heinrich ihn zum Erzbischof von Canterbury und mußte überrascht feststellen, daß sein vormals weltlicher und extravaganter Freund seine kirchlichen Pflichten mit ungekanntem Eifer ausübte.

nahmen soviel wie möglich von seinem Blut mit. Andere wiederum schnitten Stücke von seiner Kleidung ab und tränkten sie in dem Blut.« Das übriggebliebene Blut wurde »sorgfältig von den Mönchen aufgenommen, in ein sauberes Gefäß gefüllt und in der Kathedrale aufbewahrt« – zusammen mit »Splittern des Schwertes, mit dem er niedergeschlagen wurde«.

Benedikt verschwieg auch die ekelerregenden Details nicht: »Als seine Mönche ihm die Kleider auszogen, um die Leiche für das Begräbnis vorzubereiten, fanden sie in seiner rauhen Unterwäsche aus Roßhaar Unmengen von Ungeziefer« (die Läuse waren damals als »Perlen des Himmels« bekannt). Ein Zeuge schrieb: »Tatsächlich war sie so verseucht, daß jedem das Märtyrertum angenehm erschien im Vergleich zur Mühsal, sie tragen zu müssen.«

Diese Gewänder wurden als Demonstration von Beckets »heroischer Heiligkeit« sofort ausgestellt. Als wären noch weitere Beweise nötig, wies sein ausgezehrter Körper frische Spuren von Selbstkasteiung auf.

Die Wunder begannen in der gleichen Nacht: Ein Mann beschmierte seine gelähmte Frau mit einem blutigen Stück Stoff und heilte sie so. In den folgenden drei Wochen geschahen 20 weitere Heilungen. Ein Jahr später strömten die Pilger in Scharen in die Krypta, um den Sarg durch die zwei Löcher zu berühren, die die Mönche bei der Errichtung des Schreines zu diesem Zweck ausgespart hatten. Im Laufe der Jahre wurde von Tausenden von Wundern – meist Heilungen – berichtet, und zwei Mönche waren ausschließlich damit beschäftigt, sie aufzuschreiben.

Bald entstand ein reges Geschäft mit dem Blut, denn Phiolen mit »Canterbury-Wasser« wurden nach ganz Europa verkauft. Dabei handelte es sich um Wasser, dem angeblich einige Tropfen des Blutes des Märtyrers hinzugefügt worden waren. Es mußte zunehmend verdünnt werden, um die steigende Nachfrage zu befriedigen.

Nach seiner Heiligsprechung mußte der Leichnam von Thomas schließlich von der Krypta in eine neue Kapelle hinter dem Hochaltar verlegt werden, um Raum für die unzähligen Pilger zu schaffen. Ein Besuch bei dem Heiligtum bot Gelegenheit für die üblichen Kasteiungen des Fleisches, und man erwartete, daß die Pilger barfuß gingen oder auf Knien herankrochen. Viele bezahlten die anwesenden Mönche dafür, daß sie ihnen als Strafe für die begangenen Sünden eine Tracht Prügel verabreichten.

RECHTS: Detail der Krypta, in der der hl. Thomas ursprünglich begraben war

Der Schrein wurde zum Zentrum der ganzen Kirche; sogar der vernünftige Erasmus war beeindruckt: »Überall glitzerten, glänzten und funkelten seltene und große Edelsteine, einige von ihnen sind größer als ein Gänseei.« (*Pilgergespräche*)

Ein an Pracht und Prunk gewöhnter venezianischer Botschafter beschrieb ihn genauer: »Er übersteigt alle Erwartungen, denn trotz seiner Größe ist er vollständig mit Blattgold belegt, das jedoch hinter den verschiedenen Edelsteinen – Diamanten, Smaragden, Saphiren – kaum sichtbar ist... Alles ist wenig im Vergleich mit dem Rubin, den der König von Frankreich schickte«. (Allan Kendall, *Mittelalterliche Pilger*)

Als die Kathedrale von Canterbury während der Reformation im 16. Jahrhundert geplündert wurde, waren sechs oder sieben kräftige Männer notwendig, um die zwei riesigen Kisten anzuheben, in denen die Juwelen und wertvollen Metalle des Schreins nach London gebracht wurden, und 26 Karren, um die restlichen Schätze der Kirche zu transportieren.

Heinrich VIII., fortan das Haupt der Kirche von England, ließ sich den leuchtenden Rubin, der die Größe von einer Aprikose hatte, in einen Daumenring einarbeiten.

UNTEN: Canterbury ist noch immer ein Anziehungspunkt für Pilger und Touristen

Canterbury heute

Von der Herrlichkeit früherer Tage zeugen nur noch eine Gedenktafel an der Wand in der Nähe der Stelle, wo Thomas ermordet wurde, der Mosaikfußboden, auf dem der Schrein stand, und die erodierten Stufen, auf denen die mit ihren Leiden und Hoffnungen beladenen Pilger zur Kapelle stiegen. Diese im Laufe der Jahrhunderte durch unzählige Füße abgewetzten Steine sind heute mehr wert als das Gold und die Juwelen, die früher den Schrein geschmückten haben.

Im Mittelalter begaben sich unzählige Pilger auf die Reise, die manchmal länger als ein Jahr dauerte. Auf schmerzenden Füßen oder auf dem Rücken eines Pferdes zogen sie nach Canterbury. Die Eifrigsten gingen barfuß, und viele legten das letzte schmerzliche Stück sogar auf den Knien zurück. Gewöhnlich schlossen sich die Pilger in Gruppen zusammen, um sich besser vor Überfällen von Wegelagerern zu schützen, die sich eine leichte Beute erhofften – gegen die überhöhten Preise in den Gasthäusern und Pilgerherbergen konnten sie allerdings nur wenig ausrichten.

Heute sind nur noch die wesentlichen Merkmale einer Wallfahrt erhalten geblieben: die Reise selbst, das heilige Ziel und das Motiv, das mit allen anderen Pilgern geteilt wird.

WALSINGHAM

Fünfhundert Jahre lang zog Walsingham Pilger aus Großbritannien und dem Ausland an. Sie wollten das nach Anweisungen der Jungfrau Maria erbaute heilige Haus sehen. Heute ist der Ort wieder ein Zentrum christlicher Verehrung.

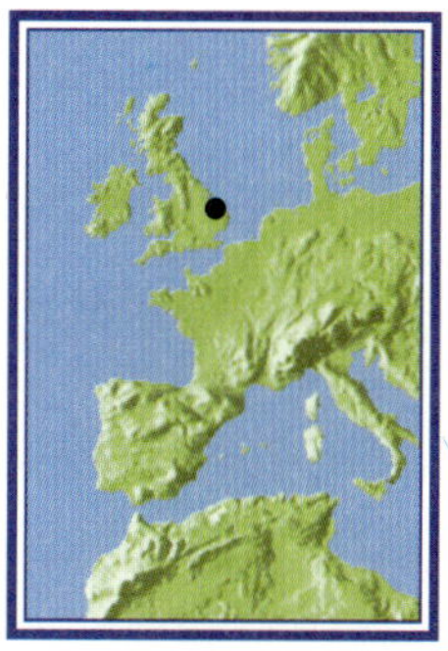

DIE WALLFAHRTEN ZUM Marienheiligtum von Walsingham im nördlichen Norfolk begannen vor der Eroberung durch die Normannen 1066. Als zwischen Thomas Becket (siehe S. 108–114) und Heinrich II. Streit über die Macht des Klerus ausbrach, war Walsingham bereits ein florierendes religiöses Zentrum.

Die Geschichte

Lady Richeldis de Faverches, die reiche Witwe des örtlichen Gutsherrn, bat die Jungfrau Maria, sie möge ihr mitteilen, wie man sie am besten verehren könne. Daraufhin wurde ihr Geist in einer Vision nach Nazareth geführt und aufgefordert, das heilige Haus, in dem Jesus als Kind gelebt hatte, nachzubauen. An der Stelle, wo die Vision stattfand, entstanden zwei Quellen, was als Beweis für die Echtheit der Visionen aufgefaßt wurde.

Im mittelalterlichen Europa gab es bereits einige solcher heiligen Häuser. Das bekannteste, das von Engeln aus Nazareth dorthin gebracht worden sein soll, befand sich in der Basilika von Loreto, bei Ancona in Italien (siehe S. 42–44).

Davon ließ sich die Witwe, die genaue Abmessungen und präzise Anweisungen bekommen hatte, jedoch nicht entmutigen. Sie ließ eine Holzhütte bauen, die deutlich kleiner war als das Steinhaus in Loreto. Die Jungfrau Maria versetzte sie dann mit Hilfe von Engeln um 200 Meter an ihren richtigen Standort. Die Gläubigen wurden in ihrer Überzeugung, es handle sich wirklich um das englische Nazareth, bestärkt und pilgerten hierher.

OBEN: Wegweiser für die Pilger nach Walsingham

UNTEN: Überreste der Abtei, in der die Pilger im Mittelalter empfangen wurden

OBEN: In der Karwoche wird das Kreuz die »heilige Meile« entlang nach Walsingham getragen

Um die ursprüngliche Hütte wurde ein strohgedecktes Steinhaus gebaut. Im 11. Jahrhundert entstand eine große Abtei für die Augustinermönche, die das heilige Haus bewachten. Im 13. Jahrhundert wurde eine weitere Abtei gebaut, in der Franziskanermönche die ständig zunehmende Menge an Pilgern empfangen und unterbringen konnten.

Wie in derartigen Heiligtümern üblich, gab es auch hier viele wertvolle Reliquien: ein Bruchstück des Kreuzes Christi, etwas von der Milch Mariä und einen Finger des heiligen Petrus, den man gegen Entgelt küssen durfte. Den Ehrenplatz im heiligen Haus nahm eine Holzstatue einer sitzenden Jungfrau Maria mit dem Jesuskind auf dem Schoß ein.

»Viele Kranke wurden hier geheilt«, beschreibt ein zeitgenössischer Zeuge die Zeichen und Wunder, die folgten: »Lahme konnten gehen, Blinde wieder sehen, Tote wurden wiederbelebt... Leprakranke genasen...«

Schon damals wurde aus heiligen Orten wie diesem kommerzieller Nutzen gezogen. Je populärer ein Heiligtum, desto mehr Pilger zog es an, auch wenn sie noch so arm waren. Es gab nicht weniger als 17 Gasthäuser für die Pilger und die Wirte waren bekannt für ihre übertriebenen Preise. Doch waren sie damit nicht allein: Auch die Mönche betrachteten ihr Heiligtum als Einkommensquelle, führten ein wenig tugendhaftes Leben und gaben die empfangenen Münzen und kostbaren Edelsteine nach eigenem Gutdünken aus.

Während der protestantischen Reformation im 16. Jahrhundert wurde das Heiligtum geplündert und zerstört. Die Statue der hl. Jungfrau von Walsingham wurde verbrannt und die Pilgerreise geriet weitgehend in Vergessenheit. Nur wenige treue Anhänger kamen nach wie vor zum Gebet nach Walsingham.

UNTEN: Das katholische Heiligtum der Jungfrau Maria

Walsingham heute

Anfang dieses Jahrhunderts wurde das Heiligtum an einem anderen Standort von einem Pfarrer der Anglikanischen Kirche wiederaufgebaut. Die Katholiken wollten nicht zurückstehen, so daß es heute zwei Heiligtümer gibt, von denen jedoch keines an der ursprünglichen Stelle steht. Die anglikanische Version befindet sich im Dorf; der katholische National Shrine of Our Lady etwa einen Kilometer entfernt auf dem Land. Beide Gemeinden pflegen die ökumenische Zusammenarbeit; besonders wichtig sind die gemeinsamen Wallfahrten an den Festtagen der Jungfrau Maria.

LINKS: Die Überreste eines Brunnens in den Ruinen der Abtei

Das anglikanische heilige Haus befindet sich in einer abgeschlossenen Kapelle in einer kleinen, modernen Ziegelsteinkirche. Zentrum der Verehrung ist eine zeitgenössische Version der ursprünglichen Holzstatue, die hoch auf einem prunkvollen Altar steht. Maria trägt ein juwelenbesetztes Goldkreuz und prächtig bestickte Gewänder. Sie sitzt auf einem majestätischen Thron und hält das Jesuskind auf ihren Knien. Für besondere zeremonielle Anlässe stehen eine weitere Krone und eine Garderobe mit ähnlich prächtigen Gewändern zur Verfügung.

Im Altarraum daneben befinden sich drei Stücke des Kreuzes Christi, eine Reihe anderer Reliquien und eine heilige Quelle, deren Wasser die spirituelle Heilung der Pilger fördert. Zwar ist diese Quelle nicht die gleiche wie eine Quelle im Mittelalter, die einem ähnlichen Zweck diente, aber man nimmt an, daß das Wasser denselben Ursprung hat. Drei Wünschelrutengänger haben ihn offenbar auch dort ausfindig gemacht.

Das römisch-katholische Heiligtum ist eine große und beeindruckende moderne Holzkirche mit einer kleinen, abgetrennten Kapelle, die ursprünglich die angelsächsische Scheune war, in der mittelalterliche Pilger ihre Schuhe ausziehen und beichten sollten, bevor sie barfuß nach Walsingham gingen (daher ihr gegenwärtiger Name »Slipper Chapel«, also Schuhkapelle). In ihr befindet sich eine hölzerne Kopie der anglikanischen Statue, nur schlichter und ohne Gewänder.

Die Landschaft im Norden von Norfolk ist von heiterer Schönheit, das Licht ist klar. Viele pilgern ohne spezielle Anbindung an das liturgische Jahr auf eigene Faust nach Walsingham. Die Marienfeiertage sind Anlässe für besondere ökumenische Aktivitäten. Wenn das Wetter mitmacht, wird das Hochamt unter freiem Himmel gesungen, und am Abend finden Kerzenlichtprozessionen durch die engen Straßen des Dorfes statt.

Die wichtigste Wallfahrt findet am Ende der Fastenzeit in der Karwoche statt. Aus allen Teilen des Landes ziehen Pilgergruppen zu Fuß nach Norfolk, jede von ihnen führt ein großes Holzkreuz mit sich, das abwechselnd von den Teilnehmern getragen wird. Sie kommen am Karfreitagnachmittag in Walsingham an und schließen sich dann zu einer feierlichen Prozession zusammen. Die letzten Kilometer ins Dorf legen sie gemeinsam zurück; viele gehen dabei barfuß. Es gibt wohl niemanden, der nicht zutiefst in seinem Inneren berührt wird, wenn er die alten Pilgerhymnen hört, die die Wallfahrer singen, wenn sie den Weg zwischen den grünen Hecken entlangkommen.

Für die Auferstehungsfeier am Ostersonntagmorgen werden die verschiedenen Kreuze triumphierend mit Blumen, Zweigen und bunten Bändern geschmückt. Diese schöne Zeremonie greift Elemente der alten heidnischen Bräuche aus Norfolk ebenso auf wie christliche Traditionen.

UNTEN: Die Schuhkapelle

DIE BEDEUTUNG der im prähistorischen Europa verehrten Muttergottheit ist in den ländlichen Regionen in Norfolk noch offensichtlich. Wenige Kilometer südlich von Walsingham liegen zum Beispiel die aus dem Neolithikum stammenden Feuersteinbergwerke Grimes Graves, wo Archäologen eine Kalksteinstatuette der Göttin als hochschwangere Frau – ein Versöhnungsheiligtum – fanden.

GLASTONBURY

GLASTONBURY in Somerset ist ein heiliger Ort, an dem sich die christliche und die heidnische Welt treffen und Anhänger des New-Age sich versammeln. Christliche Pilger kommen hierher, weil Jesus angeblich als Kind und als junger Mann den Ort besuchte und sich für einige Zeit dorthin zurückgezogen hatte, bevor er seine Mission im Heiligen Land begann. Andere Besucher ziehen die Legenden und Geheimnisse von König Artus' Britannien an; sie kommen, um der keltischen Vergangenheit der Gegend zu huldigen.

Die Geschichte

Die Gegend um Glastonbury war ursprünglich brackiges Marschland mit Sandbänken. Die Sümpfe und Niederungen – gelegentlich von niedrigen Schlammhügeln durchbrochen – dehnten sich von der Küste bis dorthin aus, gesäumt von Weiden und Eiben, Eichen und Ulmen. Glastonbury Tor, die fremdartige, fast spitze Hügelkuppe, die die Landschaft beherrscht, war damals eine Insel im verzauberten Avalon, dem keltischen Land der Toten, wohin König Artus nach seiner letzten Schlacht von den vier weinenden Königinnen gebracht wurde, um geheilt zu werden.

Im 12. Jahrhundert wurden in einem Eichensarg, der tief unter dem Längsschiff der Abtei begraben war, Knochen entdeckt: Viele glaubten, dies seien die Überreste von König Artus.

UNTEN: New-Age-Anhänger versammeln sich am Kalkmann von Glastonbury, um dort zu feiern

Daß Jesus in Glastonbury gelebt habe, ist eine Überlieferung aus Somerset, Cornwall, dem Osten Irlands und Südfrankreich. Offenbar war Josef von Arimathäa, in dessen neuem Felsengrab der tote Christus beerdigt wurde, ein jüngerer Bruder von Marias Vater Joachim. Er importierte Zinn, Blei und Kupfer von Phönizien nach Cornwall, damals ein florierendes Geschäft. Britannien war einst als Cassiterides oder Zinninsel weithin bekannt. (Übrigens wurde dieses Zinn vor langer Zeit auch für die prächtigen Verzierungen des Tempels von König Salomon in Jerusalem verwendet.)

Josef brachte den Knaben Jesus auf einer seiner Reisen auf einem Schiff aus Tharsis (heute Cadiz in Spanien) mit. Aus Dankbarkeit für dieses Abenteuer hat Jesus seinem Großonkel angeblich anvertraut, wie man aus Wolfram Zinn gewinnen kann. Die beiden sollen sich in verschiedenen Gebieten Cornwalls und Somersets (auch »Sommerland«) aufgehalten haben.

Etwa 15 oder 20 Jahre später soll Jesus, der die Schönheit der Natur und die friedliche Stille der Gegend schätzte, auf eigene Faust nach Glastonbury zurückgekommen sein und sich dort niedergelassen haben. Er »baute mit seinen eigenen Händen eine kleine Einsiedelei aus Lehm und Flechtwerk und verbrachte einige Zeit mit Studium, Gebet und Meditation.« Eine mögliche Quelle für diesen Bericht liefert der hl. Augustinus, der an Papst Gregor den Großen schrieb. Er berichtete, wie die ersten Christen nach England kamen und eine Kirche vorfanden, die nicht von Menschenhand, sondern von Christus selbst erbaut worden war.

Während dieser Zeit predigte Christus, pflegte Kontakte mit Druiden und legte den Grundstein für die Entwicklung der christlichen Kirche in England.

Nachdem Josef von Arimathäa Jesus in sein Felsengrab gelegt hatte, verließ er mit elf Anhängern Palästina, um der Verfolgung zu entgehen, die zur Steinigung des Stephanus geführt hatte. Sie suchten am selben Ort Zuflucht und wurden vom örtlichen Herrscher Aviragis aufgenommen, der ihnen ein wenig Land gab. Josef weihte das kleine Haus aus

LINKS: König Artus und die Ritter der Tafelrunde

Lehm und Flechtwerk zur Privatkapelle. Sie wurde später zum Schutz mit Holz verkleidet und war die erste Kirche in Britannien, bekannt unter dem Namen *Ealde Chiche* oder Alte Kirche. Josef stellte hier eine Holzskulptur der Jungfrau Maria auf; am nahegelegenen Hang entsprang eine Quelle, deren Wasser angeblich Kranke heilen konnte.

Josef hatte zwei heilige Krügchen mit Blut und Schweiß des gekreuzigten Christus aus Palästina mitgebracht, die man mit ihm in der Alten Kirche beerdigte. Der ursprüngliche Kelch des letzten Abendmahls, gewöhnlich als Heiliger Gral bezeichnet, den Josef vom Wirt des Gasthauses, in dem die erste heilige Kommunion stattgefunden hatte, gekauft hatte, ist angeblich noch immer an jenem Ort verborgen, wo Josef ihn versteckte.

Dies ist bei weitem nicht alles, was christliche Legenden über Glastonbury zu berichten haben. Auch die Jungfrau Maria soll auf der Flucht vor jüdischer und römischer Verfolgung dort gewesen sein und in Our Lady's Dowry, dem kleinen, von Josef von Arimathäa errichteten Haus in Avalon gelebt haben. Angeblich ist sie im Jahr 48 sogar in Britannien gestorben und beerdigt worden.

Glaubt man dieser Legende, so wurde Maria von Maria Magdalena und den zwei Schwestern aus Bethanien begleitet. Aufgrund ihrer schönen und kräftigen Singstimme war sie bei den Einheimischen beliebt und wurde schon zu Lebzeiten als Heilige verehrt. Die Hauptstraße von Glastonbury heißt heute Magdalene Street.

Auch andere frühe Christen sollen hier gelebt haben: Lazarus, der Mann, den Jesus von den Toten auferstehen ließ; Maria Salome und Maria Cleophas, zwei der Frauen, die anwesend waren, als Christus am Kreuz starb, lebten hier mit der schwarzen Bediensteten Sara (die später die Schutzpatronin der Diebe und Zigeuner werden sollte); Jakob »der Gerechte«, ein enger Verwandter Jesu; Barnabas, Zachäus und Lukas. Die Legende

UNTEN: Eine Statue der hl. Jungfrau von Glastonbury

berichtet außerdem, daß auch die sterblichen Überreste von Petrus und Paulus nach England gebracht und dort beerdigt wurden.

Legenden sind natürlich keine Faktensammlungen. Dennoch ist die Faszination, die sie ausüben, zumindest ein Grund dafür, eine Pilgerreise zu unternehmen.

Glastonbury heute

Noch heute findet einmal im Jahr eine römisch-katholische Wallfahrt zum Heiligtum der Jungfrau Maria statt, in dem sich eine Nachbildung der von Josef von Arimathäa in Auftrag gegebenen Marienstatue befindet. Ende des 7. Jahrhunderts entstand aus den Überresten des kleinen Lehmhauses die Wattle-Kirche (»Flechtwerk-Kirche«), in der sich eine sehr alte Holzfigur der Jungfrau Maria befand, von der man annahm, es handle sich um die echte Statue. Diese Wattle-Kirche wurde schließlich in die Benediktinerabtei integriert, die dort entstand. Im frühen 12. Jahrhundert brannte die Abtei mitsamt Kirche ab, die Statue selbst blieb erhalten. Zwei Jahre danach errichtete man an der gleichen Stelle eine schöne romanische Marienkapelle, in der die Figur wieder ihren früheren Ehrenplatz erhielt.

Später wurde eine Krypta geschaffen, um auch dem heiligen Josef von Arimathäa ein Heiligtum zu widmen. In der Nähe baute man eine weitere Kapelle, eine möglichst genaue Nachbildung des heiligen Hauses von Loreto, die vermutlich in Konkurrenz zum heiligen Haus von Walsingham treten sollte.

Während der Reformation wurde die Abtei geplündert und zerstört, die Ruinen wurden zum Steinbruch für die gesamte Nachbarschaft. Über den Verbleib der Statue ist jedoch nichts bekannt. Der Respekt vor der Marienkapelle war indes so groß, daß keiner Hand an sie legte. Deshalb ist sie heute der am besten erhaltene Teil der Ruinen.

1955 wurde eine neue Statue der Heiligen Jungfrau von Glastonbury geweiht und in den früheren Schrein überstellt. Zehn Jahre später fand eine Krönung statt und das Hochamt wurde in den Ruinen der Abtei zelebriert. Noch heute kommen an den Marienfeiertagen Pilger hierher.

Die vielleicht größten und fröhlichsten aller gegenwärtigen Wallfahrten nach Glastonbury sind die der aufkommenden New-Age-Bewegung. Ihre Festivals, Feierlichkeiten, Konferenzen, Workshops und Führungen beruhen auf der Annahme, daß die spirituelle Qualität einer Pilgerfahrt körperlich und geistig erfrischend wirkt und eine Alternative zu unseren zeitgenössischen Lebensformen bietet. Mit diesem Ziel schreiten die Besucher das Kretische Spirallabyrinth auf dem Glastonbury Tor ab, betrachten den in den Feldern und der Umgebung angelegten irdischen Tierkreis und beschäftigen sich mit dessen mystischer Verbindung zu König Artus' Tafelrunde, besuchen Chalice Hill Well, wo der Heilige Gral angeblich versteckt worden war, sprechen über Druiden und keltische Mythologie. Sie essen, trinken, singen und tanzen und feiern das Leben und die Liebe.

OBEN: Fahnen und Prozessionen bei der jährlichen katholischen Wallfahrt nach Glastonbury

GROSSES BILD: Die bekannte Ansicht des Glastonbury Tor
LINKS: Pilger mit einer neuen Überzeugung: New-Age-Touristen stellen ihre Zelte auf und bereiten sich auf ihr eigenes Fest vor

IONA

Eine christliche Siedlung auf der winzigen Hebrideninsel Iona, vor der Küste der Insel Mull, wurde im 6. Jahrhundert zur »Wiege des Christentums« in Schottland. Mit ihrer Stille und bewegten Vergangenheit kann Iona den Besucher noch immer verzaubern.

GEGENÜBERLIEGENDE SEITE: Die Abtei von Iona

DER GRÜNE RASEN und die verwitterten Steine von Iona, einer kleinen Insel der Inneren Hebriden vor der stürmischen Westküste Schottlands, waren schon heilig, bevor der hl. Kolumban dort das Zentrum des Christentums im Norden Britanniens errichtete. Es finden sich Belege, daß auf Iona die Sonne angebetet wurde; eine große Steinplatte vor dem Portal der Kapelle des hl. Oran zeugt von jenen Tagen. Früher lag in jeder der drei Mulden in der Oberfläche dieser Platte ein weißer Marmorstein, und jeder Besucher mußte alle drei Steine dreimal in Richtung Sonne drehen. Man nahm an, daß bei Unterlassung des Rituals unmittelbar und an Ort und Stelle das von Fanfaren begleitete Jüngste Gericht stattfinden würde. Wenn die Steinplatte durch das viele Drehen der Steine Löcher erhalten würde, drohte dagegen das Ende der Welt. Die Wahl war also die zwischen Feuer und Fanfaren.

Schon immer fiel die Insel durch ihre etwas geheimnisvolle Atmosphäre auf, die zu ihrem Ruf, eines der wichtigsten Pilgerziele der Welt zu sein, erheblich beiträgt.

UNTEN: Der hl. Kolumban auf einem farbigen Glasfenster

Die Geschichte

Die christliche Tradition Ionas begann im 6. Jahrhundert mit der Ankunft von Kolumban, Sohn des Phelim, der zur irischen Königsfamilie Niall of the Nine Hostages gehörte. Ein zeitgenössischer Bericht im Inselführer beschreibt ihn als »typischen Iren, leidenschaftlich, unwiderstehlich… Man hörte ihn auf einen knausrigen Reichen fluchen oder aber die Färsen eines armen Bauern segnen… sah ihn einem Räuber nachstellen und den armen Schlucker solange verfluchen, bis er zusammenbrach. Danach stürzte er zum Strand und watete bis zu den Knien in das klare grüne Meerwasser, dabei hielt er beide Hände fluchend zum Himmel erhoben.«

Der 521 in Donegal geborene Kolumban verbrachte seine frühen Jahre mit Kämpfen, dem Studium und dem Kopieren von seltenen Manuskripten; er unterrichtete oder gründete Kirchen und Klöster. Er nahm an der angeblich vom Erzengel Michael geführten Schlacht von Cooldrevne teil, bei der nur ein Mann der eigenen Truppe umkam, aber 3000 feindliche Heiden. Kolumban wurde daraufhin von den Ältesten der Irischen Kirche exkommuniziert, doch lenkten sie bald ein und forderten ihn auf, so viele Seelen für die Kirche zu gewinnen, wie in der Schlacht verloren wurden.

Mit 40 Jahren segelte er im Frühsommer des Jahres 563 mit elf Gefährten nach Norden. In einem Boot aus dünnen, mit Fellen und Lederriemen bespannten Ästen fuhren sie nach Norden zu den Inseln vor der Küste Westschottlands.

Nach sechs oder sieben Tagen landeten sie in einer Bucht an der Südküste von Iona, die noch heute Port of the Coracle (Hafen der Fellboote) heißt, und Kolumban kletterte auf einen nahen Hügel, um nachzusehen, ob Irland wirklich außer Sicht war. Dieser Hügel ist noch immer unter dem Namen »The Hill with its Back to Ireland« bekannt.

Von diesem Zeitpunkt an lassen sich Wahrheit und Legende in Kolumbans Geschichte nicht mehr auseinanderhalten. Der hl. Oran, einer der elf Gefährten, bot angeblich an, sich zur Segnung der Stätte lebendig begraben zu lassen. So wurde er be-

OBEN: Die Überreste des Nonnenklosters von Iona
RECHTS: Ein verziertes Kreuz auf dem Gelände der Abtei

graben. Als sie nach drei Tagen das Grab öffneten, war Oran noch am Leben und erklärte, daß »der Tod kein Wunder berge und die Hölle nicht so ist, wie man sie beschreibt«. Daraufhin begruben seine Gefährten ihn erneut.

Heute ist von der Kirche, die Kolumban und seine Begleiter errichteten, nichts mehr übrig außer den Fundamenten auf der Anhöhe gegenüber der westlichen Tür der kleinen Kirche, den Überresten seiner Zelle und dem nackten Steinboden, auf dem er mit einem Stein als Kopfstütze schlief. Dieses Kloster mit seinen bienenstockähnlich angeordneten Zellen aus Holz und Torf, seinem Refektorium und Gästehaus, diente Kolumban und den anderen als Ausgangspunkt für die Missionierung der Pikten (deren König, Bude, tatsächlich konvertierte) und für die Reisen nach Britannien, bei denen unterwegs ebenfalls weitere Klöster gegründet wurden.

Kolumban starb 597 auf Iona; seine Knochen wurden 100 Jahre später exhumiert und in einen Schrein aus Silber und Gold gelegt, der in der Folge immer mehr Pilger anzog. Als die ersten Wikinger ankamen, plünderten und mordeten, flohen die Mönche in das sichere Kells in Irland; die Insel blieb schließlich verlassen zurück.

UNTEN: Die Kirche des hl. Kolumban bei Kerzenlicht

Iona heute

Iona ist nicht mehr, was es einmal war, obwohl immer noch Pilger hierher kommen. 1938 gründete die Presbyterianische Kirche eine Gemeinde auf Iona, die die Gebäude restaurieren und spirituelle Einkehr gewähren sollte. Die moderne Bronzeskulptur der hl. Maria im Kloster stammt von dem gläubigen Juden Jacob Lipchitz, der damit ein besseres Verständnis zwischen den Völkern erreichen wollte: eine passende Ergänzung dieser schönen und heiligen Stätte. 200 000 Pilger reisen jedes Jahr dorthin und stimmen vermutlich Samuel Johnson zu, der an James Boswell schrieb: »Der Mann ist nicht zu beneiden, dessen Frömmigkeit in den Ruinen von Iona nicht stärker wird.«

Heute mag es nicht mehr so einfach sein, diese fromme Atmosphäre wahrzunehmen, obwohl noch immer eine zeitlose Stille herrscht: wilde Blumen wachsen in den Ritzen und Spalten der Kirchenruinen und die verwitterten keltischen Kreuze und die alten, abgewetzten Steine und Gräber sind noch zu sehen. Auch das wundersame Gefühl kann man noch nachvollziehen, das Kolumban mit folgenden Worten beschrieb: »Köstlich, im Schoß der Insel zu sein, auf einem Felsen zu stehen und von dort die Stille des Meeres zu beobachten... das Plätschern der seichten Wellen gegen die Felsen... das Geräusch des Meeres... das Kommen und Gehen der Gezeiten...«

Nach wie vor ist es bewegend, hier zu stehen und auf die Insel Mull und die Märtyrerbucht zu blicken, wo die Wikinger 68 Kirchenmänner niedermetzelten, und auf den White Strand of the Monks, wo die Normannen 16 weitere ermordeten; den Ozean vor sich zu haben, die flatternden weißen Tauben des Klosters im Himmel über sich zu hören und die Knochen der Toten unter seinen Füßen zu wissen.

Kolumban sagte einst vorher: »Auf dem Iona meines Herzens und meiner Liebe wird man das Muhen des Viehs hören, statt der Stimmen der Mönche. Bevor die Welt zu Ende geht, wird Iona jedoch sein, wie es einst war.«

LINDISFARNE

Etwa einen Kilometer vor der Ostküste Nordenglands, südlich der schottischen Grenze, liegt die heilige Insel Lindisfarne. Zweimal am Tag wird sie – abhängig von Ebbe und Flut – von Wasser umspült. Zweimal täglich trocknet der Sand, und ein Damm entsteht, der sie mit dem Festland verbindet.

DAS LEBEN AUF Lindisfarne wird vom Meer bestimmt. Besucher müssen während der Ebbe ankommen und sicherstellen, daß sie nicht zu lange bleiben – oder sie müssen dort übernachten.

Die Geschichte

Heilig wurde Lindisfarne erstmalig im 7. Jahrhundert durch Aiden, einen schottischen Mönch der Bruderschaft von Iona (siehe S. 122–124), der »ein Bischof von ausgesuchter Hoflichkeit, Barmherzigkeit und Bescheidenheit« war, und, wie Beda der Ehrwürdige in seiner »Geschichte der Kirche und des Volkes Englands« berichtet, viel Wert auf »Demut und Armut« legte.

König Oswald von Northumbrien, »ein gottgefälliger Mann«, so Beda, »überließ Aiden die Insel als Basis für die Missionierung des Königreiches«. Aiden war ein guter Mann, immer bereit, den Armen, die er auf seinen Reisen traf (er reiste stets zu Fuß), Almosen zu geben. Außerdem »schwieg er nie aus Respekt oder Furcht, wenn reiche Leute unrecht taten«.

Obwohl sich eine große, hagere Bronzestatue von Aiden vor seiner geliebten Abtei in Lindisfarne befindet, kann er nicht viele Tage seines Lebens hier verbracht haben, denn er war immer unterwegs, predigte, suchte nach neuen Wegen, Gutes zu tun, förderte Frieden und Liebe, tröstete die Kranken und beschützte die Armen. Von seiner Arbeit ist auf der Insel nicht viel übriggeblieben: Das erste Kloster wurde von den Dänen am Ende des 8. Jahrhunderts und erneut Mitte des 9. Jahrhunderts geplündert. Aidens Gebet lautete nicht ohne Grund: »O Herr, beschütze uns vor dem Zorn der Nordmänner.«

Die heutigen Ruinen sind die der Benediktinerabtei aus dem 11. Jahrhundert. Einer Legende nach bekamen die am Bau beteiligten Steinmetze und Zimmerleute ihr Brot aus der Luft und ihren Wein aus einem unerschöpflichen Kelch. Doch wurde das Gebäude von Thomas Cromwells Männern während der Reformation im 16. Jahrhundert geplündert und vernichtet. Was noch vorhanden war, wurde im Laufe der Jahrhunderte durch Regen und den Seewind zerstört.

Lindisfarne heute

Noch immer gibt es regelmäßige Pilgerfahrten dorthin, aber es gehört schon eine beträchtliche Portion Phantasie dazu, sich Aiden zu vergegenwärtigen. Über den schmalen, betonierten Damm, der bei Ebbe befahrbar ist, drängen sich Stoßstange an Stoßstange die Reisebusse und konkurrieren mit den Lieferwagen der Eisverkäufer um Standplätze. Aber es gibt auch kreischende Möwen, wilde Blumen in Hülle und Fülle, durchnäßtes Gras, das graugrüne

UNTEN: Die Ruinen der Lindisfarne-Abtei aus dem 11. Jh.

GANZ OBEN: Die Nordmauer des Lindisfarne Castle, das im frühen 20. Jh. vom Architekten Sir Edwin Lutyens umgebaut wurde
OBEN: Das Schiffszimmer von Lutyen
UNTEN: Die Überreste der Abtei von Lindisfarne

Meer, dessen Wellen sich am Strand brechen, Kieselsteine und im Südosten die Insel Farne, Treffpunkt von Seehunden und Seevögeln.

Die Evangelien von Lindisfarne, die im Britischen Museum in London aufbewahrt werden, stammen aus dem ersten Kloster auf der Insel und wurden vom Latein des hl. Eusebius Hieronymus kopiert. Der größte Teil des am Ende des 7. Jahrhunderts auf Pergament geschriebenen und illuminierten Textes ist reine Kalligraphie und gehört zu den schönsten Handschriften überhaupt. Wie kleine Edelsteine finden sich hier und da im Text illustrierte Anfangsbuchstaben. Die wertvollsten Seiten befinden sich jedoch am Anfang eines jeden Evangeliums. Jede dieser Seiten ist vollständig mit ineinander verschlungenen Mustern aus Spiralen und Ästen, Zweigen und Vögeln, Tieren, Blumen und Gesichtern verziert.

Während eines Überfalls durch die gefürchteten Nordmänner fielen die Evangelien ins Meer und wurden weit entfernt weitgehend unbeschädigt an einem Strand wiedergefunden. Auch wenn dies vielleicht nur eine Legende ist, kann man auf den Seiten der Evangelien von Lindisfarne dennoch Salzwasserflecken sehen.

CUTHBERT WAR EIN Mönch auf der heiligen Insel Lindisfarne, der in jener Nacht seine Berufung erlebte, in der Aiden starb. Wie Franz von Assisi war er ein Freund aller Kreaturen. Wenn er am Strand entlang lief, spielten Seeottern zwischen seinen Füßen, und die Vögel der Luft nährten ihn. Doch ihn verlangte nach Einsamkeit, und so grub er sich schließlich eine Zelle in den Felsen der Insel Farne, die er mit einer niedrigen Mauer und einem Reetdach versah. Fortan waren die Seehunde und die Möwen seine einzigen Gefährten, und er lebte hier, so Beda, »in geistigem Frieden«.

Die Heiligen der letzten Tage

Die Geschichte der amerikanischen Heiligen der Letzten Tage oder Mormonen, wie sie allgemein noch immer genannt werden, ist relativ kurz, aber in erschreckendem Maße von Gewalt und Verfolgung geprägt. Ihre Wanderschaft gehört zu den mutigsten, die je für ein religiöses Ziel unternommen wurden.

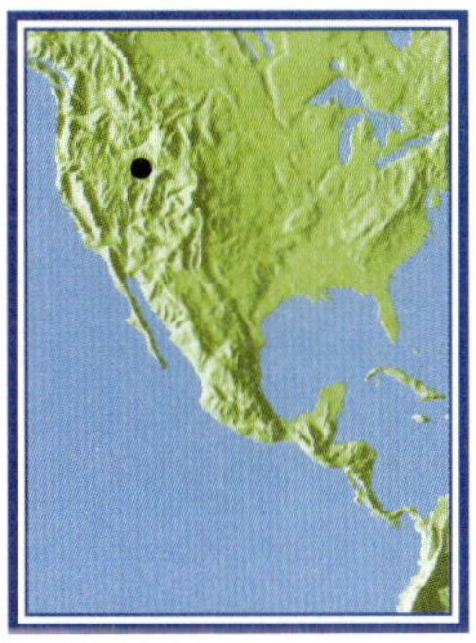

Der Gründer der Mormonen, Joseph Smith, wurde 1805 in Sharon, Vermont, geboren. Im Alter von 14 Jahren war er über die Rivalität zwischen Baptisten und Methodisten so bekümmert, daß er sich in die Wälder von Manchester, New York, zurückzog, um zu beten. Hier erschienen ihm Gott und Jesus Christus. Er fragte sie, welche der verschiedenen Konfessionen die richtige sei und Gott antwortete ihm, daß alle falsch seien und ihre Glaubensbekenntnisse »aus seiner Sicht Abscheulichkeiten« darstellten.

Drei Jahre später hatte Smith eine weitere Erscheinung, die sich dreimal wiederholte. Er sah eine »unbeschreiblich herrliche« Gestalt, die sich Moroni, Sohn des Mormon, nannte und ihm verhieß, daß ihm in Kürze ein auf goldenen Tafeln geschriebenes Buch zur Übersetzung anvertraut werde. Zwei durchsichtige und in silberne Bögen eingefaßte Edelsteine seien mit dabei und sollten als Brille dienen, durch die der Text gelesen werden könne.

Smith begab sich daraufhin an den von Moroni beschriebenen Ort – einen Hügel in der Nähe von Palmyra, New York – und fand in einer steinernen Truhe unter einem großen Felsen die goldenen Tafeln und Lesegläser. »Die Tafeln sahen aus wie aus Gold. Sie waren dünn, etwa 15 Zentimeter breit und 20 Zentimeter lang. Die zu einem Band zusammengebundenen Tafeln waren von eingemeißelten ägyptischen Buchstaben bedeckt.« (Zitiert nach der in Salt Lake City verfaßten *History of the Church of Latter-Day Saints.*) Die beiden durchsichtigen Steine waren laut Smith offensichtlich Urim und Thummim, die vom Hohepriester Israels als Orakel benutzten Edelsteine, durch die den Menschen Gottes Wille erfahrbar wurde. Dennoch wurde ihm der Inhalt der steinernen Kiste schließlich erst im Alter von 22 Jahren anvertraut (genaue Gründe für diese Verzögerung sind nicht bekannt).

Er begann sofort, die Buchstaben von den Tafeln abzuschreiben und wie geheißen mit Hilfe der Brille mühsam zu übersetzen.

Laut Zeugen verwendete er dabei zwei verschiedene Methoden. Die eine bestand darin, die Sehgläser und eine der goldenen Tafeln in einen Hut zu packen und diesen dann nah an sein Gesicht zu ziehen, um kein Licht hineinfallen zu lassen. Dann las er die autorisierte Bibelfassung und ihre Übersetzung ins Englische. Ein Schreiber zeichnete seine Worte auf.

Bei der anderen Methode setzte Smith sich hinter einen Vorhang, schaute durch die Gläser auf die Tafeln, entzifferte die Buchstaben und übertrug sie in die englische Sprache. Die Abschriften reichte er den vor dem Vorhang stehenden Personen.

Unten: *Joseph Smith*

Die fertige Übersetzung wurde 1830 veröffentlicht und ist unter dem Namen *Buch Mormon* bekannt. Die goldenen Tafeln und Sehgläser wurden am Tag der Veröffentlichung von Moroni zurückgenommen und an ihre Ruhestätte, »die Himmlischen Gefilde«, gebracht.

Die im *Buch Mormon* festgehaltene Geschichte ist kompliziert und oft verwirrend. Sie berichtet von zwei großen Einwanderungswellen aus dem Mittleren Osten nach Amerika, die kurz nach dem Scheitern des Turmbaus zu Babel stattgefunden haben sollen (Genesis 9, 1–9). Eine Gruppe segelte in acht Booten los und wurde vom Wind nach Westen getrieben. Nach 344 Tagen landete sie an der Atlantikküste von Mittelamerika. Die andere baute unter göttlicher Anleitung ein Schiff, segelte durch den Indischen und Pazifischen Ozean und landete an der Küste des heutigen Peru. Dort soll sie große Städte und Kulturen hervorgebracht haben, die sich jedoch gegenseitig bekriegten und dadurch vernichteten. Die Überlebenden gehörten zu den Vorgängern der amerikanischen Ureinwohner oder Indianer. Dies und noch viel mehr wird von den Mormonen als Evangelium akzeptiert.

Oben: Brigham Young, Erbe der Mormonen-Bewegung

Joseph Smith gründete 1830 in Fayette, New York, die Christliche Kirche der Heiligen der Letzten Tage, die anfangs sechs Mitglieder hatte. Einen Monat später hatte er bereits 40 Seelen für seine Gemeinde gewinnen können. Bald danach begann er eine »göttlich inspirierte Revision« der gesamten Bibel und behauptete, frühere Fassungen seien falsch oder mit der Absicht übersetzt worden, die richtige Bedeutung zu verschleiern.

Unten: Das Mountain-Meadow-Massaker von 1857

Dann wurde Smith in einer weiteren Erscheinung enthüllt, daß Independence in Missouri das Gelobte Land und der Ort für die Stadt Zion sei. Smith und seine Anhänger verkauften ihren Besitz, verließen New England und siedelten sich dort an.

Es wurde allgemein von neutralen zeitgenössischen Beobachtern festgestellt, daß die Mormonen ruhig, fleißig, sparsam, ehrlich und friedfertig waren und viel Geschick, Energie und Begeisterung an den Tag legten. Dennoch waren die ursprünglichen Siedler in Missouri über die Neuankömmlinge verärgert, vor allem als sie sich als das »neue auserwählte Volk« bezeichneten. Aufgrund dessen griffen sie ihre Farmen und Häuser brutal an und vertrieben die Mormonen aus der Stadt.

Überall, wo sie hinkamen, erlebten sie ähnliche Verfolgungen. In Haun's Mill, Missouri, ordnete der General der Bürgerwehr 1838 an, die Mormonen als Feinde zu behandeln und sie entweder zu vernichten oder aus dem Staat zu verjagen. Männer, Frauen und Kinder wurden niedergeschossen, als sie versuchten in die Wälder zu fliehen. Ein gewisser Bruder Merrick wurde mit einer Sense in Stücke geschnitten, während dem neunjährigen Knaben Sardius Smith mit dem Gewehr aus nächster Nähe der obere Teil des Schädels weggeschossen wurde. Die Soldaten raubten die Häuser, Planwagen und Zelte der Mormonen aus, nahmen Pferde und Wagen mit, zogen ihren Opfern sogar die Kleider aus und ließen die überlebenden Witwen und Waisen völlig mittellos zurück. Der ganze Vorfall gilt als einer der schändlichsten Zwischenfälle der amerikanischen Geschichte überhaupt.

Archäologen der Mormonen behaupteten, daß sich in Nord- und Südamerika zahlreiche Überreste der Einwanderer aus dem Mittleren Osten, ihrer Kulturen und 38 großer Städte finden lassen. Das Smithsonian Institute in Washington stellte jedoch fest, daß »es keine wie auch immer gearteten Entsprechungen zwischen den durch wissenschaftliche Untersuchungen entdeckten archäologischen Stätten und Kulturen und den im *Buch Mormon* offenbarten gibt«. Forscher der Columbia University gehen davon aus, daß »im *Buch Mormon* kein einziger brauchbarer Hinweis auf die Vorgeschichte der amerikanischen Indianer vorhanden ist... Es ist biblisch, historisch und wissenschaftlich unwahr.«

Die Brigham Young University in Salt Lake City, das geistige Zentrum der Mormonen, behauptet, durch eigene wissenschaftliche Untersuchungen beweisen zu können, daß alle anderen sich irren.

Auch an anderen Orten wurden Mormonensiedlungen vom Mob geplündert und niedergebrannt. Joseph Smith selbst wurde geteert und gefedert und bei verschiedenen Gelegenheiten ins Gefängnis gesperrt. Seine Anhänger wurden verprügelt oder getötet. 1840 fand die Bewegung ein neues Zentrum in Illinois und nannte die 20000 Mitglieder umfassende Gemeinde Nauvoo.

Um die Verfolgung zu beenden und weiteres Blutvergießen zu verhindern, ergab sich Smith freiwillig. Der Gouverneur sperrte ihn in Carthage, Illinois, ins Gefängnis. Er wurde am 27. Juli 1844 im Alter von neununddreißig Jahren von 200 bewaffneten Männern gelyncht und von einer Gewehrsalve getötet. Danach versuchte die Horde, seinen Kopf mit Hilfe eines Messers vom Körper abzutrennen.

Die Überlebenden wurden aus Nauvoo vertrieben. Smiths Nachfolger Brigham Young führte sie in einem aufreibenden Marsch von Illinois nach Salt Lake Valley in Utah, wo sie Land vorfanden, das keiner haben wollte. Diese Wanderung ist in der langen Geschichte der Entstehung religiöser Freiheit sicherlich eine der überzeugendsten Episoden überhaupt: Eine wahrhaftige Pilgerreise.

Männer, Frauen und Kinder machten sich mit einer kleinen Viehherde, einigen Hühnern und 400 Planwagen auf den Weg. Auf der über 2000 Kilometer langen Wanderung über die Great Plains ertrugen sie Kälte, Hunger, Erniedrigungen, Durst, Anfeindungen durch Eingeborene und unfreundliche Siedler. Sie überwanden die steilen Pässe in den Rocky Mountains, wo Hunderte von ihnen den Tod fanden, und gelangten in die unfruchtbare Ebene, in der heute Salt Lake City liegt. Hier ließen sie die Wüste erblühen. Verschiedene »Wunder« ereigneten sich, zum Beispiel während der ersten Ernte im Jahr 1848, als Tausende von Möwen aus dem Salzsee kamen und eine Heuschreckenplage verhinderten, indem sie die Insekten verschlangen.

Es ist dennoch eine traurige Tatsache, daß die Mormonen ihrerseits für eine Reihe barbarischer Vorkommnisse verantwortlich waren. 1857 ordnete Brigham Young die Vernichtung eines Wagenzugs mit 150 Einwanderern an, die keine Mormonen waren. 20 Jahre später wurden die für diesen als Mountain Meadow Massaker bekannten Vorfall Verantwortlichen verurteilt und hingerichtet. 1850 wurde Young zwar Gouverneur von Utah, aber da die zunehmende Polygamie der Mormonen die US-Regierung beunruhigte, wurde 1869 ein Nicht-Mormone als Gouverneur eingesetzt. Als Young 1877 starb, hinterließ er 17 Witwen und 56 Kinder.

LINKS: Der Mormonentempel in Salt Lake City, Utah

Die Mormonen heute

Heutzutage gibt es über 4 Millionen Mormonen, die meisten davon leben in den Vereinigten Staaten. In Salt Lake City befindet sich nicht nur nach wie vor ihr geistiges Zentrum, sondern auch ein Tempel, der hinsichtlich seiner Größe und Bedeutung mit dem Heiligtum der Unbefleckten Empfängnis in Washington konkurrieren kann. Hier zeigen sich die Ergebnisse von harter Arbeit und Leistung. Es dauerte 40 Jahre, bis der Tempel mit seinen sechs Türmen und der Kupfergußstatue des Engels Moroni fertiggestellt war. Die verwendeten Granitblöcke wurden mit Ochsenkarren aus dem 30 Kilometer entfernten Steinbruch herangeschleppt.

Neben dem Tempel befindet sich das Gotteshaus mit seinem riesigen, schildkrötenförmigen Dach. Es bietet Platz für 7000 Menschen und besitzt eine Orgel mit 12000 Pfeifen und sechs Klaviaturen. Im berühmten Mormon Tabernacle Choir, der bereits mehrere Schallplatten aufgenommen hat, singen mehr als 200 Menschen mit. Die Tage der Ablehnung und Verfolgung der Mormonen liegen heute genauso weit zurück wie die Visionen und Gebete des jungen Joseph Smith.

ISLAM

MEKKA IST WEIT über die muslimische Welt hinaus zum Inbegriff der »Pilgerfahrt« geworden. Nur Muslime dürfen ihre allerheiligste Stadt, in der Mohammed geboren wurde, betreten. Von allen Muslimen wird erwartet, daß sie mindestens einmal eine Pilgerfahrt nach Mekka unternehmen. Wo immer sie sich auf der Welt aufhalten, sie blicken beim Gebete nach Mekka.

Muslime aus aller Welt kommen zu Tausenden nach Mekka

MEKKA

OBEN: Zeichnung der Moschee in Mekka aus einem persischen Text von Mustafa Al-Shukri

MEKKA (MAKKAH) und die unfruchtbaren, fast feindlichen Granitberge der Umgebung liegen inmitten der Sandebenen Saudi Arabiens. Einige Kilometer westlich davon liegt der größte Flughafen der Welt mit zwölf riesigen Terminals, doch ist er nur sechs Wochen im Jahr geöffnet (das jeweilige Datum verschiebt sich). Alle fünf Minuten landet ein Jumbo-Jet, 4000 Personen pro Stunde treffen ein. Eine Autobahn aus Beton und Asphalt, die »der Korridor der Hingabe« genannt wird, zieht sich durch die Berge. An der Autobahnausfahrt steht ein Schild mit der Aufschrift: »Kontrollposten. Zutritt für Nicht-Muslime verboten.« Hier beginnt der heilige Boden von Mekka, hierher führt die größte aller Pilgerreisen.

Die Geschichte

Mohammed wurde gegen Ende des 6. Jahrhunderts in Mekka geboren. Sein Vater, ein armer Händler aus dem Stamme der Quraysh, starb vor seiner Geburt. Seine Mutter starb, als er sechs Jahre alt war, erzogen wurde er von seinem Großvater und seinem Onkel. Über diese Zeit ist jedoch kaum etwas bekannt. Er wurde zum Kaufmann ausgebildet, lebte mit Nomaden in Zelten, reiste nach Syrien und traf heilige Männer. Offenbar war er mit dem Polytheismus und Aberglauben seines eigenen Volkes unzufrieden, kritisierte aber auch das Judentum und das Christentum.

Im Alter von 25 Jahren heiratete Mohammed die 15 Jahre ältere wohlhabende Witwe Khadidja. Sie führten eine glückliche Ehe und hatten sechs Kinder. Auch über die 15 Lebensjahre, bevor er von Allah gerufen wurde, ist nur sehr wenig bekannt.

Man sagt, daß Mohammed eine Zeit durchlief, die Christen als Nacht der Seele bezeichneten; spirituelle Erschöpfung, sogar Zweifel überkamen ihn. Mohammed soll sich in Berghöhlen zurückgezogen haben, um dort zu fasten, zu beten und zu meditieren. Um 610 wurde ihm die Gabe ekstatischer Rede gewährt; etwa in seinem vierzigsten Lebensjahr wurde er von Allah zum Propheten berufen. Seine Botschaft sollte lauten: »Der eine allmächtige Gott ist allmächtig und der Mensch hat die Pflicht zum Gehorsam.« In den folgenden Jahren wurden Allahs Anweisungen im Koran (oder »Rezitiere!«) festgehalten, dessen Worte Mohammed durch Tafeln offenbart wurden, die in den Höfen des Paradieses verborgen waren. Die Predigten des Propheten über den einen allmächtigen Gott führten unweigerlich zu Schwierigkeiten mit den religiösen Autoritäten in Mekka, die für ein seit langem verehrtes Heiligtum ihrer vielen Götter zuständig waren, das von Mohammeds eigenem Stamm, den Quraysh, bewacht wurde. Man fürchtete, daß dieses Heiligtum nutzlos werden würde, wenn Mohammed mit der Bekehrung der Menschen zum Glauben Allahs Erfolg hätte. Ironischerweise wurde genau dieses Heiligtum, die Kaaba, später zum Haus Allahs und zum Zentrum der islamischen Pilgerbewegung.

Nach dem Tode Khadidjas sah sich Mohammed, der unter anderem der Hexerei und des Betrugs angeklagt war, gezwungen, in das 300 Kilometer nördlich von Mekka gelegene Medina (al Madinah; siehe S. 136–137) zu fliehen, wo er schon

IM ZUGE DES »Heiligen Krieges« wurden schreckliche Greueltaten im Namen Allahs begangen. So wurden 800 gefangene Juden dazu gezwungen, ein Massengrab auszuheben und sich an dessen Rand hinzuknien. Innerhalb eines Tages und einer Nacht wurden alle enthauptet, während ihre Frauen und Kinder zusehen mußten, bevor sie als Konkubinen oder Sklaven verkauft wurden. Nur ein einziger Jude rettete sein Leben, indem er Jahwe abschwor.

GEGENÜBERLIEGENDE SEITE: Muslime an der Kaaba, dem Haus Allahs

RECHTS: *Gläubige beim Gebet vor der Al-Harram-Moschee, in der sich die Kaaba befindet*

OBEN: *Muslime versammeln sich zur Hadsch, der jährlichen Reise nach Mekka. Sie wird von Mohammed gefordert und findet im Monat Dhu-ul-Hijja des islamischen Mondkalenders statt*

Anhänger hatte. Diese Reise im Jahr 622 wurde als *hidjra* bekannt und markiert den Beginn der muslimischen Ära.

Für gewöhnlich legte Mohammed Takt und Diplomatie im Umgang mit anderen an den Tag. Da er jedoch davon überzeugt war, daß seine Botschaft alle Araber, ja sogar die gesamte Menschheit betraf, entschied er rasch, daß sie nur durch Gewalt bekehrt werden konnten und daß es keine Kompromisse hinsichtlich der Götzenanbetung geben dürfe. Er vermochte durch Beredsamkeit und Überzeugungskraft Unterstützung zu gewinnen; schlug dies jedoch fehl, konnte er rücksichtslos werden. Wie Juden und Christen bereits vor ihm griff auch Mohammed zum Schwert, und jene, die den islamischen Glauben nicht annehmen wollten, wurden mit dem Tode bedroht.

Zuerst vertrieb er die Juden aus seinem Einflußgebiet, dann predigte er den Krieg gegen die Ungläubigen als heilige Pflicht, als *jihad.* Nach einer Reihe von Schlachten wurde Mohammed 629 Herrscher von Mekka. Innerhalb eines weiteren Jahres hatte er ganz Arabien unter Kontrolle.

Mohammed zog triumphierend nach Mekka, zerschlug die 350 Götzenbilder, die die Kaaba umgaben, und ließ angeblich Bilder von Jesus von ihrer Wand abwaschen, bevor er das Heiligtum zum Zentrum des islamischen Pilgerwesens machte. Bilder von Maria soll er dagegen verschont haben. Er starb 632, kurz nachdem er von seiner letzten Reise nach Mekka zurückgekehrt war. Zum Zeitpunkt seines Todes hatte Mohammed die arabische Welt für die kommenden Jahrhunderte geformt: weniger als 100 Jahre nach seinem Tod erstreckte sich das muslimische Reich von Südfrankreich über Spanien, Nordafrika, die Levante und Zentralasien bis zur Chinesischen Mauer.

Das heutige Mekka

Die wichtigsten rituellen und moralischen Pflichten der Muslime werden die Fünf Säulen genannt: das Glaubensbekenntnis an den einen wahren und lebendigen Gott, mindestens fünf Gebete am Tag, Almosen für die Armen, Fasten und die Pilgerfahrt nach Mekka.

Das Glaubensbekenntnis ist das kürzeste aller Religionen: »Es gibt keinen Gott außer Gott, und Mohammed ist sein Prophet.« Das Gebet ist komplizierter und besteht aus einem streng vorgeschriebenen Ritual, das mit dem Gesicht nach Mekka ausgeführt wird. Stehen, Verbeugungen und Niederwerfungen wechseln sich ab; man muß arabisch sprechen und sich im Zustand körperlicher Reinheit befinden. Das Fasten ist hauptsächlich auf den Ramadan beschränkt, den neunten Monat des islamischen Kalenders. Alle Gläubigen mit Ausnahme von Kranken, Reisenden, schwangeren Frauen, stillenden Müttern und Kleinkindern sind angehalten, von Sonnenauf- bis Sonnenuntergang auf Nahrung, Getränke, das Rauchen und Geschlechtsverkehr vollständig zu verzichten. Almosen sollen jedem Bettler, der Wohltätigkeit erfährt,

Gottes Segen geben. Jeder erwachsene Muslim, ob Mann oder Frau, muß mindestens einmal in seinem Leben nach Mekka pilgern, wenn es die finanzielle Situation zuläßt.

Mekka war schon lange vor dem Islam ein Pilgerort und die Kaaba war ursprünglich ein Heiligtum vieler Götter: Ein großer, rauher Würfel aus grau-grünen Granitblöcken, etwas länglicher als ein Quadrat. Eine Diagonale verläuft in Nord-Süd-Richtung und die andere ungefähr in Ost-West-Richtung, was aller Wahrscheinlichkeit nach astronomische Bedeutung hat.

An einer Ecke befindet sich ein großer schwarzer Stein, vermutlich ein Meteorit, den Mohammed selbst dort eingelassen hat. Als Wasserfluten die Fundamente der Kaaba geschwächt hatten, wurden vier Gruppen von Arbeitern aus den vier verschiedenen Stämmen bestimmt, sie zu restaurieren. Jede Gruppe war dabei für eine Wand verantwortlich. Als es um die Ehre ging, den schwarzen Stein wieder einzusetzen, kam es zu Streit und Kampf. Der Prophet schlug schließlich vor, daß ein Mann aus jeder Gruppe eine Ecke eines Tuches halten sollte, auf das der Stein gelegt wurde. Mohammed selbst dirigierte ihn in die richtige Position.

Das Hauptziel der Mekkapilger besteht heute darin, die Kaaba siebenmal gegen den Uhrzeigersinn zu umrunden und den schwarzen Stein zu küssen und zu berühren. Früher sollen die Pilger dies nackt getan haben, als Ausdruck heiliger Unschuld. Heute tragen sie den weißen *ihram*, zwei Bahnen Stoff, von denen eine von der Taille bis zu den Schienbeinen reicht, die andere locker um die Schultern gelegt wird. Traditionellerweise nehmen die Pilger ihren *ihram* mit nach Hause, um ihn nach ihrem Tod als Leichentuch zu verwenden.

OBEN: Pilger lassen sich als Vorbereitung für die heilige Reise die Haare abschneiden

Mekka selbst ähnelt einem Drehort für ein Hollywood-Epos. Fünf-Sterne Hotels, teure Geschäfte und benzinverschlingende große Autos gehören heute genauso zum Stadtbild, wie die Einrichtungen, die so zeitlos sind, wie die Pilgerfahrt selbst: Bazare, schmale Gassen, Imbißstände und kleine abgeschiede Innenhöfe.

Al-Harram, der heilige Bereich, in dem sich die Kaaba befindet, ist der größte Freilufttempel der Welt, in dem sich jedes Jahr zwischen ein und zwei Millionen Menschen zum Gottesdienst versammeln. Wimmelnde Menschenmassen laufen umher, und alle haben nur ein Ziel: den Ort durch das Tor des Friedens zu betreten, dort die Sandalen auszuziehen, die Schwelle mit dem rechten Fuß zuerst zu überschreiten, langsam über das Pflaster, durch Galerien und Gewölbe zu gehen, durch schlanke Säulen und Gänge zu schreiten, vorbei an Familien, die mit gekreuzten Beinen auf dem Boden sitzen und sich ausruhen oder den Koran lesen. Dann führt der Weg durch marmorne Innenhöfe und Arkaden zur Kaaba im Herzen des zentralen Innenhofes. Niemand ist in Eile, es gibt kaum Drängeln und Schubsen. Männer und Frauen weinen vor Erleichterung oder Freude, blicken sich verwundert um, rezitieren den Koran und beten. Dabei bewegen sie sich in einem gleichmäßigen Strom zur Kaaba. Diese ist unter einem schwarzen Vorhang verborgen und bildet den einzigen ruhenden Punkt in diesem Treiben. Um sie herum gehen die Pilger, oft zehn oder zwanzig nebeneinander, immer rechts herum, bis die sieben Umrundungen vollendet sind. Tausende von Männern und Frauen rufen an jeder Ecke des Heiligtums ein anderes rituelles Gebet aus, am schwarzen Stein selbst wird ein ganz besonderes Gebet gesprochen.

LINKS: Pilger küssen den heiligen Stein, der von Mohammed an einer Ecke der Kaaba eingelassen wurde

MEDINA

»Medina«, so sagte Mohammed einst, »war für mich wie die Wiege auf dem Nil für Moses.«

DIE STADT MEDINA (al Madinah) ist für fromme Muslime nach Mekka der wichtigste Pilgerort, vor allem weil hier der Prophet begraben liegt, aber auch aufgrund ihrer Bedeutung für die Geschichte des Islam. Von der Stadt Medina aus führte Mohammed seine Feldzüge gegen Mekka, um den anhaltenden Widerstand gegen seine religiösen Lehren zu brechen.

Die Geschichte

Nachdem er mit den Wächtern des Heiligtums in Mekka, in dem eine Vielzahl von Göttern verehrt wurde (siehe S. 132–135), in Konflikt geraten war, mußte Mohammed fliehen. In mehreren Nachbarstädten wurde er abgewiesen; er wurde sogar mit Steinen aus der Stadt getrieben. Yathrib, eine Oase im Norden Mekkas, gestattete ihm die Einreise. Von Juden an der Kreuzung dreier alter Karawanenwege gegründet, war Yathrib das kommerzielle Zentrum einer erfolgreichen Dattelwirtschaft, ein wichtiger Goldmarkt und ein Ort, an dem sich viele Christen sicher genug fühlten, um dort zu leben. Mohammed etablierte sich dort rasch, und Yathrib wurde bald über ihre Grenzen hinaus bekannt als Madinat-un-nabi oder »die Stadt des Propheten« – Medina, wie sie heute genannt wird.

Mohammed lebte einige Jahre dort, überarbeitete seine Lehren und gewann an Macht und Einfluß. Schließlich versuchte er, seine Mission mit dem Schwert durchzusetzen und organisierte eine Reihe von Überfällen auf Karawanen und umliegende Städte, einschließlich Mekka, immer noch das Zentrum seiner spirituellen Welt. Eine Armee von über 10 000 Mann wurde gegen seine kleine Truppe von etwa 400 Anhängern ins Feld geschickt. Doch Mohammed war ein Meister des Wüstenkrieges; er befestigte Medina und konnte so die Kampfplätze bestimmen. Nach und nach zermürbte er seine Feinde, bis sie schließlich in einen Waffenstillstand einwilligten. Dann unterwarf er Mekka, zerstörte die Götzenbilder an der Kaaba und machte die Stadt zum Zentrum des islamischen Pilgerwesens.

Ägyptische Muslime beten am Ende ihrer Reise in Medina

Die erste Moschee – der Gebetsplatz – war sehr einfach. Eine Mauer aus sonnengetrockneten Lehmziegeln schloß einen viereckigen Hof ein, Palmen spendeten Schatten und etwa ein Drittel der Fläche war mit einem Dach aus Palmenblättern bedeckt. In der Mauer gab es drei Eingänge: einer in Richtung Jerusalem, einer als Eingang für Jibril (Gabriel); der letzte wurde das Tor der Gnade genannt. Der Hof wurde für Gebete und als Zufluchtsort für Obdachlose genutzt; er vereinte somit die beiden wichtigsten Aspekte islamischer Praxis: Lobpreisung und Barmherzigkeit im Namen Allahs.

Aus dieser einfachen ersten Moschee entwickelten sich mit der Zeit einige der phantastischsten Sakralgebäude weltweit, die in ihrer vielseitigen Schönheit wahre Wunder aus Marmor und Gold darstellen.

Das heutige Medina

Eine Reise nach Medina wird normalerweise als fromme Zugabe zur Wallfahrt nach Mekka unternommen, entweder vorher – um den Propheten »kennenzulernen« – oder hinterher, um seine Botschaft zu besiegeln. Tatsächlich soll Mohammed gesagt haben, daß jeder Mekkapilger ungehobelt sei, der sein Grab nicht besuche. Obwohl kein zwingendes religiöses Erfordernis besteht, nehmen dennoch die meisten Pilger die Mühe auf sich und legen die 300 Wüstenkilometer per Auto oder im Flugzeug zurück.

Medina ist eine typische moderne arabische Stadt mit niedrigen weißen Gebäuden, Palmen und sechsspurigen Autobahnen. Die Moschee ist nicht so groß wie die in Mekka, hat aber eine eigene machtvolle Ausstrahlung: rosafarbener Granit, verziert mit Kacheln und Mosaiken, feinsten Steinmetzarbeiten und Gold. In ihrem Zentrum befindet sich eine kleine Einfriedung um die Stelle, an der Mohammed lebte und lehrte, das Lehmziegelhaus, in dem er aß und schlief, und sein Grab.

UNTEN: Sonnenuntergang über der prachtvollen Moschee in Medina

SIKHISMUS

DER SIKHISMUS WURDE IM 15. Jahrhundert von Guru Nanak gegründet, der die Suche nach innerer Wahrheit jenseits äußerlicher Zurschaustellung von Ritualen befürwortete. Er war der erste von zehn Gurus, deren Lehren das heilige Buch bilden, das als Guru Granth Sahib bekannt ist. Die älteste Abschrift dieses Buches befindet sich im Goldenen Tempel in Amritsar. Jeder Sikh sollte ihn einmal im Leben besuchen.

Der Goldene Tempel in Amritsar, teils Tempel, teils Moschee, stand im Zentrum leidenschaftlicher Kämpfe

Der Goldene Tempel

Oben: Der Goldene Tempel in Amritsar

Unten: Gobind Singh, Gründer der Khalsa

Die verschiedenen islamischen Invasionen, die zwischen dem 7. und 12. Jahrhundert in Indien stattfanden, zerstörten viel von der alten religiösen Kultur des Nordens, ließen aber den weniger zugänglichen Süden vergleichsweise unverändert. Im Pandschab und sogar jenseits der Grenze in Kaschmir entstand eine eigene Mischung von Hindu-Frömmigkeit und islamischen Elementen.

Im frühen 15. Jahrhundert wurde der muslimische Weber Kabir Schüler des hinduistischen Guru Ramanand, und aus dieser Zusammenarbeit entwickelte sich die Lehre, die als Kabir-panth bekannt wurde: »Oh Herr, ob Allah oder Vishnu, ich lebe durch Deinen heiligen Namen«. Viele Jahre später geriet ein Hindu aus Lahore – Guru Nanak (1469–1539) – unter den Einfluß des Kabir-panth und gründete eine neue religiöse und politische Bewegung: den Sikhismus. Obwohl das Zentrum des Sikhismus heute noch immer im Pandschab liegt, findet man Sikhs überall in Indien und im Fernen Osten.

Die Geschichte des Sikhismus

Guru Nanak glaubte, daß die echte Verehrung Gottes durch Rituale behindert wird und propagierte statt dessen Meditation und persönliche Frömmigkeit. Nach der Auffassung der Sikhs war er einer der zehn Gurus, die der Menschheit das Wort Gottes brachten. Der letzte von ihnen, Guru Gobind Singh (1666–1708), spielte eine herausragende Rolle in der Zeit der erbitterten Konflikte zwischen Sikhs und dem herrschenden Mogulreich. Unter Gobind Singhs Führerschaft wurden die Sikhs zu geschickten Kriegern. Er führte außerdem die Khalsa ein, die Sikh-Gemeinschaft, deren Mitglieder alle die »fünf Ks« trugen: Kesh (ungeschnittene Haare), Kamgha (einen Kamm), Kirpan (einen Dolch), Kara (einen Armreif) und Kacch (ein kurzes Beinkleid). Alle Männer wurden Singh (»Löwe«), alle Frauen Kaur (»Prinzessin«) genannt.

Nach Guru Gobind Singh wurde die Idee des Guru auf die heilige Schrift, den Adi Granth, übertragen, der die Reden von Nanak und seinen Nachfolgern enthält. Seit diesem Zeitpunkt ist das heilige Buch als Guru Granth Sahib bekannt.

Sikhismus heute

Die Glaubenssätze der Sikhs sind einfach, aber voller tiefgründiger Implikationen. Gott ist jenseits menschlicher Vorstellungskraft – und ist doch die einzige Wirklichkeit; alles andere ist Illusion. Dieser Gott ist unter vielen Namen bekannt, von denen alle heilig sind. Der beste Weg der Annäherung ist die rituelle Wiederholung all dieser Namen, das Singen von Lobeshymnen und die Meditation unter persönlicher Anleitung eines Gurus oder Lehrers.

Großartige handgeschriebene und verzierte Abschriften des Guru Granth Sahib werden an jedem heiligen Ort der Sikhs aufbewahrt. Die älteste befindet sich im Goldenen Tempel in Amritsar, der

Stadt der Unsterblichkeit. Die Schriften werden mit sorgfältiger Ehrerbietung behandelt und dürfen nur von Sikhs berührt werden. Das Buch ist normalerweise in ein Tuch aus bestickter Seide eingeschlagen und wird in einem Kasten aus geschnitztem Zedern- oder Sandelholz aufbewahrt. An hohen Festtagen werden die Schriften von vorne bis hinten von wechselnden Vorlesern laut vorgetragen.

Der Goldene Tempel Harimandir ist ein erhabenes Gebäude von fremdartiger Schönheit. Halb Tempel, halb Moschee ist er von den Spuren der Zeit und den leidenschaftlichen Kämpfen, die unlängst zwischen Sikhs und Hindus um seinen Besitz ausgetragen wurden, gezeichnet. Das mit vergoldeten Kupferinschriften aus dem heiligen Buch verzierte, 1766 errichtete Gebäude liegt in einem heiligen See.

Da die Sikhs derzeit politische Unabhängigkeit und einen eigenen Staat fordern, wurden Tausende von ihnen von der indischen Regierung gefangengenommen. Beide Seiten verübten terroristische Anschläge, und mehrere Male griff die indische Armee militante Sikhs an, die den Goldenen Tempel besetzten. Die Tempelmauern sind rauchgeschwärzt, mit Einschußlöchern von Maschinengewehrsalven überzogen und von Granaten und Mörsern zerschossen. Doch der Goldene Tempel überstand all diese Gewalt; er wird restauriert und in Teilen sogar neu errichtet.

LINKS: Ein Sikh rezitiert Verse aus dem Guru Granth Sahib

Unabhängig von den Schlachten, die um ihn herum toben, bleibt der Tempel, wie die Kaaba in Mekka, ein für alle Gläubigen wahrhaft heiliger Ort. Obwohl die Wallfahrt hierher formal nicht gefordert ist, besuchen die meisten Sikhs den Tempel mindestens einmal im Leben. Ungläubige Touristen hingegen wurden noch nie zu einem Besuch aufgefordert. Angesichts der noch immer schwelenden Gewalt von seiten der Separatisten, sollte man den Goldenen Tempel in Amritsar seinen Anhängern überlassen.

UNTEN: Eine farbenprächtige Sikh-Zeremonie

HINDUISMUS

DER HINDUISMUS IST EINE sehr vielgestaltige Religion, mit vielen Göttern und verschiedenen Formen des Gottesdienstes. Die heiligen Orte liegen alle auf dem indischen Subkontinent; ihre Zahl geht in die Zehntausende. Die wichtigsten Pilgerziele werden mit Shiva, Krishna und Vishnu in Verbindung gebracht – und mit dem Fluß Ganges, der angeblich jeden reinigt, der in sein Wasser eintaucht.

In Benares, Indien, drängen sich die Gläubigen in die Bade-Ghats

DER HINDUISTISCHE GLAUBE

Ein Hindu-Pilger meditiert, um sich auf seine beschwerliche Reise vorzubereiten

ZWEI HINDUS in langen, weißen Gewändern fegen barfuß die Mitte einer Straße. Beide gehören einer niedrigen Kaste an, beide singen. Sie bereiten den Weg für einen heiligen Mann, der auf Pilgerreise zu einem Tempel Shivas ist. Abgesehen von einem weiten Lendentuch ist er nackt und er hat sich kahlrasiert. In der Mitte der Stirn ist eine senkrechte rote Linie aufgemalt; auf beiden Seiten davon befindet sich eine weiße Linie. Er ist sehr dünn; doch zeichnen sich deutlich Muskeln und Sehnen ab. Nur langsam kommt er voran. Er steht still, ruft »Shiva«, kniet nieder, betet laut und wirft sich dann in voller Länge nieder, betet wieder laut, kniet, ruft wieder »Shiva«, rutscht auf den Knien dorthin, wo sein Kopf eben noch lag, steht auf und beginnt die Prozedur von vorne. Seine beiden Schüler fegen Staub und kleine Steine beiseite, während ein anderer Schüler hinter ihm in einer Holzschale Almosen sammelt. Für die zehn Kilometer zum Shiva-Tempel braucht der heilige Mann vermutlich eine Woche. Furchige Schwielen bedecken seine Knie, denn er kriecht bereits seit einigen Monaten auf ihnen.

OBEN: *Shiva sitzt auf einem Thron aus Lotosblättern. Er hält eine Trommel als Symbol der Schöpfung und eine Flamme als Symbol der Zerstörung*

Andere heilige Männer bewältigen ihre Pilgerreise zu Brahma, Shiva oder Vishnu vollständig auf den Knien – oft Hunderte von Kilometern und mehrere Monate lang. Manchmal gehen sie rückwärts, schlagen Purzelbäume, rollen sich mit erstaunlicher Geschwindigkeit seitwärts, ziehen einen großen Holzklotz oder eine schwere Kette hinter sich her oder tragen gar einen großen, schweren Stein auf dem Kopf.

Die »Kasteiung des Leibes«, die der Abtötung sündiger und gottloser Gedanken dient, ist ein bekanntes Element christlicher Gottesverehrung. Aber nach der hinduistischen Lehre »kannst du dem Fleisch nicht um der Seele willen entsagen, denn beide sind eins, und was du dem Fleisch tust, das tust du auch der Seele. Töte sie, töte beide.« Der Hinduismus ist nicht sinnenfeindlich; er zelebriert die erotischen Freuden des Erhabenen Krishna und füllt seine Tempel mit nackten Göttern, Göttinnen und himmlischen Nymphen, die alle erdenklichen sexuellen Freuden genießen. Die Askese der heiligen Männer im Hinduismus hat unterschiedliche Gründe, die sich aus der alten Theologie speisen. Diese theologische Lehre ist dermaßen umfangreich und komplex, daß fast jede Aussage über sie sofort auf Widerspruch der verschiedenen unterschiedlichen Schulen stößt.

Vielleicht der beste Weg, sich im Labyrinth hinduistischer Figuren und Glaubensvorstellungen zurechtzufinden, ist, sich mit einigen wenigen Gottheiten – allesamt Manifestationen des einen Lichtes – und mit einigen religiösen Praktiken genauer vertraut zu machen.

Gottheiten des Hinduismus

Brahma, der Schöpfer, sandte das Prinzip des Universums aus: Durch die Taten aller Wesen dieses Universums wird die Kette von Ursache und Wirkung solange aufrechterhalten, bis alle materiellen und spirituellen Dinge zur Seligkeit des Nirwana in ihn, die eine spirituelle Essenz, zurückkehren.

Saraswati, seine Gemahlin und sexuelle Partnerin, ist heller als das Licht von 10 Millionen Monden. Sie ist die Mutter der heiligen Schriften, die Verkörperung der Natur und die Patronin der Künste – von denen die Kunst des Liebens die wichtigste und wertvollste ist. Sie ist von außerordentlicher Schönheit, lächelt immer, und ihr ganzer Körper ist kunstvoll mit herrlichen Juwelen und Perlen geschmückt.

GEGENÜBERLIEGENDE SEITE: *Vishnu, Herr des Universums, in seiner Inkarnation als Krishna*

OBEN: Der Tempel von Somnath in Gujarat, Indien; einer der zwölf heiligsten Shiva-Tempel

Die fünf Sinne sind für Brahma und Saraswati heilig: Augen, Ohren, Nase, Mund und Haut – alle müssen wir im Leben benutzen, um das Spirituelle zu verstehen. Das endgültige Verstehen entspringt dem sexuellen Höhepunkt, an dem alle Sinne bis zum Äußersten beteiligt sind.

Shiva ist reine Existenz, reines Bewußtsein, der Gott des Geistes, der Herr des Tanzes, Meister der drei Welten, der Eroberer. Er wird oft bewaffnet dargestellt und hat drei Augen; das dritte Auge verleiht ihm innere Sicht und kann jeden vernichten, den es anblickt.

Kali, Shivas Gemahlin und sexuelle Partnerin, ist die Befreierin für jene, die ihr wahres Wesen kennen, aber die Dunkle und Schreckliche für solche, die sie nur als Zerstörerin sehen können. Sie ist Zeit, Raum, Luft, Feuer, Wasser und Erde, und die Beherrscherin der 64 sexuellen Künste, mit denen sie die Freuden Shivas vermehrt. Das Kama Sutra ist ihre heilige Schrift. Der Gesang der Anhänger Kalis lautet: »Hier in meinem Körper sind die heiligen Flüsse, hier sind die Sonne und der Mond und die Sterne, wie auch alle Wallfahrtsorte. Kein anderer Tempel ist so selig wie mein Körper.« .

Für Hindus ist der Körper der Tempel der Seele, der Mikrokosmos des Universums, mit Gärten der Freude, Flüssen, Heiligtümern und den neun Toren oder Eingängen. Er muß rein, gesund und in Harmonie mit den Wünschen von Shiva und Kali gehalten werden.

Vishnu, der Erhalter und Herr der Wasser, bewahrt alle Dinge. Er ist der Herr des Universums und in seiner Inkarnation als Krishna ist er die Verkörperung des glühenden jungen Liebhabers.

Lakshmi, seine Gemahlin und sexuelle Partnerin, ist so schön wie 10 Millionen aufgehende Sonnen und die Verkörperung der Sinnlichkeit. In ekstatischer Vision ruht sie vollkommen nackt auf seinen Schenkeln.

Zusammen sind sie ewige Liebende, für immer vereint in sexueller und spiritueller Einheit – Symbol des Aufgehens des Selbst in der endgültigen Einheit Brahmas und der Rückkehr in einen Zustand der Unwissenheit vor dem Beginn von Raum und Zeit.

Karma

Aus all diesen Zusammenhängen entsteht die Idee des Karma. Einfach gesagt bedeutet dies, daß wir für unsere Taten jederzeit die volle Verantwortung übernehmen und bereit sein müssen, deren Auswirkungen in unserem gegenwärtigen Leben zu ertragen. Hindus glauben darüber hinaus, daß wir frühere Leben oder Inkarnationen mit guten oder schlechten Ergebnissen hatten, und daß diese immer noch gute oder schlechte Auswirkungen auf uns haben. Dementsprechend hat das, was wir in diesem Leben tun, Auswirkungen auf unsere zukünftigen Leben. Reinkarnation ist also der Prozeß, durch den eine persönliche Befreiung erarbeitet werden kann, die niemand einem abnehmen kann. Befreiung ist die endgültige Erlösung vom Zwang der kontinuierlichen Wiedergeburt in eine Welt voller Illusionen.

Dharma

Der Sanskrit-Ausdruck *dharma* kann als »religiöse oder moralische Pflicht« übersetzt werden. Das Konzept ist eng mit dem indischen Kastensystem verbunden. Der *dharma* eines Brahmanen oder Priesters besteht darin, zu lernen, zu lehren und Opfer darzubringen. Der *dharma* eines Kshatriya oder Kriegers besteht darin, zu kämpfen; und ein gewöhnlicher Haushälter muß seine Familie ernähren und die gewohnten Opferhandlungen vollziehen. In der Kaste, in die Hindus hineingeboren werden, werden sie auch sterben, denn jeder Versuch, ihrem *dharma* aus dem Weg zu gehen, bleibt erfolglos. Den *dharma* kann jeder durch Rezitieren der heiligen Anrufungen erfüllen, durch Wiederholen der Namen besonderer Gottheiten, durch Besuche der heiligen Tempel und durch das Ausführen der Yogaübungen. Damit kann man sich spirituellen Verdienst erwerben, und die Befreiung der Seele aus dem Rad des Lebens (d.h. dem Kreislauf der Wiedergeburten) rückt immer ein Stückchen näher.

Das ist ein Grund dafür, warum sich der Pilger auf seinem Weg zum Shivatempel immer wieder niederwirft. In seiner Eigenschaft als Yogi, d.h. als einer, der dem Pfad des Yoga folgt, rezitiert er dabei heilige Anrufungen und wiederholt den Namen einer Gottheit.

Yoga

Yoga ist ein Wort, das in der westlichen Welt auf dramatische Weise mißverstanden wird. Es bedeutet zugleich mehr und weniger als das, was viele populäre Fernsehsendungen oder Zeitschriftenartikel behaupten. Es hat sehr wenig damit zu tun, über Wasser oder durch Feuer zu laufen oder indische Seilkunststücke vorzuführen. Die Grundbedeutung des Wortes Yoga, das sich aus dem Sanskrit-Ausdruck *yuj* (»zusammenbinden« oder »anjochen«) entwickelte, ist »zusammenfügen«, »einsmachen«. Es bedeutet heute, daß sich alle Aufmerksamkeit auf ein Objekt, ein Thema oder ein Ziel konzentriert. Dies wiederum wurde im folgenden als die Vereinigung unseres Willens mit dem Willen Gottes verstanden, und als das Erreichen einer seelischen Haltung, die es erlaubt, das Leben in all seinen Variationen zu akzeptieren.

Das Hauptziel von Yoga ist es, die völlige Einheit der Seele mit der bewußten Handlung zu erreichen – und das sowohl auf physischer als auch auf spiritueller Ebene. So konzentriert der hinduistische heilige Mann zum Beispiel seine gesamte Aufmerksamkeit auf die Wallfahrt; die körperliche Anstrengung stellt dabei sicher, daß die auferlegte Aufgabe – die heilige Reise – der einzige Gegenstand ist, der seine Gedanken und Intentionen beherrscht.

Schließlich erreicht der Pilger den Shiva-Tempel, doch hat dieser für ihn eine völlig andere Bedeutung als für Nicht-Hinduisten. Er unterscheidet sich ganz und gar von dem malerischen Gebäude, das die Touristen auf ihrem Weg zur nächsten Sehenswürdigkeit im Vorbeigehen besuchen.

OBEN: Hindu-Frauen auf den Stufen des Jagdish-Shiva-Tempels in Rajasthan

LINKS: Matsyavatara, Inkarnation des Vishnu als Fischgott

DIE BHAGAVADGITA

DER HINDUISMUS IST EINE RELIGION ohne einen einzelnen Gründer, eine einzelne bindende Institution, Gottheit oder Schrift. Die ältesten religiösen Texte sind 3000 Jahre alt und wahrscheinlich Aufzeichnungen von noch älteren Versen, die mündlich weitergereicht wurden. Niemand weiß, wie lange dieses System schon bestand, bevor die alten Texte niedergeschrieben wurden.

DIE ÄLTESTEN HINDUISTISCHEN SCHRIFTEN, auch bekannt als die Veden, enthalten Hymnen über die Schöpfung, über Opferriten und heilige Gesänge. Die späteren Upanischaden sind Sanskrit-Texte, welche die Philosophie des Hinduismus erörtern und die Veden unter besonderer Betonung von Wissen, Verstehen, Spiritualität und Handeln neu interpretieren. Es gibt über 100 verschiedene Upanischaden, von denen die wichtigsten auch Vedanta genannt werden. Sie stammen aus der Zeit zwischen dem 8. und 4. Jahrhundert v. Chr.

Zwei epische Gedichte bilden einen weiteren Teil des hinduistischen Kanons. Das Mahabharata und das Ramayana fassen traditionelle Legenden vieler Jahrhunderte zusammen und sind vermutlich zwischen dem 4. und 2. Jahrhundert v. Chr. zusammengestellt worden. Das Ramayana, ein Epos, das aus etwa 24000 Doppelversen besteht, erzählt die Geschichte des exilierten Königs Rama, der seine Frau Sita, die von dem dämonischen Ravana entführt wurde, zurückgewinnen will. Die Moral der Geschichte ist der Triumph der Rechtschaffenheit über das Böse. Im Mahabharata, mit etwa 90000 Doppelversen das längste Gedicht der Welt, wird ein Krieg zwischen zwei rivalisierenden Zweigen einer herrschenden Familie ausgetragen, die (nicht immer konsequent) das Gute und das Böse repräsentieren.

OBEN: Am Hofe des König Rama, dessen Geschichte im Ramayana erzählt wird

Von den 18 Büchern des Epos nimmt die Bhagavadgita (»der Gesang des Erhabenen«) 18 Kapitel ein; sie berichtet von der Unterhaltung zwischen Prinz Arjuna und dem erhabenen Krishna, der achten Inkarnation des Gottes Vishnu, am Vorabend einer großen Schlacht.

Der Gesang des Erhabenen

Die Hauptfiguren dieses turbulenten Dramas sind die Söhne des Königs Pandu von Hastinapura, der den Thron von seinem Vater übernimmt, da sein älterer Bruder, Dhrita-rashtra, durch seine Blindheit von der Erbfolge ausgeschlossen ist. Nach Pandus Tod werden seine fünf Söhne, Yudhishthira, Bhima, Arjuna, Nakula und Sahadeva von Dhritarashtra aufgenommen und zu erstklassigen Kriegern ausgebildet. Der älteste, Yudhishthira, wird von seinem Onkel zum Thronerben ausgerufen, was die gewalttätige Eifersucht der leiblichen Söhne des blinden Mannes weckt – eine furchtbare Brut von nicht weniger als 100 Männern. Arjuna ist von den Pandu-Helden der großartigste: tapfer, großzügig, treu und gutaussehend. Seine Zweifel über die moralische Statthaftigkeit, seine eigenen Vettern zu bekämpfen, löst den Dialog mit Krishna aus, der in Gestalt seines Wagenlenkers erscheint. Indem er Arjuna davon überzeugt, an der Schlacht teilzunehmen, legt Krishna die Prinzipien dar, die für viele Hindus das Herzstück ihres Glaubens darstellen. Zuerst erklärt Krishna, daß im Krieg nur der Körper getötet werde: die Seele sei unsterblich, und die eines

Kriegers komme direkt in den Himmel, so daß Arjuna seinen Verwandten einen Gefallen erweise, wenn er sie erschlüge. Dann legt er dar, daß es Arjunas Pflicht gegenüber seiner Kaste – der der Kshatriyas (Krieger) – sei, seinen Zweck zu erfüllen und in den Krieg zu ziehen. Schließlich offenbart sich Krishna als Gott und erklärt Arjuna, daß die Seele selbst in der Schlacht befreit werden könne, da sie Gottes Gegenwart überall fände und so den Frieden spirituellen Wissens und der Hingabe erlange. Jede Verehrung Gottes werde belohnt, sagt Krishna, und jede Tugend sei ihr eigener Lohn. Im letzten Abschnitt preist Krishna den Pflichtbewußten, der seinen Wünschen, seinem Stolz und seiner Selbstsucht, Gier und Wut entsage, und so liebende Gemeinschaft mit Gott erlange: »Verehre mich, gedenke mein, stets huldige und opfre mir, dann gehst du sicher zu mir ein, als Freund verspreche ich es dir.« (Bhagavadgita, XVIII, 65, übers. von Boxberger/Glasenapp, Reclam).

Der Gesang des Erhabenen gibt Krishna ein menschliches Gesicht, indem er ihn sowohl als Freund und Berater Arjunas zeigt, als auch als Gott. Der Gedanke der Vereinigung mit einem liebenden Gott als höchstes Ziel war zu dieser Zeit neu im Hinduismus. Dieser Gedanke, aber auch die Idee der Befreiung durch verschiedene Mittel, hat der Gita eine besondere

OBEN: *Kampf zwischen Drona, dem Führer der Kaurava, und Bhima und Arjuna, zwei der fünf Söhne Pandus, in Streitwagen*

Anziehungskraft verliehen. Mahatma Gandhi hängte sich Verse daraus an seine Badezimmerwand, so daß er sie beim Waschen auswendig lernen konnte. Seine Gujarati-Übersetzung machte den Text für viele Hindus zugänglich. Die wichtigste Botschaft der Bhagavadgita war für ihn die Vorstellung von selbstloser Arbeit und Dienst an anderen als Weg zur Erlösung.

UNTEN: *König Rama verehrt Shiva, bevor er aufbricht, Sita zu retten*

Heilige Stätten des Hinduismus

Oben: Ein Priester nimmt Gaben der Gläubigen an einem Hindu-Heiligtum an

Ein hinduistischer Tempel ist die Wohnung der Gottheit, eine irdische Kopie der himmlischen Heimstatt. An besonderen Festtagen versammeln sich dort die Gläubigen, um Rezitationen der heiligen Schriften zu hören und Hymnen zu singen. Meist wird der Tempel als Haus der entsprechenden Gottheit betrachtet. Seine Architektur ist ein Abbild des heiligen Götterberges, und seine sinnlichen Skulpturen repräsentieren die körperlichen und spirituellen Freuden, die allen Gläubigen so freigebig geschenkt werden. Hier wohnt die Gottheit, und das Bildnis der Gottheit wird als ihre Verkörperung behandelt.

Jeden Morgen wird die Hindu-Gottheit mit klingenden Glocken sanft geweckt und mit parfümiertem Wasser gewaschen. Weihrauch wird zu ihrem Vergnügen verbrannt, man reicht ihr Milch und Speisen und legt ihr Blumengirlanden um den Hals. Es gibt Musik und die *deva-dasis*, die Tempelmädchen, führen erotische Tänze auf. Nachts ist der Tempel geschlossen, so daß die Gottheit schlafen kann.

Das Leben eines armen Gläubigen mag hart sein, aber im Tempel ist der Himmel auf Erden. Dort, oder in der Umarmung eines Geliebten, läßt sich ein Blick auf die Freuden physischer und spiritueller Natur erhaschen, die die Nähe der Gottheit verspricht.

Feste des Shiva

An besonders heiligen Tagen werden in Shiva-Tempeln Feste gefeiert, die an Ereignisse aus der Erzählung über das Verhältnis von Shiva zu seiner Frau und sexuellen Partnerin Kali erinnern. Die Symbole und Objekte, die besonderen Segen und Schutz genießen, sind der Schoßraum des Tempels und der *lingam*, oder Phallus, der bei den meisten Festen dieser Art im Zentrum der Verehrung steht. In kleinen Tempeln ist er aus Holz geschnitzt; in größeren und reicheren Tempeln besteht er aus poliertem Stein. In beiden Fällen ist der Phallus etwa zwei Meter groß und von überproportionalem Umfang, um die Stärke und Potenz Shivas zu verdeutlichen. Im Tempel an den prominentesten Stellen plaziert, wird sein Schaft mit Girlanden aus leuchtend orangen Ringelblumen und die Wurzel mit dunkelgrünen Blättern verziert. Bis spät in die Nacht werden Verehrung und Lobpreisung zelebriert; Glocken klingen, Flöten und Gongs ertönen, und stundenlang tanzen die *deva-dasis*, um immer wieder die heroische oder erotische Begebenheit aus dem Epos zu inszenieren. Die Pausen geben dem Priester Gelegenheit, den knolligen Kopf des Phallus mit parfümiertem Öl oder geklärter Butter zu salben. Die Gläubigen schauen dabei Stunde um Stunde zu, manchmal schweigend, manchmal klatschen oder singen sie, einige stehen, andere knien, manche werfen sich nieder, bis das Fest schließlich vorüber ist.

Die himmlischen Nymphen, die Apsaras, sind die hinduistischen Engel: lächelnde Mädchen mit kugelförmigen Brüsten, schmalen Taillen, gerundeten Bäuchen und breiten Hüften. Sie machen Musik, tanzen, und umarmen vor allem ihre edlen Liebhaber mit einer großen Auswahl ausgesuchter erotischer Techniken. Der gesamte Tempel ist dadurch sowohl in seiner Funktion als auch in seinem Dekor eine lebendige Parabel der physischen und spirituellen Inhalte dieser außergewöhnlichen sexuellen Sicht auf das Leben und seine Werte.

Gegenüberliegende Seite: Pilger drängen in einen Tempel an einer der Quellen des heiligen Flusses Ganges

RECHTS: *Einige der vielen Tausend Skulpturen im Meenaskshi-Tempel in Madurai*

Bei Amarnath, im nördlichen Bundesstaat Kaschmir, befindet sich in den steilen Gebirgsausläufern des Himalaya in 4000 Meter Höhe eine heilige Höhle, zu der in einem Monat 20000 bis 30000 fromme Hindus pilgern. Selbst vom nächsten Trampelpfad aus ist der Weg lang und beschwerlich und der Aufstieg auch bei bestem Wetter gefährlich. Die Höhle ist ein Heiligtum Shivas, denn tief in ihrem Innern befindet sich ein besonderes Symbol seiner Stärke und Potenz: Ein *lingam* bzw. Phallus, der aus einem zwei Meter hohen Eiszapfen besteht, der sich jedes Jahr bildet und in Abhängigkeit vom Klima wächst oder schrumpft. Seine Größe zeigt das Ausmaß von Shivas Segen an: Ist der Eiszapfen groß, kann man ein fruchtbares Jahr erwarten, ist er jedoch klein, weist das auf Shivas Zorn über die Ausbreitung des Bösen hin.

UNTEN: *Die hoch aufragenden Mauern des Tempels in Madurai mit ihren vielen Statuen*

Der Madurai Tempel

Am Anfang der Wohnstatt einer Tempel-Gottheit befindet sich ein kleiner Raum, der Schoßraum genannt wird, und gerade so groß ist, daß eine rituelle Prozession im Gänsemarsch den *lingam* in seiner Mitte siebenmal gegen den Uhrzeigersinn umrunden kann. Der Eingang zu diesem Raum ist von einem Bogen eingefaßt, der Liebespaare zeigt. Rechts und links an der Basis befinden sich Bildnisse von Ganga und Yamuna, den beiden Flußgöttinnen der Reinigung. Vor dem Bogen liegt eine große Halle, in der Gläubige ihre Gaben darbringen. Andere Hallen sind so angelegt, daß die Gottheit von jedem Raum aus gesehen werden kann.

Der gesamte innere Tempel steht auf einer erhöhten Fläche, die von einem rechteckigen Kreuzgang mit offenen Veranden umgeben ist. An besonderen Festtagen finden Prozessionen statt, bei denen Statuen von geringeren Göttern auf goldenen Wagen um dieses Areal herumgetragen werden, begleitet von Hymnen, Gongs und Tänzen. Über der Basis des Tempels türmt sich eine Steinstruktur mit Sälen und Veranden auf, die Stockwerk um Stockwerk kleiner werden. Alles ist üppig mit Skulpturen von Göttern und Göttinnen, Apsaras, heiligen Tieren, Früchten, Blumen und Pflanzen verziert.

Der großartigste aller Tempel in ganz Indien befindet sich bei Madurai im südlichen Bundesstaat Tamil Nadu, etwa 500 Kilometer von Madras entfernt. Er ist zweifellos einer der unvergeßlichsten Pilgerorte weltweit.

Benannt nach Meenaskshi, einer Prinzessin, die Shiva in seiner Inkarnation als erhabener Sundareshwara geheiratet hatte, wurde der Tempel ursprünglich im 12. Jahrhundert errichtet. Viel von seinem heutigen Erscheinungsbild stammt jedoch aus der Mitte des 17. Jahrhunderts. Vier monumentale Tore führen durch die massiven Außenmauern des Haupthofes, fünf weitere führen in das Heiligtum. Alle sind mit Skulpturen bedeckt. In der Halle der Tausend Pfeiler befindet sich eine unglaubliche Vielzahl von fein gearbeiteten Säulen, von denen jede mit unterschiedlichen Hochreliefs verziert ist. Tausende von Statuen in den Farben orange, golden, grün, blau, purpur, silber und schwarz erzählen die großen Epen; alle basierend auf einem einfachen Thema: »Das Eine ist alles, und alles ist das Eine«.

Das Gebäude ragt kaskadenförmig aus Dächern, Kuppeln und Türmen auf, Architektur und Skulptur sind untrennbar miteinander verbunden. Die aufeinanderfolgenden Gesimse spiegeln die Berge wider, auf denen die Gottheiten wohnen; eine Lotosblume oder Sonnenscheibe mit Strahlen krönt die vier Seiten des obersten Daches, um den Weg in den Himmel anzudeuten.

Im Januar oder Februar jeden Jahres – das tatsächliche Datum hängt vom liturgischen Kalender der Hindus ab – gibt es ein Fest, das Teppam genannt wird. Dann werden Bilder von Shiva in seiner Inkarnation als erhabener Sundareshwara und von seiner Frau Meenaskshi in einer triumphalen Prozession aus dem Tempel geholt und auf großen verzierten Flößen zu einer Insel in einem riesigen künstlichen See gebracht. Geschäfte und Stände bieten Speisen, Getränke und religiöse Souvenirs an. Der Tempel ist Tag und Nacht geöffnet, und in der Dunkelheit finden geräuschvolle Prozessionen mit flackernden Kerzen, Gongs, Trommeln, Flöten, Gesang und Tanz statt. Dieses überschwengliche und fröhliche Fest ist vermutlich die populärste aller Wallfahrten.

Der Ganges

Von den hohen Gipfeln bis zur Bucht von Bengalen fließt und schlängelt sich das Wasser der Göttin Ganga, des Ganges (Ganga), Indiens heiligen Flusses, durch die Ebenen und vereint sich bei Allahabad mit dem Fluß Yamuna. Hier verschütteten die hohen Götter den Samen der Unsterblichkeit in Form eines Samentropfens Shivas. Jedes Jahr, am Fest von Audh Kumbh, versammeln sich Millionen von frommen Hindu-Pilgern hier, um in diesem doppelt gesegneten Wasser zu baden.

Von hier bis zur Stelle, an der Ganges und Brahmaputra, ein weiterer heiliger Fluß, zusammenfließen, sind die Ufer mit Tempeln und Treppen, die zum Wasser führen, übersät. Der *lingam* von Shiva ist neben der *yoni* von Kali immer gegenwärtig – männlich und weiblich. Bis hinunter zum Delta kommen Millionen von Pilgern an dieses Flußufer, vollziehen ihre rituellen Waschungen, verehren ihre Götter und singen die heiligen Anrufungen.

OBEN: Rituelle Waschungen und Gebete in Benares, Indien

Ein anderer Brauch, der in ganz Indien gepflegt wird, ist die Verbrennung der Toten im Freien. Nirgendwo hat dies mehr symbolische Bedeutung erlangt als an den Ufern des Ganges. Die steinerne Plattform, das trockene Holz des Scheiterhaufens, der in ein weißes Baumwolltuch gehüllte Leichnam, die Girlanden der Abschiedsblumen sind immer gleich. Nach dem Feuer und den Gesängen der Trauernden wird schließlich die Asche des Verstorbenen in den heiligen Fluß Ganges gestreut. Das Wasser, sagen die Hindus, ist mehr als die Spiegelung des Sonnenlichts auf seiner Oberfläche. Wirklichkeit ist mehr als Erscheinung.

LINKS: Millionen von Pilgern drängen sich in die heilige Stadt Haridwar, am Ufer des heiligen Flusses Ganges

GROSSES BILD: Pilger auf dem Rückweg von der Quelle des Ganges durch das Bhagirathi-Tal
UNTEN: Bad im Ganges
GANZ UNTEN: Eine Trauergemeinde bereitet sich auf das Schmücken und Anzünden des Scheiterhaufens vor

BUDDHISMUS

DIE GRUNDLAGE DES BUDDHISMUS ist die innere Suche des Einzelnen nach Erleuchtung oder Nirvana; die Mittel der Suche sind Meditation und Streben nach Weisheit und höheren moralischen Werten. Auch Buddhisten haben heilige Stätten im Tal des Ganges, in dem Buddha lebte und starb.

Buddhastatuen zwischen Kerzen aus Yak-Butter im Kloster Ganden bei Lhasa

BUDDHISTISCHE PILGERREISEN

Orthodoxe Buddhisten machen keine Pilgerfahrten in dem Sinne, wie westliche Menschen sich das vorstellen – sie unternehmen vielmehr persönliche Reisen auf der Suche nach einem tieferen spirituellen Bewußtsein. Viele Buddhisten besuchen heilige Orte in der Hoffnung, über den Gründer der Tradition und seine Lehren unterrichtet zu werden.

GAUTAMA, DER später Buddha oder der Erwachte genannt wurde, kam etwa 550 v. Chr. als Sohn einer wohlhabenden Familie im heutigen Nepal, südlich des Himalaya, zur Welt.

Er genoß alle Vorteile eines Aristokraten: er war kühn und gutaussehend, hatte Geld im Überfluß und nicht viel mehr zu tun, als zu reiten, zu jagen, Spiele zu spielen und die Zeit mit Mädchen zu verbringen. Dennoch langweilte er sich und war frustriert.

Mit 19 Jahren heiratete Gautama eine wunderschöne Cousine und versuchte, ruhiger zu werden. Doch er war unzufrieden mit der Vergänglichkeit weltlichen Glücks und wurde immer öfter an Krankheit und Tod erinnert.

Dann traf er einen umherziehenden heiligen Mann oder Yogi, der behauptete, eine tiefere Wirklichkeit zu suchen. Er überredete Gautama dazu, alles für das geistige Leben aufzugeben. Dies bedeutete, die Lüste und Freuden des Fleisches zu unterwerfen. Genau an diesem Tag gebar Gautamas Frau einen Sohn. Leise ging er dorthin, wo sie mit dem Baby im Arm schlief, widerstand dem Drang, das Kind in einer ersten und letzten Umarmung an sich zu nehmen, drehte sich um und wandte sich einem Leben der Selbstverleugnung zu.

Gautama schnitt sich das Haar ab, legte all seinen Schmuck ab und sandte alles zurück zu seiner Frau. Dann tauschte er seine edlen Kleider gegen die schmutzigen Lumpen eines Bettlers und war von nun an frei für die Suche nach Weisheit. Er lebte zusammen mit Einsiedlern und Lehrern und unterwarf sich schrecklicher Selbstkasteiung und Askese. Der Legende nach kam er mit einer Stunde Schlaf und einem Korn Reis am Tag aus.

Eines Morgens verlor er – mittlerweile zum Skelett abgemagert – das Bewußtsein, als er zu meditieren versuchte. Nachdem er sich wieder erholt hatte, verstand er plötzlich, daß Weisheit sich am besten mit einer gesunden Seele in einem gesunden Körper erreichen läßt.

Dann kam das große Erwachen: Gautama saß unter einem großen Feigenbaum am Ufer eines Flusses und hatte eine Vision. Nachdem er den ganzen Tag und die ganze Nacht in tiefer Versenkung dort gesessen hatte, erhob er sich, um in die heilige Stadt Benares zu gehen und die Menschen zu lehren, was er über den Weg der Wahrheit erkannt hatte. Zwangsläufig entstanden um diese Geschichte Legenden und Geheimnisse. So soll der böse Herr der Illusionen die Welt genau in diesem Augenblick mit tausenden entsetzlicher Meteoriten erschüttert haben, Flüsse sollen zu ihren Quellen zurückgeflossen, Berge zu Staub zerfallen sein; die Sonne hüllte sich in schreckliche Finsternis und Scharen kopfloser Geister erfüllten die Luft – doch Gautama wanderte unbeirrt nach Benares. Dort angelangt, konnte er schließlich etwa 60

Menschen davon überzeugen, sich ihm anzuschließen. Gemeinsam entwickelten sie eine neue Lehre über das spirituelle Leben.

Die buddhistischen Lehren

Die Schrift hatte sich zu jenem Zeitpunkt noch nicht bis nach Indien ausgebreitet, und Gedanken mußten mündlich überliefert werden. In weiser Voraussicht faßte Gautama die neue Botschaft in einprägsame Überschriften, die als die Vier edlen Wahrheiten bekannt wurden: Leiden ist Bestandteil des Lebens und muß akzeptiert werden; alles Leiden entsteht durch Selbstsucht; das Leiden endet, wenn das Begehren endet; bis zur Überwindung des Begehrens werden wir leiden. Das Begehren tritt in drei verschiedenen Formen auf, die alle negativ sind: erstens die Befriedigung der Sinne, zweitens das Verlangen nach persönlicher Befreiung und Unsterblichkeit, drittens die Gier nach Besitz. Diese Bestrebungen müssen wir überwinden, damit unser Leben gelassen und heiter werden kann – wir müssen also aufhören, für uns selbst zu leben. Wenn das Selbst oder Ego aus dem inneren Leben verschwunden ist, hat man Losgelöstheit erlangt – höhere Weisheit, gelassene Heiterkeit oder spirituelle Seligkeit.

Ob dies für Gautama totales Verlöschen bedeutete oder nur das Zurückweisen der Begierden, die das Leben sinnlos machen, ist umstritten.

Obwohl die Botschaft Gautamas einfach war, begannen seine Schüler, sie in ein geschlossenes System mit Dogmen und Doktrinen – in eine Religion – zu verwandeln. Geschichten kursierten, daß Buddha 49 Tage in der Wildnis gefastet habe; daß der böse Herr der Illusionen ihn in Versuchung führte, den Himalaya in Gold zu verwandeln; Buddha soll 32 wundersame Heilungen vollbracht haben und in Gegenwart seiner Schüler in ein Lichtwesen verwandelt worden sein; er soll 500

LINKS: *Eine nepalesische Buddhastatue aus vergoldetem Kupfer*

IN RUDYARD KIPLINGS Buch *Kim* (1901) befindet sich ein tibetischer Lama auf Pilgerfahrt zu den heiligen Orten auf den Spuren Buddhas. Er hofft so, Verdienste zu erwerben und sich vom Rad des Lebens zu befreien. Er wandert mit dem Jungen Kim durch Indien und fragt überall nach dem Fluß des Pfeils. Als Buddha seine Cousine heiraten wollte, wurde er angeblich beschuldigt, zu schwach und zart für eine Heirat zu sein. Er unterwarf sich einer dreifachen Prüfung seiner Stärke. Bei der Bogen-Prüfung schoß er einen Pfeil außer Sichtweite. Wo er zu Boden fiel, entstand ein Fluß, der von allen Verfehlungen reinigen konnte. Im Roman setzt sich der Lama, der um seinen baldigen Tod weiß, an einem Bach unter einen Baum und meditiert zwei Tage und zwei Nächte, bis sein Geist sich von seinem Körper befreit. Im Augenblick dieses spirituellen Triumphes bittet ihn eine Stimme, um des Jungen willen zurückzukehren. Der Lama reißt sich von seiner mühsam erarbeiteten Seligkeit los, kommt schwankend auf die Füße und fällt in den Bach: den Fluß des Pfeils.

RECHTS: Eine tibetische Fahne illustriert das buddhistische Ziel höherer Weisheit oder spiritueller Erleuchtung

Menschen mit einem kleinen Stück Kuchen gespeist haben und an seinem Todestag – er war 80 Jahre alt geworden – soll die Erde gebebt haben.

Gautamas Philosophie war natürlich durch zeitgenössische Ideen eingeschränkt, die von zyklischer Wiederholung, von Reinkarnation in einem für alle Ewigkeit »stagnierenden Kreislauf« des Universums ausgingen. Diese Perspektive kann so entmutigend sein, daß selbst die Vorstellung, daraus zu entkommen, bedeutungslos wird. Doch Buddhas Edler Achtfacher Pfad hat auch Millionen Nichtbuddhisten inspiriert. Der Achtfache Pfad gibt vor, daß man »rechte Ansichten« haben soll; er weist unwürdige Handlungen und Grausamkeit zurück, ohne Raum für unhinterfragte Überzeugungen und Aberglauben zu lassen. Man soll »rechtes Begehren« nach allen guten Dingen haben: den Dienst an anderen, Bestehen auf Gerechtigkeit, auf persönlichen Frieden und soziale und ethnische Harmonie. »Rechte Rede« ist einfach und wahr, sanft und beruhigend, ohne Flüche und Obszönität. »Rechtes Verhalten« beinhaltet Höflichkeit und Rücksicht gegenüber allen und Verzicht darauf, Lebewesen, auch Tiere, zu töten. »Rechter Lebenserwerb« bedeutet, daß man durch seine Arbeit niemanden schädigen darf, und daß man auch auf die eigene Gesundheit und richtige Balance zwischen Körper und Geist achten soll. »Rechte Anstrengung« bedeutet, nicht nur große Pläne und gute Absichten zu haben, sondern hart zu arbeiten – aber nicht so hart, daß es keine Pausen gäbe. »Rechte Achtsamkeit« ist die ständige Wachsamkeit gegenüber Einbildung, Selbstsucht und blinder Dummheit. »Rechte Sammlung« schließlich ist das Wissen, wann das völlige Erwachen wirklich erlangt wurde und die Einsicht in das, was echte religiöse Erfahrung ausmacht – und deren Unterscheidung von scheinbarer spiritueller Ekstase mit ihren Gefahren.

Die von Gautama gegründete Religion ohne Gott hatte ursprünglich keine Theologie, keine Tempel, keine Opfer oder Priester, keine heiligen Orte, keine heiligen Bücher und nicht einmal einen Buddha. Doch schon vor seinem Tod wurde sie mißverstanden und verfälscht. Die Vorstellung, sich von jeglichem Begehren zu befreien und dem Selbst zu entsagen, wurde bald zur Idee, Begehren zu unterdrücken und dem aktiven Leben zu entsagen.

UNTEN: Ein Buddhist rezitiert seine Gebete mit Hilfe einer Gebetsmühle. Diese dreht sich, um die Gebete auszusenden und wirksam zu machen

OBEN: Buddhistische Mönche singen vor dem großartigen Heiligtum in Myanmar (Burma)

Obwohl Gautama den Achtfachen Pfad als Selbstzweck lehrte, führten seine Schüler zu Zwecken der Bekehrung Furcht und die Idee der Hölle als Ort der ewigen Qual wieder ein. Mit deutlichen Anleihen an den Hinduismus entstand bald eine neue Religion und ein heiliges Buch, die drei Pitakas.

Buddhismus heute

Es gibt zwei Hauptzweige des Buddhismus: Theravada-Buddhisten glauben, daß nur diejenigen Befreiung erlangen können, die strikt an dem asketischen Leben nach der Theravada-Interpretation der Vorschriften Buddhas festhalten. Für Mahayana-Buddhisten kann jeder Befreiung erlangen; sie brachten die Vorstellung eines persönlichen Führers auf, des *bodhisattva*. Dieser hat Erleuchtung gefunden, verbleibt aber zum Wohle aller in der Welt. In anderen Ländern haben sich verschiedene Schulen entwickelt und Merkmale der dort beheimateten Religionen übernommen, so zum Beispiel der Zen-Buddhismus in China (siehe S. 172–174).

Buddhistische Tempel gehören zu den schönsten der Welt: groß, einfach und zutiefst beeindruckend. Sie sind fast ausschließlich den Mönchen und Priestern vorbehalten. Besucher dürfen Rituale und Zeremonien betrachten, aber nicht aktiv daran teilnehmen. Was die Mönche tun, dient ihrem eigenen spirituellen Fortschritt.

DER PALI KANON

ALS BUDDHA STARB (siehe S. 158–161), hinterließ er keinen Erben, keinen Nachfolger und keine Schrift für seine Anhänger. Wer nach Führung suchte, dem riet er, seiner Lehre, dem *dharma*, zu folgen. Schon bald entwickelten sich Schulen mit unterschiedlicher Auslegung der Lehre und weckten das Bedürfnis nach einer einheitlichen, autorisierten Version der Worte Buddhas.

EINE VERSAMMLUNG WURDE EINBERUFEN, bei der Buddhas Schüler zusammenkommen und einen Konsens über die buddhistische Botschaft erarbeiten sollten. Das erste buddhistische Konzil soll etwa 483 v. Chr. bei Rajagriha stattgefunden haben. Die Mönche einigten sich hier auf einen Kodex monastischer Regeln, den *vinaya-pitaka*, und eine endgültige Version der Lehrreden des Buddha, den *sutta-pitaka*. Im *sutta-pitaka* (»Korb der Lehrreden«) sind 547 Geschichten und Parabeln enthalten, die buddhistische Prinzipien veranschaulichen und das Leben Buddhas in früheren Inkarnationen beschreiben. Eine dieser Geschichten handelt von einem Dieb, der versucht, Buddha zu berauben. Er lauert ihm auf einer Reise auf und befiehlt ihm, stillzustehen. Der Buddha geht weiter und weist darauf hin, daß er still und unbewegt im Geiste sei, wohingegen der Räuber sich in seinem Haß und seiner Begierde ständig bewege, obwohl er physisch an einer Stelle verharre.

In diesem *pitaka* befindet sich auch eine populäre Sammlung von Aussprüchen Buddhas. Sie ist als *Dharmapada* (»Verse über den *dharma*«) bekannt und besteht aus 423 Versen, wie etwa: »Überwinde den Wütenden mit Liebe; überwinde den Übelgelaunten mit Güte; überwinde den Geizhals mit Großzügigkeit; überwinde den Lügner mit Wahrheit«. Ein anderer beschreibt die Notwendigkeit, den eigenwilligen Geist zu beherrschen: »So wie der Bogenmacher das Holz schneidet/Und seine Pfeile gerade macht,/So richtet der Meister/Seine streunenden Gedanken.«

UNTEN: Das buddhistische Rad des Lebens; Wandmalerei in Ladakh, Indien

Obwohl dieser Korpus von Reden keine einstimmige Zustimmung fand, wurden *vinaya-pitaka* und *sutta-pitaka* auswendig gelernt und mündlich weitergegeben. Hundert Jahre später wurde bei Vaishali ein zweites Konzil einberufen, um Differenzen über die Ordensregeln und Mönchsdisziplin zu glätten. In der endgültigen Version des *vinaya-pitaka* (»Korb der Disziplin«) werden drei Aspekte des buddhistischen Gemeindelebens behandelt: die Verhaltensregeln für Mönche und Nonnen sowie die Regeln für spezielle Punkte, wie etwa Kleidung, Nahrung und besondere heilige Anlässe.

Auf dem dritten Konzil, das von König Ashoka 253 v. Chr. bei Pataliputra einberufen wurde, verbrachten tausend Mönche neun Monate damit, die seit dem Konzil von Rajagriha überlieferten Lehren zu überprüfen und zu klassifizieren. Ein dritter »Korb« entstand und wurde den ersten beiden hinzugefügt: der *abhidhamma-pitaka*, oder »Korb der höheren Lehren«. Er besteht aus sieben Büchern mit Kommentaren zur buddhistischen Lehre, die bei der Meditation behilflich sein sollten.

Die Schriften

Erst 400 Jahre nach der ursprünglichen Synode wurden die buddhistischen Traditionen schriftlich festgehalten. Diese Schriften wurden in Sri Lanka im 1. Jahrhundert n. Chr. in Pali, einer alten indischen Sprache, abgefaßt. Als Pali-Kanon oder *tipitaka* (»Drei Körbe«) bekannt, ist diese Kompilation noch heute die gültige Version der buddhistischen Lehren für Theravada-Buddhisten in Sri Lanka, Myanmar (Burma), Kambodscha, Laos und Thailand. Theravada-Mönche singen immer noch auf Pali und nicht auf Sanskrit, und der *tipitaka* wird immer noch als zentraler buddhistischer Text studiert. In Japan, Tibet, China und anderen Teilen der Welt studieren und produzieren verschiedene Schulen Unmengen weiterer Texte und spiegeln so die Vielfalt der buddhistischen Bewegung wider. Schon kurz nach Buddhas Tod wurden Spaltungen der Gemeinschaft deutlich. Verschiedene Interpretationen seiner Reden und Uneinigkeit über die Vielzahl von Vorschriften, die das Leben der Mönchsgemeinschaften regelten, waren immer wieder Anlaß für zahlreiche Debatten, selbst nachdem ein autorisierter Kodex festgelegt worden war. Bedingt durch ihr Wesen widerstanden Buddhas Lehren den Einschränkungen durch institutionalisierte Organisationen und förderten das Entstehen neuer Traditionen. Dazu zählt *Mahayana* – ein Name, der auf verschiedene Schulen angewandt wurde, die auf das Wort Buddhas Bezug nahmen und etwa hundert Jahre nach seinem Tod entstanden. Innerhalb dieser Tradition wurde das neue Konzept des *bodhisattva* eingeführt, eines erleuchteten Wesens, das freiwillig nicht in das Nirvana eingeht, sondern in der Welt verbleibt, um anderen dabei zu helfen, ihren Weg zum Erwachen zu finden. Mahayana-Texte beinhalten einen Führer zur vollendeten Weisheit (*Prajñaparamita-Sutra*), der den Zustand der Erleuchtung beschreibt, aber auch den *tipitaka* und verschiedene andere Werke.

LINKS: Fresko im Zahntempel in Kandy
UNTEN: Buddhastatue in einem Tempel in Colombo, Sri Lanka

Heilige Stätten des Buddhismus

Gegenüberliegende Seite: Der Potala-Palast über der heiligen Stadt Lhasa, Tibet

Menschen, die zu buddhistischen Heiligtümern oder heiligen Tempeln pilgern, planen ihre Reise so, daß ihre Ankunft auf einen der vier bedeutsamen Tage jeden Monats fällt. Diese vier Tage markieren die vier Phasen des Mondes; für Buddhisten ist der Tag des Vollmonds mit Abstand der verheißungsvollste. An der heiligen Stätte bieten die Pilger Blumen dar, geben den zuständigen Mönchen oder Nonnen Lebensmittel als Almosen; zünden eine kleine Öllampe, die Weisheit und Erleuchtung symbolisiert, an und verbrennen Weihrauch als Zeichen der Reinheit. Was nach dieser üblichen Prozedur folgt, hängt von den individuellen Vorlieben der Pilger ab. Manche rezitieren die fünf Grundsätze des Buddhismus: nicht zu töten, nicht zu stehlen, nicht zu lügen, sexuelles Fehlverhalten zu vermeiden und keine Rauschmittel zu sich zu nehmen. Andere wiederholen bevorzugte Sätze aus den *Reden des Buddha* oder die Grundsätze des Achtfachen Pfades. Nach der buddhistischen Philosophie gibt es keine festgelegten Rituale oder bestimmte Reihenfolgen.

Der Potala-Palast

Vor der brutalen Invasion und Besetzung Tibets durch die Chinesen im Jahre 1951 begaben sich Tausende von Pilgern auf die lange und gefährliche Reise in die heilige Stadt Lhasa. Dort befand sich auf

Es gibt Tausende von Buddha-Bildnissen in ganz Asien, die bestimmten Themen folgen. Manchmal gehören mehrere zusammen, manchmal findet sich einer in einsamer Meditation. Die Manifestation des Buddha kann man an seiner Haltung erkennen: im Lotos-Sitz mit gekreuzten Beinen ist er der meditierende Buddha, an dessen Erleuchtung wir teilhaben können; stehend ist er der aktive Lehrer, an dessen Werk als Friedensbringer wir teilnehmen können, indem wir mit gutem Beispiel vorangehen; zurückgelehnt ist er der Buddha, der am Ende unserer Mühsal und unseres Lebens Ruhe spendet. Er kann u.a. – bis hin zu unverständlicheren Symbolisierungen – auch als heilender oder lebenspendender Buddha dargestellt sein. Angeblich gibt es so viele Handhaltungen des Buddha, wie Tage in sieben Jahren. Alle haben eine andere Bedeutung.

Links: Eine goldene Buddhastatue im Potala-Palast

OBEN: Der Lehr-Tempel von Borobudur, Java, aus dem 8. Jh.

dem Potala, dem »Berg Buddhas«, das größte buddhistische Kloster der Welt und der Palast des Dalai Lama, des wiedergeborenen geistigen Führers.

In dem riesigen, 13-stöckigen Gebäude aus dem 17. Jahrhundert gab es über 100 Kapellen, 10 000 Schreine und 20 000 Statuen, tonnenweise Gold und Silber, phantastische Gräber und Wandmalereien. Im Jokhang Tempel befand sich eine große, juwelenbedeckte Buddhastatue. Während der Kulturrevolution wurde der Buddhismus in Tibet von den Chinesen unterdrückt, und nur wenige alte Klöster blieben erhalten.

UNTEN: Eine der runden Terrassen von Borobudur; sie symbolisieren das spirituelle Leben

Borobudur

Der größte buddhistische Tempel weltweit befindet sich bei Borobudur auf Java, das heute zu Indonesien gehört. Borobudur bedeutet »viele Buddhas« und tatsächlich wurde der Tempel gebaut, um Buddhastatuen zu beherbergen. Sie unterscheiden sich durch ihre verschiedenen Körperhaltungen und die rituellen Gesten ihrer Hände voneinander und symbolisieren unterschiedliche Aspekte der Lehre Buddhas. Der Tempel war ein »Lehr-Tempel«, der die buddhistische Botschaft in visueller Form darbot.

Das eindrucksvolle Bauwerk repräsentiert den Berg Meru aus der indischen Mythologie: Einen aufsteigenden Gipfel aus purem Gold, auf dem das gesamte Universum im Gleichgewicht ruht. Es gibt fünf viereckige, untere Terrassen, die die materielle Erde repräsentieren. Weiter oben am heiligen Hügel folgen drei runde Terrassen, welche die geistigen Bereiche symbolisieren. Auf der Suche nach Erleuchtung erklimmen die Pilger zunächst eine lange und steile Steintreppe vom Boden zu den Terrassen, die die materielle Welt repräsentieren. Dann folgen sie im Uhrzeigersinn, also in Harmonie mit dem Fluß spiritueller Kraft, dem Prozessionsweg um jede Terrasse herum. Danach steigen sie die nächste Treppe hinauf und gehen erneut im Kreis herum. Der Weg führt etwa fünf Kilometer lang nach oben, vorbei an Mauern voller phantastischer Steinreliefs – mehr als 1 500 Tafeln –, die Ereignisse aus dem Leben Buddhas darstellen. Hunderte weiterer Tafeln zeigen Szenen aus dem Alltagsleben: Bauern-

LINKS: Mehr Touristen als Pilger kommen zum Todaiji-Tempel in Nara, Japan

und Jagdszenen, Musiker und Tänzer, wilde und zahme Tiere und selbst Darstellungen von Kampfkunst, die die Mönche zur Selbstverteidigung entwickelt hatten.

Auf den höhergelegenen, geistigen Terrassen befinden sich Reihen von glockenförmigen Schreinen. In jedem sitzt ein Buddha; die Hände jeweils in einer anderen rituellen Haltung: Gebet, Meditation, Willkommensgruß, Segen, Frieden, Einladung, Demut, Wunschgewährung – ein einzelner Finger verändert die Bedeutung; jede Hand umfängt die Unendlichkeit.

Oben, in der Mitte der höchsten Terrasse, steht der letzte Schrein, der Schrein des Lotos, der das endgültige Erlangen von Nirvana, das letzte Leben und den letzten Tod symbolisiert.

Statuen und Bilder

Die meisten Buddhastatuen sind gigantisch und hinterlassen einen überwältigenden Eindruck. Der Große Buddha im Todaiji-Tempel im japanischen Nara, unweit von Kyoto und Osaka, steht in den weitläufigen öffentlichen Gärten, die einst dem Kaiser vorbehalten waren. Es ist die größte Statue des Landes, wahrscheinlich sogar der ganzen Welt. Sie wurde Mitte des 8. Jahrhunderts aus Bronze gegossen, wiegt über 400 Tonnen und ist 16 Meter hoch. Der Buddha sitzt und hält seine rechte Hand erhoben in einer Segnungsgeste, die spirituellen Frieden schenkt, während seine linke Hand in der »Gewährung rechter Wünsche«-Position ruht.

Pilger kommen im Unterschied zu den Busladungen von Touristen zu zweit, zu dritt oder alleine hierher. Sie nähern sich dem Buddha durch die Halle, die ebenso eindrucksvoll ist wie die Statue

UNTEN: Der Große Buddha des Todaiji-Tempel thront über den Besuchern

selbst, bleiben einige Schritte hinter einem hölzernen Geländer stehen und blicken nach einer formellen Verbeugung hinauf in das heitere Gesicht der Buddhastatue. Schließlich verbeugen sich die Pilger wieder, weichen ehrfürchtig zurück und verabschieden sich.

Im Gegensatz zur Größe und Pracht des Großen Buddha ist die Statue im Chuguji-Kloster, ebenfalls in den öffentlichen Gärten von Nara, kleiner und vermittelt einen weniger distanzierten Eindruck. Es handelt sich um eine Lindenholz-Skulptur eines sitzenden Buddha, die in einer besonderen Kapelle untergebracht ist. Die Pilger dürfen das Bildnis nur mit Erlaubnis der Nonnen betrachten. Eine Gabe kann dabei natürlich den Weg ebnen, ist aber nicht zwingend erforderlich. Die Pilger werden dann in die schlichte Kapelle begleitet, wo eine Nonne einen safrangelben Vorhang zur Seite zieht und eine junge und anmutige Figur enthüllt, die eher vertraut als beeindruckend aussieht. Die rechte Hand ist leicht zum lächelnden Gesicht erhoben, die Haltung drückt völliges Bewußtsein und freundliche Sympathie aus.

Folgt man einem Paß durch die Vindhya-Hügel von Hyderabad in Indien, gelangt man zu einer Reihe von Buddha-Darstellungen, die auf die Innenwände eines in den Fels gehauenen Klosters und Tempels gemalt wurden. Buddhistische Pilger und Kunstliebhaber zieht es gleichermaßen an diesen abgeschiedenen Ort, der heute von den indischen Behörden geschützt und erhalten wird. Obwohl die Zufahrtsstraße für Autos und Busse erweitert und ausgebaut wurde, ist die innere Welt der Höhlen in der kurvenreichen Ajanta-Schlucht so still wie eh und je.

In die Felswände der Schlucht sind geschwungene Eingänge und schmale Fenster gehauen, die mit einer Vielzahl von Buddha-Manifestationen, Blumen, Früchten und Blättern verziert sind. Wie in Borobudur handelt es sich hier um einen Lehr-Tempel, die Höhlenwände sind mit glänzenden Bildern aus dem Leben Buddhas bedeckt; Pferde und Elefanten ziehen in Prozessionen vorüber, Blumen blühen, Gold schimmert und Juwelen funkeln. Buddha selbst sitzt auf dem Lotosthron, während Prinzessinnen für ihn singen und tanzen; er lächelt und spendet Segen.

Unten: Die alten Höhlen der Ajanta-Schlucht in Indien

SRI LANKA

SEEFAHRER DER ALTEN arabischen Welt gaben Sri Lanka, der »Perle des Orients«, den Namen Serendib. Von diesem Wort stammt der englische Ausdruck »serendipity« aus dem 18. Jahrhundert, der die Begabung bezeichnet, unerwartet glückliche Entdeckungen zu machen. Auf der Suche nach Pilgerstätten ist Sri Lanka in der Tat eine glückliche und unerwartete Entdeckung.

Das Heiligtum von Kataragama

Etwa 75 Kilometer östlich von Colombo erhebt sich in den Bergwäldern der kegelförmige Adam's Peak. Über 2200 Meter ragt sein Gipfel empor. Tausende von Pilgern begeben sich auf diesen Berg, die letzten Stunden des Aufstiegs können sie dabei nur durch anstrengenden Fußmarsch mit regelmäßigen Pausen an Erfrischungsständen bewältigen. Auf dem Gipfel befindet sich eine Einfriedung, einige kleine Gebaude und ein großer flacher Fels mit einer Vertiefung. Buddhisten nennen ihn den Ort des heiligen Fußabdrucks, da Buddha einst von dort seine Lehre verbreitete. Hindus kennen ihn als den Ort, wo der Erhabene Shiva den Tanz der Schöpfung tanzte, und halten den Fußabdruck deshalb für den seinen. Für Muslime ist es die Stelle, an der Adam zuerst seinen Fuß auf die Erde setzte; Katholiken sagen, es handle sich eigentlich um den Fußabdruck des heiligen Thomas – des ungläubigen Thomas aus den Evangelien –, der während des 1. Jahrhunderts in Südindien gepredigt haben soll. Pilger kommen besonders in den Monaten Juli und August in Scharen hierher, um zu beten und Opfer darzubringen, doch auch im übrigen Jahr besuchen zahlreiche Gläubige die Tempel.

Die engste Verbindung zu Kataragam hat der Hindu-Gott Skanda aufzuweisen. Buddhisten zieht es an einen etwa einen Kilometer entfernten Schrein, den sie verehren, weil Buddha auf seiner dritten Reise nach Sri Lanka dort meditiert haben soll. Muslime kommen, um in der Moschee Masjad-ul-Khizn ihre Gebete zu verrichten. Gläubige aller drei Religionen bringen Speise- und Blumenopfer am Hindu-Tempel dar und flehen den Einen an, der Alles ist.

UNTEN: Gesicht einer Buddhastatue in Sri Lanka

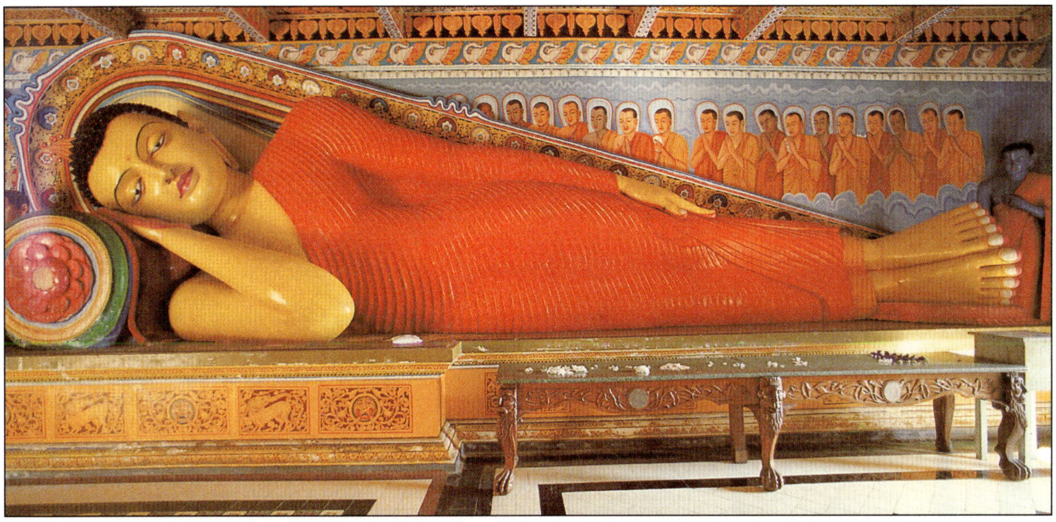

LINKS: Ein ruhender Buddha im Tempel von Issurumuniya in Anuradhapura

RECHTS: Die Passionsspiele der Christen in Sri Lanka, zu denen auch Buddhisten, Muslime und Hindus kommen

Negombo

Etwa 30 Kilometer nördlich von Colombo befindet sich auf der Insel Duwa eine große katholische Kirche im portugiesischen Kolonialstil. Während der gesamten Karwoche wird dort ein bewegendes Passionsspiel dargeboten. Es ist eine kuriose Mischung aus traditionellem asiatischen Puppenspiel und Schauspiel, Prosa-Dialogen und hochgradig ritualisiertem Gesangs-Drama, und findet zum großen Teil in den Straßen um die Kirche statt. Obwohl es zumeist von Touristen und christlichen Pilgern besucht wird, schauen auch viele Buddhisten, Muslime und sogar Hindus interessiert diesem Schauspiel zu.

Der Weherahena

Der buddhistische Lehr-Tempel in der Nähe von Matara ist wahrscheinlich der eindrucksvollste in der ganzen Welt. Er verfügt über die üblichen, beeindruckenden Bildnisse Buddhas in verschiedenen Manifestationen, besitzt aber auch einen großen unterirdischen heiligen Raum. Seine Wände und Decken zeigen Bilder aus dem Leben Buddhas. Wie die mittelalterliche christliche Kirchenmalerei bieten diese visuellen Hilfen Analphabeten die Möglichkeit, durch Sehen zu verstehen.

UNTEN: Pilger in Dalada Maligawa, dem Zahntempel

Die Kachchimalai-Moschee

Am Strand einer felsigen Landspitze, etwa 75 Kilometer südlich von Colombo, liegt die Kachchimalai-Moschee, das berühmteste muslimische Heiligtum in ganz Asien, zu dem am Ende des Fastenmonats Ramadan Tausende von Pilgern kommen. Nur die Pilgerreise nach Mekka ist noch wichtiger als diese Pilgerfahrt. Nicht-Muslime dürfen an ihr nicht teilnehmen, sind aber bei dem anschließenden Fest am Strand willkommen.

Der heilige Baum

Der Baum, unter dem Gautama saß, als er Erleuchtung erlangte, ist als Sri Maha Bodhi bekannt und steht in Anuradhapura. Er stammt von einem Ableger des ursprünglichen Baumes (siehe S. 158) und ist ohne Zweifel der älteste Baum weltweit, dessen Existenz historisch dokumentiert ist. Seine Zweige werden von eisernen Pfosten gestützt; eine niedrige Mauer mit vergoldetem Geländer und flatternden Gebetsfahnen umgibt ihn.

Der Zahntempel

Buddhisten verehren auf Sri Lanka u.a. Haare von Buddha, seine hölzerne Bettelschale und sein Schlüsselbein, das angeblich aus den Flammen seines Scheiterhaufens gerettet wurde. All diese Gegenstände werden angemessen verwahrt und verehrt. Aber die wichtigste und wertvollste Reliquie wird in der großartigen Stadt Kandy, im Zentrum Sri Lankas, aufbewahrt. Eine Pilgerfahrt zum Dalada Maligawa, dem Zahntempel, bedeutet für Buddhisten so viel wie für Muslime eine Reise nach Mekka. Der von einem Wassergraben umgebene Tempel, in dem Buddhas linker Eckzahn aufbewahrt wird, steht mitten in der Stadt am Ufer eines künstlichen Sees. Der Zahn wurde im 4. Jahrhundert n. Chr. nach Sri Lanka gebracht und ist seit dieser Zeit der kostbarste Besitz des Landes. Er wird als Siegel und Garant der Souveränität Sri Lankas betrachtet.

Die Echtheit des Zahns wurde einst angezweifelt und ein Oberherr versuchte sogar, ihn in einer Schale mit glühender Holzkohle zu verbrennen. Die Holzkohle stieg jedoch angeblich in Form einer Lotosblüte auf. Er ließ ihn mit Hämmern traktieren – doch die Hämmer brachen. Schließlich war der Oberherr von der Echtheit des Zahns überzeugt.

Nur wenige bekommen den Zahn je zu Gesicht, denn nur der goldene Reliquienschrein ist zu sehen. Es handelt sich dabei um die äußere von insgesamt sieben Schatullen; darin befinden sich sechs weitere Kästchen, eines immer kleiner als das andere. Alle sind aus reinem Gold, verziert mit Saphiren und Rubinen. Wenn der Zahn bei seltenen Gelegenheiten ausgestellt wird, ruht er auf einer goldenen Schleife, die sich aus dem Herzen einer goldenen Lotosblume erhebt.

Hunderte von Besuchern begeben sich früh morgens, mittags und in der Abenddämmerung in die Halle der Glückseligen Erscheinung und betrachten andächtig den Reliquienschrein im innersten Heiligtum.

Die Perahera, oder Zahn-Prozession, ist weltweit eine der herrlichsten und spektakulärsten Darbietungen. Sie dauert eine ganze Woche (das Datum variiert von Jahr zu Jahr), die Begeisterung nimmt jeden Tag zu. Abends zieht die Prozession in vier aufeinanderfolgenden Reihen – eine für jede lokale Gottheit – durch die Straßen. Am Ende des Festes vermischen sich Priester, Trommler und prächtig gekleidete Tänzer. Männer ziehen und schieben riesige goldenen Wagen, auf denen die Gottheiten stehen. Begleitet werden sie von großartig geschmückten Elefanten, die in Scharlachrot, Silber und Grün gehüllt sind. Der Hauptbulle trägt die beleuchtete Sänfte, in der unter einer Silberkuppel der goldene Reliquienschrein steht. Ihm folgen weitere Priester, Trommler und Tänzer. Die kontrollierte Raserei der Menschenmassen dauert die ganze Nacht und wird von Lichtern und Weihrauch und dem Duft parfümierter Blumen begleitet. Anhänger der verschiedensten Religionen schauen dem Spektakel fasziniert zu.

UNTEN: Der Zahntempel in Kandy

China und Japan

Oben: *Das taoistische Symbol von Yin und Yang, den gegensätzlichen und gleichgewichtigen Kräften des Lebens*

Es gibt zwar historische Verbindungen zwischen der chinesischen und japanischen Religion, und buddhistische Ideen gelangten während des 5. und 6. Jahrhunderts n. Chr. von China nach Japan. Im Laufe der Jahrhunderte entwickelte jedoch jede Nation ihre eigene religiöse Kultur.

Konfuzius, oder K'ung Fu-tzu

Religion in China

Einige Leute betonen, daß China gar keine eigene Religion habe, im Sinne eines Glaubenssystems, das auf der Annahme eines göttlichen Geistes basiert. Dieses riesige Land mit einer Bevölkerung von 1,2 Milliarden Menschen verfügt über eine verwirrende Bandbreite an Religionen: Buddhismus, Christentum, Animismus. Keine davon ist typisch chinesisch. Doch gibt es auch echt chinesische einflußreiche Glaubenssysteme: Konfuzianismus und Taoismus.

Der Konfuzianismus

Es gibt zwei Zweige konfuzianischen Denkens: Der eine hält an der Konfuzius zugeschriebenen Philosophie fest; der andere hat seine Wurzeln in mittelalterlichen Interpretationen dieses Denkens. Konfuzius ist die lateinische Form von K'ung Fu-tzu. Er wurde 551 v.

Rechts: *Dachgiebel eines konfuzianischen Heiligtums*

Gegenüberliegende Seite: *Ein* torii *oder heiliges Tor im Taisha-Heiligtum in Japan*

納
奉

Chr. geboren und war ein aristokratischer aber armer Philosoph. Als Beamter im Staat Lu versammelte Konfuzius eine Gruppe junger Männer um sich. Er wurde ein einflußreicher Minister, doch nach einem Streit mit dem Herrscher verließ er den Staat, um mit seinen Schülern durch das ganze Land zu ziehen.

Nach seinem Tode 479 v. Chr. wurden seine Lehren als die *Konfuzianischen Analekten* gesammelt. Über die Jahrhunderte wurden ihm andere Werke und Aphorismen zugeschrieben, die zusammen die »konfuzianische« Schule bilden. Diese hat wahrscheinlich wenig mit seinen ursprünglichen Gedanken zu tun. In ihrem Zentrum stehen Anweisungen für formales Verhalten, die Wert auf Güte (*jen*), Respekt und Gegenseitigkeit (*shu*) legen.

Mencius (Meng-tzu) wurde etwa 371 v. Chr. geboren und arbeitete ebenfalls als Regierungsbeamter im Staat Chi. Auch er wurde zum reisenden Philosophen, der in einer Zeit andauernder innerer Kriege Reform und Frieden predigte. Mencius glaubte, daß die konfuzianischen Tugenden integraler Bestandteil der menschlichen Natur seien und durch Meditation und moralischen Sinn freigelegt werden könnten. Menschenliebe sollte, so stellte er fest, mit der Liebe zur Familie und der Nachbarschaft beginnen.

RECHTS: *Pilger trinken heiliges Wasser am Naiku-Heiligtum in Ise, Japan*

RECHTS: *Eine Bäuerin verbrennt Weihrauch in einem taoistischen Heiligtum in Südchina*

DER TAOISMUS

Im Zentrum konfuzianischen Denkens stand der Weg oder Tao. Dieser ist auch das zentrale Element der taoistischen Schule, einer mystischen Philosophie, die auf den Texten *Tao-te Ching* und *Chuang-tzu* aus dem 4. oder 3. Jahrhundert v. Chr. basiert. Sie betont vor allem die Verbindung von Menschheit und Natur; spätere Entwicklungen im Taoismus stützten sich stärker auf Magie und yin und yang, die gegensätzlichen, aber gleichgewichtigen Kräfte des Lebens.

Das chinesische Pilgerwesen

Nach dem Tode des Konfuzius entwickelten sich symbolische Rituale. Dazu gehört das Tragen angemessener Kleidung bei bestimmten Anlässen und die peinliche Beachtung der Vorschriften bei der Ahnenverehrung. Es gibt chinesische Schreine und Tempel, die Buddha gewidmet sind, und der Taoismus hat seine eigenen formalen religiösen Dienste. Alle drei Schulen können gemeinsame Gottesdienste durchführen, doch organisieren sie in ihrem Namen keine Pilgerfahrten zu heiligen Stätten.

Allerdings gibt es eine typisch chinesische Form privater Pilgerfahrten. Den alten Philosophien Chinas ist ein tiefes Gefühl für den Geist der Natur und der Sinn für zeitlosen Wandel gemein – seien es langsame geologische Veränderungen oder schnellere, wie beim Wasser eines Flusses. Deshalb werden oft kleine Pilgerfahrten unternommen: Zu einem wolkenverhangenen Berg oder einer felsigen Schlucht mit einem jadegrünen Bach, um zum Beispiel den Mond zwischen Zweigen von Pfirsichbäumen aufgehen zu sehen. Dabei handelt es sich nicht um bloße Betrachtung, denn diese Pilger gehen dabei völlig in der Natur auf und werden in der versunkenen Betrachtung der Natur und des Weges eins.

Religion in Japan

Der Schintoismus, der Weg der Götter, war einst die Nationalreligion Japans, doch 1945 hat er diesen offiziellen Status verloren. Er besitzt keine formale Theologie, kaum eine systematische Doktrin; seine Morallehre ist stark an den Konfuzianismus und ein wenig an den Buddhismus angelehnt. In Japan war er stets eine Quelle tiefer Inspiration und führte beispielsweise die glühende

OBEN: Dieser kunstvoll verzierte chinesische Tempel dient der Verehrung des Geistes eines Ahnen

LINKS: Die Berge von Guilin, China, eine magische Landschaft für Naturpilger

Hingabe der *kamikaze*-Piloten des Zweiten Weltkrieges herbei, die den Selbstmord der Niederlage und Schande vorzogen.

Der Begriff Schintoismus wurde im 8. Jahrhundert geprägt, um Unterschiede zum Buddhismus zu betonen. Er umfaßt eine Reihe alter Glaubensvorstellungen, besonders die Verehrung der Natur, die in Ritualen der Anrufung von Naturgeistern und -gottheiten (*kami*) ihren Ausdruck finden. Nach diesem Glauben stammt der japanische Kaiser von der Sonnengöttin ab – eine Erklärung für die Hingabe und Pflichterfüllung, die ihm von seinen Untertanen entgegengebracht wurden. Die Besatzungsmächte versuchten nach dem Krieg das Festhalten an dieser kaiserlichen Göttlichkeit zu brechen und untersagten das Lehren des Schintoismus. Die Geschichte zeigte jedoch auch hier, daß sich Religionen nicht so leicht unterdrücken lassen.

Zur Verehrung der lokalen *kami* wurden Schreine (*jinja*) für Gottheiten des Schintoismus errichtet, die man durch die heiligen Tore (*torii*) betrat. Diese Symbole finden sich heute noch überall: zwei aufrechte Pfeiler, die sich etwas zueinander neigen und oben durch zwei horizontale Querbalken verbunden sind, wobei der obere Balken etwas länger als der untere ist und das Tor an den Seiten in einer leichten Kurve überragt. *Torii* bilden nicht nur den Eingang zu offiziellen Heiligtümern, sondern auch zu heiligen Plätzen wie etwa Hainen, Aufstiegen zu Bergen oder Wasserfällen.

OBEN (LINKS): Der Dom der A-Bombe (RECHTS): Gedächtnisgaben GROSSES BILD: der Berg Fuji und der Ashi-See

Gottesdienste, Rituale und Zeremonien des Schintoismus sind heute Privatangelegenheit und keine staatliche Aufgabe mehr. Gläubige bringen Opfergaben, führen Reinigungsrituale durch oder lassen sich trauen oder bestatten. Diese spirituellen Reisen spielen aber noch heute eine bedeutende Rolle im japanischen Alltag.

Hiroshima

Um 8.15 Uhr am 6. August 1945 wurde die Hälfte der Bevölkerung der Stadt Hiroshima von der ersten in einem Krieg eingesetzten Atombombe getötet. Pilger aller Glaubensrichtungen kommen zu dieser Stadt, um Gedenkstätten für Opfer dieser Greueltat zu besuchen. Eines der beeindruckendsten Mahnmale der Zerstörung durch die Bombe sind die verbogenen Überreste der großen Industrie-Halle, heute als Dom der Atombombe bekannt. Doch die meisten Pilger kommen in den Peace Memorial Park in der Stadtmitte. Hier brennt eine blasse, blaue Flamme vor dem Kenotaph. Unterhalb des Bogens des Mahnmals sind in einem Kasten die Namen der Toten aufbewahrt.

Im Peace Memorial Museum und der Peace Memorial Hall werden die Schrecken des Krieges dokumentiert. Um die Statue der Atombomben-Kinder stellen Kinder Tausende von Papierkranichen auf – zum Gedenken an ein einzelnes Opfer: Sadako, ein kleines Mädchen, dessen Hoffnung auf Besserung davon abhing, 1 000 Papierkraniche zu falten. Als sie starb, hatte sie 964 fertig. Heute hinterlassen die jungen Pilger ihre einfachen Geschenke im Gedenken an sie.

Antike Heiligtümer

Antike Zivilisationen hatten von ihren Gottheiten eine andere Vorstellung als die heutigen Religionen. Ihre Götter waren wie Menschen Stimmungen und Gefühlen unterworfen, die das alltägliche Leben spürbar beeinflußten. Wütende Götter schickten Stürme und Elend; wohlwollende Götter sicherten den Wohlstand. Diese antiken Götter werden zwar nicht mehr verehrt, aber viele ihrer Tempel sind noch erhalten, wenn auch als Ruinen. Sie dienen heute eher als Touristenattraktion denn als Pilgerstätte.

Die beeindruckenden Ruinen des Apollontempels in Delphi

GOTTHEITEN DER ANTIKE

EDGAR ALLAN POE beklagte das Verschwinden der »Herrlichkeit Griechenlands«. Aber diese Herrlichkeit ist nach wie vor vorhanden: Tempel, Heiligtümer und Statuen stehen noch in allen Teilen des Landes. Nur die Götter und Göttinnen sind tot. Zugegeben, die meisten Tempel sind nur noch Ruinen und die Köpfe und Gliedmaßen der Figuren fehlen. Dennoch hat ihre grundlegende Schönheit die vergangenen Jahrhunderte überdauert.

Religion im antiken Griechenland

Die Völker im antiken Griechenland verehrten verschiedene Gottheiten, die jeweils mit einem bestimmten Aspekt des Lebens oder einem Ort in Verbindung gebracht wurden. Den Berg Olymp hielt man für den Wohnsitz der zwölf wichtigsten Götter. Die Götter verhielten sich sehr menschlich, verliebten sich (manchmal in Sterbliche), forderten Rache, begingen Fehler oder verloren die Beherrschung. Naturereignisse wie Stürme und Erdbeben hielt man für göttliche Botschaften, Rituale und Opferhandlungen wurden zelebriert, um die Götter zu besänftigen oder anzuflehen. Es gab keine Institution oder Kirche, die die Struktur des griechischen Polytheismus aufrechterhielt: Die Priester waren Laien und die Tempel wurden vom Volk finanziert.

Das einflußreiche Orakel von Delphi war das wichtigste Heiligtum in der griechischen Welt. Es war dem Sonnengott Apollo geweiht und befand sich an der Südseite des Berges Parnaß. Ein junges Mädchen, die *pythia* oder Hohepriesterin, stieg hinab in ein Kellergewölbe neben dem Hauptaltar des Tempels, wo sie sich in einen mystischen Trancezustand versetzte. Dann sprach sie verworrene Worte in einer unbekannten Sprache. Diese meist ambivalenten Äußerungen wurden von Priestern interpretiert. So kam der Herrscher Krösus von Lydien einst zum Orakel, um zu erfahren, ob er einen Krieg gegen die zunehmend mächtigen Perser beginnen solle. Die Antwort lautete: »Du wirst ein großes Reich zerstören.« Diese Voraussage bewahrheitete sich, aber das Reich, das er zerstörte, war sein eigenes.

Andere Äußerungen der Hohepriesterin wie »Erkenne Dich selbst!« oder »Nimm den mittleren Weg!« wurden in die Wände des Tempels eingeritzt und konnten somit in unseren allgemeinen Erfahrungsschatz gelangen.

UNTEN: Karyatiden auf der Akropolis in Athen

Religion im antiken Rom

Im Zentrum des Glaubens der frühen Römer standen verborgene Geister (*numen*) und Geister von Vorfahren oder bestimmten Plätzen (*genius*). Neue Gottheiten wurden aus den italienischen und etruskischen Religionen übernommen. Ein *pontifex maximus* oder Hohepriester überwachte eine Gruppe von untergeordneten Priestern. Als Octavius unter dem Namen Augustus Kaiser wurde, ging auch der Titel *pontifex* auf ihn über, und er wurde schließlich Gegenstand öffentlicher Anbetung. Die Annahme, daß alle Religionen letztlich die gleichen Götter unter anderem Namen verehrten, ermöglichte die vollständige Übernahme der griechischen Gottheiten in das römische Glaubenssystem.

Klassische Stätten heute

Athen ist heute zwar eine überbevölkerte und schmutzige Großstadt, aber der Tempelkomplex Akropolis oder »Hohe Stadt«, der auf einem Kalksteinplateau über der Stadt liegt, bildet ein angenehmes Gegengewicht. Schlanke Marmorsäulen tragen den der Göttin Pallas Athene geweihten Parthenon. Die Figuren dieses Tempels wurden geraubt, die meisten davon befinden sich heute im Britischen Museum in London. Nach jahrelanger Vernachlässigung droht die Konstruktion zusammenzubrechen, nur ein Gerüst bewahrt die oberen Steine vor dem Herunterfallen. Der durch sauren Regen und Autoabgase zerfressene Marmor ist rissig und spröde, doch ist die Schönheit dieser Stätte nach wie vor spurbar.

Delphi gehört zu den schönsten Orten in ganz Griechenland. Es liegt an den Hängen des Flußtals des Plistus und ist von Bergen und Felsen umgeben. Vom Tempel ist nicht viel erhalten und die Ruinen des Heiligtums sind auf dem steilen Hügel verteilt, doch strahlt der Ort noch immer Würde und Geheimnis aus. Im Gewölbe unterhalb des Hauptaltares, wo früher die Stimme des Orakels vernehmbar war, kann man sich dann die antiken Helden leibhaftig vorstellen.

OBEN: Zeus, bei den Römern Jupiter genannt, die höchste Gottheit

UNTEN: Das Schatzhaus der Athener und der Heilige Weg in Delphi

Wüste und Dschungel

SEIT DIE ersten Europäer in Australien eintrafen, wurden die einheimischen Ureinwohner für Menschen zweiter Klasse gehalten. Sie wurden verachtet, ausgebeutet und vernachlässigt oder aber als potentielle Christen betrachtet. Als die ersten Schiffe in Australien landeten, gab es insgesamt etwa 300 000 Aborigines, die in etwa 200 verschiedenen Sprachgemeinschaften über das ganze Land verteilt lebten. Innerhalb von hundert Jahren dezimierte sich die Bevölkerung durch Krankheiten, Mißhandlungen, Alkohol und das Entreißen von Lebensraum auf 60 000. Erst seit kurzer Zeit beschäftigen sich weiße Australier mit den komplexen Strukturen von Kultur und Tradition, die sich in vielen tausend Jahren in den verschiedenen Gesellschaften der Aborigines entwickelt hatten.

OBEN: Der Uluru (Ayers Rock), eine der heiligen Stätten der Traumzeit der Aborigines

Das Seelenleben der Aborigines ist von tiefer spritueller Kraft und einem Verständnis ihrer rauhen Umwelt geprägt, das die meisten Europäer nicht würdigen können. Die Erde ist ihnen heilig und gilt als Erbe der großen Geister.

UNTEN: Ein markierter Pfad führt Touristen über den Uluru (Ayers Rock)

Der zentrale Begriff in der Religion der Ureinwohner ist Traumzeit: Die Zeit, als die Pflanzen und Geschöpfe der Welt aus der Erde und dem Meer auftauchten und Gestalt annahmen. Gleichzeitig formten sie alles, was sie umgab. Seit dieser Traumzeit ist jedes Ding und jedes Lebewesen Teil des gleichen Prozesses und existiert nach dem zu Anfang geschaffenen Muster der Landschaft und des Lebens. Ihr Leben nennen die Aborigines »Traumreise« – von einem geheiligten Ort zum nächsten, immer auf der Suche nach Nahrung und Wasser für den Körper und Anregung für ihre tiefe Achtung vor der Erde. Ein gewöhnliches und alltägliches Bedürfnis erhält so eine tiefe Bedeutung; das Leben wird auf natürliche Weise religiös und die ganze Welt zum Haus Gottes.

Fast alle eingeborenen Stämme waren ursprünglich Nomaden. Sie kennzeichneten ihre Gebiete und Wanderungen mit Gesängen und Geschichten, die von einer Generation zur nächsten weitergegeben wurden. Das Leben bestand aus einer Abfolge von kreisenden Wanderungen zur Nahrungssuche: von süßen Wurzeln hier zu wilden Früchten dort, dann irgendwohin zu den Eiern von Zugvögeln, weiter zu den jungen grünen Eidechsen und dann wieder zu den Wurzeln – eine Reise durch den natürlichen Kreislauf der Jahreszeiten. Die als Ausdruck des Dankes aufgeführten Tänze tradierten gleichzeitig das Wissen darüber, wie Nahrung zu finden war. Der Freudengesang über das Auffinden einer geheimen Wasserstelle unterstrich die Abhängigkeit vom Wissen darüber, wo man suchen mußte. Die Geschichten ihrer jagenden Vorfahren erinnerten sie an die Notwendigkeit, gute Jäger zu sein und an die besten Techniken, Fische aus den tiefen Wasserbecken zu locken.

Im Laufe eines Jahres bewegte sich eine Familie oder ein Stamm auf einem Gebiet von mehr als tausend Quadratkilometern und folgte dabei Wegen, die über viele Generationen hinweg entstanden waren: von der Wasserstelle zur geheiligten Stätte, vom fischreichen Bach zur Höhle mit Felsenmalereien und weiter zu den jungen grünen Eidechsen. Die Felsenmalereien, die Jagd- und Alltagsszenen, aber auch Zeremonien darstellen,

OBEN: Buschmänner in der Kalahari-Wüste in Botswana

sind für die Aborigines noch immer lebendige Tradition; sie werden immer wieder berührt oder sogar nachgemalt. Sie sind vielmehr integraler Bestandteil des Glaubens an eine bestimmte Lebensweise als historische Aufzeichnung.

1976 wurde den Aborigines im Northern Territory Land »zugesprochen«, auf dem sie von den Weißen in Reservate gepfercht wurden. Viele empfinden es aber als Unmöglichkeit, ihr traditionelles Leben mit der dominierenden Kultur des modernen Australien in Einklang zu bringen. Nach wie vor ist die Traumzeit von großer praktischer und spiritueller Bedeutung.

Die Traumreise ist auf ihre Art genauso liturgisch wie die Stationen des Kreuzwegs für einen Katholiken: Rituale und sprachliche Formen erzählen an jedem heiligen Ort eine altbekannte und dennoch jedesmal neue Geschichte. Die heiligen Stätten der Traumreise sind oft Hunderte von Kilometern voneinander entfernt und die ganze zyklische Wanderung, die für die Aborigines ein wesentlicher Teil der Nahrungsbeschaffung ist, dauert ein Jahr. Diesem Modell entsprechend dürfte ein Katholik nur dann essen, wenn er an jeder Station des Kreuzweges einen Rosenkranz gebetet hätte. Keine Pilgerreise ist für uns von so existentieller Bedeutung.

Andere traditionelle Wanderungen

Die Buschmänner der Kalahariwüste in Südwestafrika haben eine ähnliche Tradition wie die australischen Aborigines. Ihre Beziehung zum Rhythmus der Jahreszeiten ist ebenso mythisch wie praktisch, denn sie bewegen sich in einer Welt, in der Vögel, Tiere, Pflanzen und Menschen eine gemeinsame Sprache sprechen und in der alle abhängig davon sind, von einem Wasserloch zum nächsten zu wandern, um zu überleben.

In Burma haben einige Stämme im Norden des Landes komplizierte Vorgehensweisen entwickelt, um die Seelen von Verstorbenen dazu zu bringen, ihre Reise über Berge und Flüsse ins unbekannte Land anzutreten.

Auch andere Stämme, Familien, Gemeinden und Anhänger von Kulten in den angeblich »primitiven« Kulturen Afrikas, Südamerikas, Südostasiens und der Inseln im Pazifik unternehmen religiöse Wanderungen.

In Neuseeland gibt es nach wie vor Maoris, die sich ganz bewußt bemühen, die rituelle Kanufahrt beizubehalten, die ehemals ein wichtiger Bestandteil der Reise des Jünglings in die Männlichkeit war.

OBEN: *Maori-Skulpturen*

UNTEN: *Komplizierte Wandmalereien der Aborigines in den Neuen Territorien Australiens*

Leider hat jedoch das von amerikanischen Sendungen dominierte Fernsehen mittlerweile mehr Einfluß als Traditionen, so daß das Interesse der jungen Maori erheblich nachgelassen hat.

Im Binnenland Neuguineas, weit entfernt von den Küstenstädten, gibt es noch einige Stämme, in denen jungen Menschen der Weg durch den Dschungel und über die Berge zum »Land der Vorfahren« gezeigt wird. Die Indianerstämme Südamerikas, die gegen das Verschwinden des Regenwaldes im Amazonasbecken kämpfen, tradieren Erzählungen über Pfade, die durch die Sümpfe zu den Jagdgebieten jenseits des großen Todesflusses führen. Doch die Holzfäller legen die Sümpfe trocken und damit werden auch die Lebensweise eines Volkes und Legenden über weit entfernte Berge verschwinden.

Bevor sie von weißen Siedlern dezimiert wurden, waren die Ureinwohner Amerikas, die amerikanischen Indianer, eine Volksgruppe, die über eine große Anzahl verschiedener Sprachen, Gebräuche und Religionen verfügte. Die meisten glaubten an einen Führer, der die Gemeinschaft beschützte. Auch könne der Geist eines Tieres die Jagderfolge verbessern, wenn es dem jagenden Krieger wohlgesonnen war. Viele erschufen an heiligen Stellen der Landschaft Abbilder des Universums, die durch Rituale gefeiert und erneuert wurden.

Viele Indianer greifen heute Teile der alten Religionen auf und beschwören vor allem den »großen Geist«, der ein Charakteristikum verschiedener Glaubensrichtungen war und verehrt wurde, bevor die Invasoren sich das Land aneigneten und ihre eigenen Städte und Gotteshäuser bauten. Auch bemüht man sich, die Traditionen der indianischen Ureinwohner wiederzubeleben, die durch den Einfluß der weißen Kolonisatoren verlorengegangen waren, indem man alte religiöse Inhalte und christliche Glaubensinhalte miteinander verschmilzt.

Stonehenge

Pilgerwanderungen zu heidnischen Kultstätten gab es zur Zeit des Alten Testamentes bereits seit langem. Obwohl wir wenig über die religiösen Bräuche prähistorischer Zeit wissen, haben die kreisförmigen oder linearen Anordnungen aus massiven Steinblöcken, die vor Tausenden von Jahren von vielen Generationen errichtet wurden, noch heute die Kraft, Besucher und Pilger aus aller Welt anzuziehen.

Die Geschichte

Es gibt in Europa etwa 900 prähistorische Steinkreise aus der späten Jungsteinzeit und frühen Bronzezeit. Alle bestehen aus riesigen gebrochenen Monolithen; einige Anlagen haben einen Durchmesser von 400 Metern. Die Vermutung der Archäologen und Historiker, daß sie als Tempel dienten, ist bis heute die wahrscheinlichste. Vermutlich wurden dort religiöse Riten zelebriert, die mit dem Lauf der Sterne, der Sonne und des Mondes, dem Wechsel der Jahreszeiten und Fruchtbarkeit zu tun hatten. Natürlich ist es dennoch möglich, daß unsere modernen Theorien über diese rätselhaften Stätten völlig abwegig sind.

Stonehenge ist wohl der berühmteste Steinkreis. Er liegt inmitten der Salisbury Plain in der englischen Region Wiltshire, einer durch Weiden und Heide, gewundene Täler, Bäche, Flüsse und sanfte Hügel geprägten offenen Landschaft. Die Ebene mit ihrer ehrfurchtgebietenden prä-

Unten: Sonnenuntergang über Stonehenge

OBEN: *Druiden versammeln sich für eine Mittsommerzeremonie*

historischen Atmosphäre befindet sich inmitten einer Reihe von Hügeln und Kalkrücken, die sich über Südengland und die Landschaft der Downs und Chilterns ausbreiten.

Vermutlich zwischen 3100 und 1100 v. Chr. wurden die Steine in drei verschiedenen Bauphasen in ihre geheimnisvolle Anordnung gebracht. Zuerst entstand ein Erdwall und ein Graben, danach wurden zwei Steinkreise aus achtzig Blausteinplatten errichtet, die in den Preseli Hills von Dyfed im westlichen Wales gebrochen wurden. Man nimmt an, daß die riesigen Steine mit Flößen um die Küste von Wales und durch den Kanal von Bristol transportiert und dann mit Hilfe von Baumstämmen in die Salisbury Plain geschleppt wurden. Später kam ein äußerer Ring und ein innerer Halbkreis aus 80 Sandsteinpfeilern dazu.

Über die ursprünglichen Pilger, ihre Motive, Stonehenge zu bauen und hierher zurückzukehren, können wir nur spekulieren. Sie waren zuerst Jäger und Nomaden und wurden dann Bauern, die Weizen und Gerste anbauten, Vieh und Schafe züch-

RECHTS: *Ein uraltes Rätsel*

teten, gelegentlich auf die Jagd gingen und fischten, wenn sich Gelegenheit bot. Ihr gesellschaftliches und religiöses Bewußtsein konzentrierte sich auf die Menstruation, Empfängnis, Schwangerschaft, Geburt, Krankenpflege, Feuerbereitung, Ernte und die Bestattung der Toten. Die Mitglieder dieser neuen Gemeinschaften betrachteten sich als Teil der Natur, wie es auch Erde, Luft, Feuer, Wasser, Tiere, Sonne, Mond und Sternen waren, und achteten den natürlichen Kreislauf des Lebens und Sterbens, von Wachstum und Verfall.

Die Erde galt als die Große Mutter, für die man viele Namen hatte, deren Funktionen und Attribute aber einfach und elementar waren: Ihr Leib empfing und gebar alles Lebensnotwendige. Vielleicht stand Stonehenge in Beziehung zu dieser Großen Mutter und dem 28tägigen Mondzyklus. Die Menschen, die es bauten, verfügten über ein praktisches Wissen über den Nachthimmel, über Astronomie, Geometrie, Mathematik und Landvermessung. Stonehenge war mit großer Wahrscheinlichkeit das Zentrum eines Observatoriums und einer Berechnungsanlage, in der die jahreszeitlichen Bewegungen der Sonne und die Mondzyklen mit verblüffender Exaktheit festgestellt werden konnten.

Stonehenge heute

Die Sorge um die längerfristige Erhaltung der alten Steine hat dazu geführt, daß man sie nur durch einem Zaun sehen kann, was schon oft zu Konflikten mit den Behörden geführt hat. Aber auch so zieht Stonehenge nach wie vor Menschen aus allen Schichten und Berufen an.

Die Megalithkultur

VOR ETWA 7000 JAHREN begannen Menschen, in langen Reihen oder Kreisen massive Monumente aus Granit und Kalkstein zu errichten. Diese Megalithe wurden in ganz Westeuropa und in weiter Ferne aufgestellt – wahre Meisterleistungen an Arbeit und Teamwork.

VIELE MEGALITHE STEHEN NOCH, so z.B. in Großbritannien, Frankreich, Deutschland, Portugal, Spanien und Schweden. Allein in Europa gibt es Megalithe an über 50000 Stätten. Sie sind das Erbe jahrtausendelangen menschlichen Wirkens, das für die moderne Welt auch in Zukunft ein Geheimnis bleiben wird.

Die Verbreitung der Megalithe

Die ersten Megalithe stammen aus der späten Jungsteinzeit. In Frankreich und auf der Iberischen Halbinsel entstanden die ersten Monumente etwa um 4500 v. Chr.; nach weiteren 1300 Jahren hatte sich der Brauch nach Großbritannien und Irland ausgebreitet; weitere 200 Jahre später wurden Megalithtempel in Malta errichtet. Hier sind in erster Linie zwei Tempelkomplexe hervorzuheben: Hagar Qim und Mnajdra. Den Höhepunkt der Megalithkultur bildet Stonehenge mit seinen riesigen Steinblöcken und seiner komplexen Konstruktionsweise, die weder primitiv noch zufällig ist. Später entstanden kleinere und einfachere Monumente in großer Zahl, z.B. die kleinen, runden Hügelgräber in Südfrankreich.

Archäologen haben die erhaltenen Beispiele der Megalitharchitektur in vier Kategorien eingeteilt: Steinplattentempel wie in Malta; stehende Steine, die in Ringen oder Reihen (wie in Stonehenge) angeordnet sind; einzelne aufrechte Platten oder Menhire (»lange Steine«), die oft eine Höhe von bis zu sechs Meter aufweisen, und Grabkammern, zu denen die Dolmen (keltisch für »Tafelstein«) gehören: Diese bestehen aus einer horizontalen Platte, die auf zwei oder mehr Steinpfeilern liegt.

Bestattung und Verehrung

Rituale im Zusammenhang mit Tod und Sterben scheinen in vielen Megalithkulturen eine zentrale Rolle gespielt zu haben. Grabbeigaben und menschliche Knochen wurden in verschiedenen Grabkammern gefunden – in Mané-er-Hroech in Morbihan (Bretagne) grub man über 100 Äxte und fast 50 Schmuckstücke aus. An anderen Orten weisen verkohlte

Überreste darauf hin, daß dort möglicherweise Opferrituale stattfanden. Bei einigen Gräbern wurden die Eingänge offenbar versteckt, um die Begräbnisstätte selbst zu verbergen. Auch wurden um einige Monumente Gräben angelegt, in denen sich haufenweise Skelette und Grabbeigaben befanden. Im Grabgewölbe von Roaix in Vaucluse (Frankreich) wurden 35 menschliche Skelette gefunden, die man mitsamt den tödlichen Pfeilspitzen irgendwann im 3. Jahrtausend v. Chr. dort hineingeworfen hatte.

In einigen Gegenden sind die Monumente mit geschnitzten, gemeißelten oder aufgemalten Mustern verziert, deren Bedeutung sich nur erahnen läßt, obwohl man versuchte, die häufig wiederkehrenden Motive zu interpretieren. Wellen, Spiralen, unterbrochene Linien und Dreiecke könnten eine Symbolsprache bilden, die Rückschlüsse auf das religiöse oder soziale Leben zuläßt. Einige sehen menschliche Gestalten in der abstrakten Gestaltung von Monumenten wie Barclodiad-y-Gawres (»Schürze der Riesin«) in Anglesey in Nordwales.

Das Ende einer Ära

Über 3000 Jahre lang errichteten und benutzten westliche Kulturen Megalithe, wobei die verschiedenen Generationen vielleicht unterschiedliche Motive hatten. Aber die Kenntnisse und Bräuche veränderten sich, und eine neue Zeit brach an, die auf dem Abbau und der Bearbeitung von Kupfer und Gold beruhte. Etwa mit dem Beginn der Bronzezeit im 2. Jahrtausend v. Chr. scheint die Megalithkultur zu Ende gegangen zu sein. Massenbestattungen wurden aufgegeben, statt dessen kamen Einzelgräber für die Machtigen und Reichen in Mode. Häufig wurden diesen Waffen und Schmuckstücke mit auf ihren Weg gegeben. Jahrhunderte gingen ins Land, und die großen Steine litten unter dem Wetter und den Plünderungen durch Ortsansässige, die sie für neue Bauwerke benutzten. Archäologen vermuten auch, daß sich ein neuer Glaube durchgesetzt habe, dessen Anhänger bemüht waren, die Monumente der konkurrierenden oder untergehenden Megalithreligion zu zerstören. Einige Gräber wurden dem neuen Kult angepaßt und für Einzelbestattungen verwendet, andere wurden demontiert und die Steine für Gräber und Sarkophage wiederverwendet.

Um die fortbestehenden Megalithe bildeten sich zahlreiche neue Mythen und Legenden. Noch heute werden Geschichten von Steinen erzählt, die angeblich jedes Jahr größer werden oder nachts ihren Standort verlassen und zum nahegelegenen Fluß gehen, um Wasser zu trinken. Andere volkstümliche Legenden berichten von Steinkreisen, die angeblich versteinerte junge Frauen oder Soldaten sind, oder von Steinen, die in der Dunkelheit aufstöhnen oder in ihren Kreisen tanzen, wenn ihnen keiner zusieht.

Bis vor kurzem glaubte man, daß die Steine Glück oder Unglück bringen können. In Carnac in der Bretagne rieben junge Frauen in der Hoffnung auf einen Ehemann den Bauch an den Steinen. In Plouarzel taten Männer das gleiche, um kräftige und schöne Nachkommen zu zeugen. Noch immer umgeben Sagen von übernatürlichen Kräften, Außerirdischen und Hexenzauber die Megalithstätten. Obwohl ihre ursprüngliche Funktion und ihr Zweck für uns nicht ersichtlich sind, faszinieren und inspirieren uns diese Denkmäler des Neolithikums immer noch. Diese Wirkung werden wir vielleicht niemals erklären können.

OBEN: Der Tempelkomplex von Hagar Qim (»Stehende Steine«) auf Malta, der vermutlich 3000–2500 v. Chr. errichtet wurde

LINKS: Carnac in der Bretagne. Mädchen, die auf einen guten Ehemann hoffen, vertrauen dort auf die magischen Eigenschaften der Steine

INDEX

BILDNACHWEIS

Die Automobile Association bedankt sich bei folgenden Fotografen, Archiven und Organisationen für ihre Unterstützung:

PHOTO AKG LONDON 69a (Erich Lessing), 72a, 72b, 73 (Erich Lessing); ANCIENT ART & ARCHITECTURE COLLECTION 2, 5a, 32, 43b, 87a; ARCHITEKTURMUSEUM ATHEN 181a; THE BRIDGEMAN ART LIBRARY 4 Lydgate und die Canterbury-Pilger aus »Troy Book and the Siege of Thebes« Gedichte von John Lydgate (British Library, London), 8 Ansichten von Jerusalem im Mittelalter (Bibliothèque Nationale, Paris), 14a & 14b Dritter Kreuzzug (Bibliothèque Nationale, Paris), 15 Dritter Kreuzzug (Bibliothèque Nationale, Paris), 35 Die heilige Veronika (Kress Collection, Washington), 45 Katharina von Siena von Giovanni-Battista Tiepolo, (Kunsthistorisches Museum, Wien), 69c Ikone der Jungfrau Maria, Kloster Smolenskaja, Moskau (Kreml Museum, Moskau), 71a Schwarze Madonna von Tschenstochau (Kopie) von Jan Krauze (Privatbesitz), 103 Miniatur des heiligen Brendan und seiner Sirene, Kodex des heiligen Brendan (Universitätsbibliothek Heidelberg), 110 Canterbury Tales: Nonnenpriester, Ellesmere Manuskript, (Faksimile) (Privatbesitz), 111a Canterbury Tales: Ablaßhändler, Ellesmere Manuskript (Faksimile) (Privatbesitz), 111b Canterbury Tales: Chaucer, Ellesmere Manuskript (Faksimile) (Privatbesitz), 111c Canterbury Tales: Koch, Ellesmere Manuskript, (Faksimile) (Privatbesitz), 111d Canterbury Tales: Müller, Ellesmere Manuskript, (Faksimile) (Privatbesitz), 119a Die Tafelrunde und der Heilige Gral (Ausschnitt) Roman de Tristan, (Musée Conde, Chantilly/Giraudon), 132 Die Moscheen von Medina und Mekka aus »Gründe für Wohltätigkeit«, persischer Text von Mustafa Al-Shukri (Fitzwilliam Museum, University Museum, Cambridge), 144b Shiva auf einem Thron aus Lotosblätter mit einer Trommel ls Symbol der Schöpfung und einer Flamme als Symbol der Zerstörung (Victoria & Albert Museum,London), 145 Krishna, Rajasthan (Victoria & Albert Museum,London) 149a kamöf zwischen Drona, Bhima und Arjuna in Streitwagen (Oriental Museum, Durham University), 159 Nepalesische Buddhastatue aus vergoldetem Kupfer (Christie's Images), 160a Das Paradies von Shembhala, Tibetische Fahne, Musée Guimet, Paris (Giraudon), 172b Portrait of Konfuzius, Qing Dynastie, (Bibliothèque Nationale, Paris) ; COPYRIGHT BRITISH MUSEUM 31; E. T. ARCHIVE 39; MARY EVANS PICTURE LIBRARY 38, 38/9, 55b, 68a, 71b, 77b, 86; FIRO-FOTO 83, 92b; SONIA HALLIDAY PHOTOGRAPHS 95, 108, 112b; ROBERT HARDING PICTURE LIBRARY 1, 3d, 5b, 5c, 9a, 9b, 12, 13a, 13b, 16, 17, 18, 21a, 22a, 23a, 23b, 24a, 24b, 28/9, 30, 36, 37a, 52b, 52c, 55a, 56a, 56b, 58a, 58b, 68b, 76a, 76b, 80, 81a, 81b, 87b, 107a, 107b, 117a, 119b, 121a, 130/1, 144a, 146, 147a, 152b, 153a, 154/5, 155a, 156/7, 164, 165, 169a, 169b, 170b, 171, 172c, 174a, 175b, 176a, 182b, 183, 184a, 184b, 186; THE HULTON GETTY PICTURE COLLECTION LTD 48; THE HUTCHINSON LIBRARY 141a, 151; THE IMAGE BANK Umschlag vorne; IMAGES COLOUR LIBRARY LTD 147b, 163a, 163b, 190; IMPACT PHOTOS 79a (M Kneale), 82 (S Parry), 88a (J Denham), 88b (J Denham), 89a (S Parry), 89b (S Parry), 90a (S Parry), 90b (J Denham), 90c (S Parry), 91 (S Parry), 92a (S Parry), 114a (D Reed), 115a (B Stephens), 117b (S Benbow), 122 (B Harris), 124c (B Harris), 138/9 (C Bluntzer), 170a (D Sansoni); KUNSTHISTORISCHES MUSEUM 37b; MAGNUM PHOTOS LTD 134a, 134b, 153b, 160/1, 166b; MIRROR SYNDICATION LTD 59, 60a, 60b; PETER NEWARK'S PICTURES 127, 128a, 128b; A & B PEERLESS 19a, 67, 70, 115b, 116a, 116b, 140b, 141b, 150, 152a, 155b, 168, 172a, 175a; POPPERFOTO 50b; REX FEATURES LTD 40/1, 41 (T Pelliot), 47a (M Setboun); PETER SANDERS PHOTOGRAPHY 133, 137; SCALA 44b, 74, 77a, 78a, 78/9, 79b, 94b, 96/7, 97a, 97b, 99; SPECTRUM COLOUR LIBRARY Umschlag vorne (kleines Bild), Umschlag Rückseite, 3b, 49, 50a, 51a, 140a, 142/3, 173, 176/7; FRANK SPOONER PICTURES 46b, 47b, 51b, 52a, 61, 62a, 62b, 71c, 104/5, 104, 118, 121b, 135a, 135b, 136; TRIP 69b (M Jenkin), 148 (Dinodia/Ravi Shekhar), 149b (Dinodia/Ravi Shekhar), 162 (J Batten); ZEFA PICTURES LTD 3a, 18/9, 19b, 20, 21b, 24/5, 43a, 109, 113, 123, 124a, 124b, 129, 166a.

Die restlichen Bilder stammen aus dem Archiv der Automobile Association (AA PHOTO LIBRARY) mit Beiträgen von folgenden Fotografen::
P AITHIE 22b, 25a, 25b; A BAKER 182a, 188/9; P BAKER 114b; J BEAZLEY 125, 126c; L BLAKE 106a, 106b, 106c; D CORRANCE 166/7; P DAVIDSON 98a; P ENTICKNAP 84a, 84b, 86/7, 189; T HARRIS 3c; A HEUMISCH 100, 101a, 101b, 102a, 102b, 102c; J HOLMES 33, 167, 174b, 176b; C LEES 126a; J LOADER 11b; E MEACHER 185; D MITIDIERI 75b; I MOREJOHN 160b; D NOBLE 112a; K PATERSON Umschlagklappe, 98b; C SAWYER 68c; A SOUTER 11a, 11c, 13c, 26, 27, 34, 42, 44a, 94a; R STRANGE 63, 64a, 64b, 64/5, 65, 66; R SURMAN 126b, 178/9, 181b; J A TIMS 53, 54a, 54b, 57; W VOYSEY 186/7, H WILLIAMS 120/1; P WILSON 75a, 180.